박근혜의 말

박근혜의 말

언어와 심리의 창으로 들여다본 한 문제적 정치인의 초상

최종희 지음

원더박스

"사람의 오점(汚點) 중에

가장 큰 오점은

진리에 대한 무지다."

『법구경』

2016년 10월, 대한민국의 역대 대통령이 기록한 흑역사 중 쓰나미급이라 할 사건이 터졌다. 이른바 박근혜-최순실 게이트. 온 나라가 그 달갑잖은 해일 앞에서 망연자실했다. 들추면 들출수록 줄지어 나오는 추악함에 놀라고, 명약관화한 사태 앞에서 버티기로 일관하는 '비정상'의 극치에 국민은 경악을 거듭했다. 오늘 놀라고, 내일 또 새롭게 놀라고.

쓰나미는 나에게도 덮쳤다. 또 다른 형태로. 5년여에 걸쳐 짬짬이 역대 대통령들의 언어 자료를 모으던 중, 유난히 박근혜의 괴상망측한 어법에 관심을 갖게 되어 그 뿌리를 찾아 매달린 지 1년 만에 올 6월 1차 원고를 탈고했다. 그 안에는 박근혜가 '최태민교'의 맹신자임을 낱낱이 밝히는 내용들까지 들어 있었지만, 수정 보완을 하는 사이에 사건이 터졌다. 망연자실했다. 출간 타이밍을 놓친 낙망감도 컸지만, 애써서 모으고 분석한 자료들의 상당 부분이 매스컴의 북새통 조명 탓에 빛이 바랠 수도 있다는 조바심이 더 컸다. 앞서 꾸린 것들이 되레 뒷북치기로 몰릴 수도 있는 상황에 대한 걱정이 짓눌러 왔다.

고민했다. 최순실의 범죄 행각에 꼭두각시 춤을 춘 박 대통령의 이런저런 행위와 관련된 내용을 추가할 것인가를 두고. 그러다가, 본래의 원고 그대로 두기로 했다. 원고의 원래 목적이 인간 박근혜의 언어 형성 과정을 중심으로 한 정치인의 내면을 들여다보는 것이었으므로.

언어는 그 사람이다. 언어 안에 모든 것이 담긴다. 한 사람의 언어 속에는 그의 과거와 현재, 그리고 미래도 들어 있다.

"참 나쁜 대통령."

"정말 어떤 나라에서도 있을 수 없는 기가 막힌 현상들."

박근혜가 각각 노무현 대통령과 19대 국회를 향해 뱉었던 말이다. 과거에 쏟아낸 말들이 현재의 자신에게 적확하게 돌아오고 있다.

정치 행위 또한 언어에 크게 의존하지만, 박근혜는 정치인 시절 내내 언어 성형 정치를 해 왔다. 언어 뒤에 숨어서 본 모습을 가리고, 진실을 은폐하면서 자신의 이미지를 성형해 왔다. 국민은 그런 모습에 속아서 표를 줬다.

차기 대통령은 결코 그런 사람이 되어선 안 된다. 우리 국민 역시 또다시 그런 이에게 속지 말아야 한다. 대통령이 되기 위해 열심히 잔머리를 굴리는, 좌고우면하는 눈치 백 단 정치꾼을 뽑아서는 안 된다. 이제는 드물어서 더욱 소중해진 선비정신—도덕적 삶과 지적 성취를 실천하고, 이질적 존재와 다양성을 포용하며, 민본주의를 근간으로 자연을 극복의 대상으로 보지 않고 조화를 이루려는 정신—을 솔선수범하는 사람이 이 나라를 이끌었으면 싶다. 나아가 정신적 트라우마가 적은 사람, 정상적으로 반듯하게 자라난 사람이 대통령으로 뽑혔으면 좋겠다.

청와대의 주인은 국민이다. 국민이 국가다. 이 나라의 대통령 역사를 책임질 사람들은 대통령이 아니라 국민이고, 올바른 한 표가 그 첫걸음이다. 그 선택의 으뜸 기준으로 유권자들이 후보들의 언행, 특히 언어에 주목하게 되기를 그리하여 더는 분칠한 정치 언어에 속지 않기를 소망한다.

이 격랑의 시기는 어떻게든 지난다. 그때 국민의 몫을 제대로 해내야 하는 우리들이 다함께 꺼내들고 외쳐야 할 말이 있다. 아래에 그 일부를 옮긴다.

그가 물러나면
섣부른 승리의 환호 대신
오랜 고민을 이어가겠다고 하자
어디부터 잘못되었는지 짚어 보겠다고
(중략)
진실이 말을 하게 하자

그가 물러나면
다시는 기회를 놓치지 말자
우리가 함께 만나서 세상을 바꾸는

이 원대한 프로젝트는

억겁을 지나도 다시는 보지 못할 것

우리 생에 오직 단 한 번만 허용되었으니

반드시 멋지게 마무리 짓자

흩어지지 말고 뭉쳐서 말이다

― 변지원, '그가 물러나면' 중에서

2016년 12월

파주에서 최 종 희

차례

사진 출처

· 19쪽 ⓒ 최배문
 23, 29, 50, 72, 115, 124, 132, 158, 207, 225, 243쪽 ⓒ 연합뉴스

일러두기

· 본문의 밑줄은 저자의 것이다.

1장

박근혜가
언어로 지은 집

부끄러운
대통령 역사

우리나라의 대통령 역사는 참담하고 부끄럽다. 초대로부터 18대에 이르기까지 대한민국은 11명의 대통령을 가졌지만, 그 자리에서 물러날 때 온 국민의 박수를 온전히 받은 이는 단 한 사람도 없다. 퇴임 후 두어 명을 빼고는 모두 제사 후 내던져지는 '짚으로 만든 개'[1] 꼴로 잊히거나 버려지는 슬픈 운명의 주인공들이었다. 그중 이승만, 윤보선, 최규하 세 사

---

[1] '추구(芻狗)'는 고대 중국의 희생물로, 제사에서는 최고의 대우로 정중하게 쓰이는데 제사가 끝나면 버리는 짚으로 만든 개다. '필요할 때 찾고 쓸 일이 없으면 버림, 가치 없이 된 물건'을 뜻한다. 노자의 도덕경 5장의 '天地不仁 萬物爲芻狗 聖人不仁 以百姓爲芻狗(천지는 정이 없어 만물을 추구로 삼고, 성인도 정이 없어 백성을 추구로 삼느니라)'로 널리 알려진 말인데, 도덕경에서는 사람이든 자연이든 귀함과 천함이 없다는 만물만인동시(萬物萬人同視)의 개념으로 쓰였다. 존 그레이의 번역서 『하찮은 인간, 호모 라피엔스』의 원제로 쓰인 'Straw Dogs'가 추구에서 온 말이다.

람은 중도에 자진 하야 형식으로 퇴진했고, 최근 또 한 사람이 어떤 형식으로든 퇴진을 앞두고 있다. 하야나 탄핵 중 어느 것으로든.

18대 대통령 박근혜는 우리나라 대통령 역사에서 가장 수치스러운 기록을 써 내려 가고 있다. '수치'라는 말과 가장 멀리 떨어져 지낼 법한 사람이 실제로는 그 한복판에 내내 발을 담그고 온 국민을 철저하게 속여 왔다. 순진한 믿음이 철저한 배신으로 돌아왔다는 점에서 국민의 분노는 극에 달했고, 허탈감의 쓰나미가 온 나라를 휩쓸었다.

게다가 그 주인공은 5~9대에 걸쳐 16년간(1963.12~1979.10)이나 대통령직을 누렸던 이의 딸이다. 아버지가 부끄러운 마지막 모습을 남긴 채 불명예스럽게 청와대를 떠난 지 37년 만에 오욕의 역사가 되풀이된다. 개인사에서도 영원히 지워지지 않을 수치이자 우리나라 대통령 역사의 크디큰 오점이다. 애꿎게 덤터기를 뒤집어쓴 국민은 '역사는 되풀이된다.'라는 격언을 허망하고 씁쓸하게 반추할 뿐이다.

20년간 주소지가 청와대였던 특수한 개인

우리나라에서 '대통령직(presidency)'은 특수 직업이다. 대통령직은 1인만으로 창설되는 몇 안 되는 희귀한 직업이고, 취임 즉시 인턴 과정 + 현장 실무 학습(OJT) + 실무 투입이 한꺼번에 뒤엉켜 진행되는 특수직 중에서도 특별한 직종이다. 현행 5년 단임제하에서의 대통령은 죄다 신입사원이나 인턴사원 격으로 직책을 시작하기 때문에 대통령직에 익숙해져서 자신의 직업이 대통령이라고 자신 있게 적을 때쯤이면, 벌써 떠

또 한 번의 부끄러운 대통령사가 기록되고 있다. 분노한 국민들이 촛불을 밝히고 '박근혜 퇴진'을 요구하고 있다.

나야 할 날들에 신경 써야 한다.

정규직에 일반적으로 적용되는 승진과 정년 등의 규정도 적용되지 않는 비정규직인 데다, 임기가 5년으로 정해져 있지만 탄핵 등의 사유로 고용 계약이 중도에 해지될 수도 있는 임시 계약직이다. 국민이 급여를 지급하므로 고용주는 당연히 국민이며 국민에게 제출하는 고용계약서는 취임 선서문이다. 공식 계약서 제출 전 당일 0시부터 그 계약의 효력이 먼저 발효되는 꽤 까다로운 헌법기관[2]이기도 하다.

대통령직 수행은 지우개가 주어지지 않는 시험 답안을 작성해야 하는 일과 같다. 그러니 수험생은 미리 대비를 단단히 해 둬야 한다. 그러나 그 준비까지 제대로 마치고 대통령 자리에 오른 이는 불행히도 없다. 그 엄중한 책무를 대통령이라는 직함의 위세로, 힘으로 수행해 낼 수 있다고 쉽게 생각한다. 그런 이들은 지금까지 예외 없이 '실패한 대통령'이라는 이름표를 매달고 고개 숙인 채 청와대를 떠났다. 들어올 때의 위풍당당함과는 180도 다른 모습으로.

대통령이라는 특수직에 오른 박근혜는 한 인간으로서도 아주 특수한 사람이다. 20여 년 넘게 청와대를 주민등록지로 하고 있는 사람은 대한민국에서 그가 유일하다. 개인사를 보면 한편으론 눈물겨운데, 한편으론 의아해진다. 부모 모두를 총탄으로 잃어 친동기간들과 각별할 법도 한데, 유일한 남동생이 감옥살이하고 있을 때 면회 한 번 가지 않았고, 나이 50을 넘긴 여동생이 재혼하는 자리에 얼굴도 비치지 않았다.

미디어학자 강인규의 말마따나 "잔인한 현실을 기술하는 것도, 읽는 것도 고통스럽지만 어떤 일이 일어나고 있는지 모른 채 변화를 모색할 수는 없다."(『대한민국 몰락사』, 오마이북, 2016)

박근혜의 앞뒤 모습을 우리가 살펴봐야 하는 이유다.

---

2)　　우리나라 국회의원들이 전가의 보도라도 되는 양 걸핏하면 꺼내 드는 게 이 '헌법기관'이란 용어다. 특별히 우월한 지위에 있음을 과시하려 들 때다. 하지만 그 순간 그런 이들은 무식한(無識漢)이 된다. 헌법기관이란 그 선임·임용·설치 등에 관하여 헌법상에 명시된 모든 기관(개인·집단·기구)을 뜻한다. 대통령, 감사원장, 감사위원, 국무총리, 국무위원 등에서부터 판검사까지도 포괄한다. 대법원장, 헌법재판소장, 지방자치단체장 또한 모두 헌법상의 기관, 곧 헌법기관이다. 알고 보면 국회의원은 판검사와 다를 바 없는 일개 헌법기관이다. 다만 국민이 직접 선출한다는 점에서 무게감이 다를 뿐이다.

주어가 없는
언어

'개인적인 것은 정치적인 것이다.'[3] 페미니스트들이 즐겨 쓰는 구호 중 하나인데, 이 말처럼 우리 삶 구석구석은 정치적이지 않은 게 없다. 비근한 예로, 숨 쉴 때 들이마시는 공기조차 공해, 친환경, 생태 등 관련 정책과 정치 행위에 의해서 그 품질이 최종 결정된다. 마치 우리가 의식하든 않든 세상에는 늘 만유인력이 작용하는 것과 같다.

정치 따위와는 무관해도 살아가기에 전혀 지장이 없었던 수렵시대와 비교하여, 요즘 시대를 나는 '만유정치(萬有政治, omnipresent politics)의 시대'라고 부른다. 새삼스러운 말이지만, 대통령의 통치 행위는 정치 행

---

3)　　　여성운동의 참여를 권면할 때 내거는 표어인데, 이 말을 누가 처음 했는지는 분명하지 않다. 페미니스트인 캐럴 하니시(Carol Hanisch)가 1969년에 발표한 글 「The Personal is Political」로 널리 유포되었다.

위다. 특히나 만유정치 시대의 정치 행위는 대부분 언어로 이뤄진다. 연설, 담화, 성명, 회견이나 회의 주재…, 어느 형식으로든 언어로 다듬어져 구체화하고 언어로 전달되며 언어로 평가된다.

언어에 대통령의 모든 것이 담긴다. 국정에 관한 대통령의 단순한 코멘트 한마디조차도 각 부처를 관통하고, 전 국민 앞으로 향한다. 대통령의 언어는 통치 수단 중 가장 빈번히 사용되는 직접적이고도 즉효적인 수단이자 도구다. 그래서 한 나라의 대통령이 구사하는 언어의 품질과 내용은 중요한 의미를 갖는다.

지금 보면 격세지감을 느끼겠지만, 대통령이 되기 전에 정치인 박근혜는 신뢰의 정치인이라는 이미지를 독점했다. 여론 조사 때마다 박근혜는 종합 인기도 1위였을 뿐 아니라, 신뢰도 1위, 안정감 1위, 원칙을 지킬 것 같은 정치인 1위였다.

한나라당 박근혜 대표는 차기 대권주자 중 가장 높은 국민적 인기를 자랑한다. 지난해 8월 한국사회여론연구소(KSOI) 조사에 따르면 한나라당 정치인 호감도에서 박근혜 대표는 52.7%의 가장 높은 지지를 받았다. 앞서도 한길리서치의 차기 정치인 여론조사에서 15%의 지지율로 2위인 정동영 통일부 장관(5.6%)을 압도하는 등 박 대표는 부동의 1위를 고수하고 있다.

—《내일신문》, "박근혜의 경쟁력"(2005. 1. 7.)

대세론을 이어가고 있는 박근혜 전 새누리당 비상대책위원장은 신뢰도와 영향력 모두에서 1위를 기록했다. 또 안철수 서울대 융합과학대학원장은 처음 조사 대상에 포함되자마자 2위를 기록하는 저력을 보였다. 31일 동아

1998년 3월 한나라당에 입당하여 조순 총재로부터 임명장을 받고 있는 박근혜. 박근혜는 1997년 12월 이회창 당시 한나라당 대선 후보를 지지하며 사실상 정치에 입문했다. 이후 원칙과 신뢰의 정치인이라는 이미지를 구축하며 정계 입문 15년 만인 2012년 12월 대통령에 선출되었다.

시아연구원(EAI)과 한국리서치가 전국 성인남녀 800명을 대상으로 지난 28~29일 조사한 결과 영향력 평가에서 가장 높은 점수를 받은 정치인은 박근혜 전 위원장이었다.

—《내일신문》, "유력정치인 영향력·신뢰도 조사"(2012. 5. 31.)

박근혜의 18대 대통령 선거 당선 후 승리 요인을 분석한 여론 조사 결과들에 따르면 으뜸을 차지한 이미지는 안정과 신뢰였다.

그런데 오래도록 이어져 온 정치인 박근혜의 이런 이미지에는 대중과 언론의 오해, 그리고 정치인 검증이 미약한 우리나라 정치 문화가 상당 부분 작용했다. 특히 대중에게 표피적으로만 전달된 '박근혜의 말'이 그러했다.

박근혜의 언어는 사실상 정상적인 사회화 과정을 거치지 못한 유아적 언어이고 심리적 갈등과 이중성을 담고 있는 분열적 언어이며 교양이나 품격과는 거리가 먼 저급한 언어이다. 그러나 이런 점들은 대중에게 제대로 전달되지 않았다.

그 한 예가 "대전은요?"다. 2006년 5.31 지방선거 당시 박근혜 한나라당 대표는 오세훈 서울시장 후보 유세를 위해 이동하던 중 신촌 현대백화점 앞에서 얼굴에 피습을 당했다. 세브란스 병원 응급실에서 60바늘을 꿰매는 2시간가량의 수술을 마치고 난 그녀가 병상에 누워서 했다는 말인데, 이 짧고 명료한 발언이 언론을 통해 알려지면서 박근혜와 한나라당에 대한 동정 여론이 급속도로 퍼지고 거의 전국적으로 한나라당 후보들의 지지율이 수직 상승했다.

네 글자에 불과한 저 문장은 원칙, 선거 여왕, 신뢰, 헌신이라는 이미지로 대중들에게 전달되었다. 뒤에 살펴보겠지만, 이런 짧은 발화는 조어 능력 부족, 대면 소통 부재, 자기중심적 소통이라는 박근혜 어법의 한 단면일 뿐이었다.

주어가 생략되는 이유

박근혜는 달변의 정치인이 아니다. 말을 조리있게 하지 못하고 어법도 괴상하다. 어쩔 수 없이 극도로 말을 줄이고 아낄 수밖에 없었다. 그런데 이런 모습은 오히려 대중에게 신뢰할 수 있는 정치인이라는 이미지를 심어 주었다. 물론 이는 박근혜 자신과 측근들에 의해 고도로 계산되고 통제된 행위였으며 본질과 진실을 감추고 보이고자 하는 면만 드러내는 언어 성형 작업의 일환이었다.

아무리 잘된 성형도 전문가 앞에서는 티가 나게 마련인데 대중은 물론 언론과 언어 전문가들조차 그 분식된 언어를 한 꺼풀 벗겨내고 세밀하게 살펴볼 생각을 하지 못했다. 언어를 통해 한 정치인을 바라보는 경험과 훈련이 우리에게는 부족했고, 정치에서 언어의 중요성을 제대로 인식하지 못했던 것이다.

조금 긴 문장을 놓고 박근혜 언어의 표피에서는 잘 드러나지 않는 심층 맥락을 살펴보자.

A

"국민 여러분, 지금 한반도는 일촉즉발의 위기에 서 있습니다. 정치가 국민을 위한 것이어야 하는데, 북한의 핵실험 강행으로 한반도에 긴장감이 고조되고 있는 상황에서 정작 당사자인 대한민국의 정치권은 서로 한 치의 양보도 없이 반목을 거듭하고 있는 상황입니다.

월남이 패망할 때 지식인들은 귀를 닫고 있었고 국민들은 현실 정치에 무관심이었고 정치인들은 나서지 않았습니다. 지금 우리가 이렇게 중심을 잡지 못하고 흔들린다면 국가는 더욱 혼란스러워지고, 국민들의 어려움은 더욱 커질 것입니다. 지금 정부는 이런 위기 상황을 타파하기 위해 최선의 노력을 다하고 있습니다. 그러나 이런 위기는 정부나 대통령의 힘만으로는 이겨낼 수 없습니다."

B

"제가 국민 여러분께 드릴 수 있는 것은 오직 피와 노고, 땀과 눈물뿐입니다. (…) 여러분은 제게 물을 것입니다. 우리의 정책이 무엇이냐고. 저는 대답하겠습니다. 맞서 싸우는 것이라고. 바다와 땅과 하늘에서, 하느님이 우리에게 주신 모든 능력을 동원해 싸우는 것이 우리의 정책입니다. 여러분은 또 물을 것입니다. 우리의 목표는 무엇이냐고. 저는 한마디로 대답하겠습니다. 승리라고. 어떤 대가를 치르고서도 승리하는 것뿐이라고 말입니다."

앞의 인용문 A는 2016년 1월 13일에 박근혜 대통령이 발표한 대국민 담화의 일부이다. 담화문의 전반적인 분위기는 위기 상황을 강조하면서 정치권을 질타하고 국민에게도 경각심을 가지라고 요구하고 있다. 정부나 대통령은 최선의 노력을 다하고 있는데, 정치권과 국민이 문제라는 뉘앙스가 다분하다.

대통령의 이와 같은 인식은 유신이 한창일 때 극장가 '대한늬우스'와 예비군 훈련장마다 지겹도록 반복되던 레퍼토리다. 냉전 시기에나 쓰이던 '월남 패망' 운운하는 대목은 시대적으로도 맞지 않거니와 심각한 외교적 문제를 낳을 수도 있는 발언이다. 현재 베트남은 우리의 우방이며 미국, 중국에 이어서 메이드 인 코리아 상품을 세 번째로 많이 사 가는 주요 수출 대상국이다. 더구나 대한민국은 베트남 전쟁에 군대를 파견하여 베트남 국민에게 가혹한 피해를 입힌 역사의 업보를 아직 다 씻지 못하고 있다.

냉전적이고 보수적인 정세 인식 외에도 이 문장에서는 특이한 점이 발견된다. 결코 짧지 않은 위의 연설에서는 주어가 보이지 않는다. 주어가 생략된 문장은 박근혜 특유의 어법 가운데 하나이다. 단지 말을 줄이려는 방편이 아니라 자신을 국민과는 차원이 다른 존재로 간주하는 심리가 바탕에 깔려 있다.

12세 때부터 청와대 공주였고 23세부터 퍼스트레이디 역할을 수행한 박근혜가 생각하는 자아상은 실무적인 일이나 실행과는 거리가 먼 고고한 존재이다. 고고한 존재는 다른 이들에게 지시하거나 그들의 자세와 결과에 대해 평가할 따름이지 스스로 실행에 나서는 주체가 아니다. 따라서 박근혜 어법은 '~이다, ~해야 한다' 등으로 타인에 대한 평가나 지시가 주종을 이룬다. 일의 주체가 되어 실행에 함께 참여하는 사람의 어법이라면 '~한다, ~하자, ~하겠다'로 종결될 것이다.

주어의 생략은 책임 회피로도 연결된다. 실행은 '아랫것'들이 하는 것이다. 따라서 무슨 일이 잘못되면 그 책임은 대통령 자신이 아닌 아랫사람들에게 있다. 올바른 지시를 내렸는데 실행을 잘못한 것이다. 사과 한 번에 그토록 인색하고, 자신은 쏙 빠진 채 책임을 모두 남에게 미루는 유체이탈 화법이 여기에서 비롯한다.

두 번째 인용문 B는 영국 정치가 윈스턴 처칠이 1940년 5월 13일 하원에서 수행한 연설이다. 당시는 제2차 세계대전이 발발하여 독일군이 폴란드, 덴마크, 노르웨이를 차례로 점령하고 영국군은 이미 노르웨이에서 독일군에게 쓰디쓴 패배를 경험한 전쟁의 한복판이었다. 한반도의 남북대치 상황도 위기임은 분명하지만 당시 영국 상황이 훨씬 더 급박했음은 두말할 필요도 없다. 그러나 처칠의 연설에서 정치권이나 국민에게 정신차리라는 요구, 지식인과 국민과 정치인이 중심을 잡지 못한다는 질타 등은 찾아볼 수 없다. 정치 지도자인 자신이 어떤 역할을 할 것인지 강렬하게 피력할 뿐이다.

자연히 이런 문장에는 주어가 앞장선다. 박근혜의 담화문보다 훨씬 짧은 분량에서 나 또는 저라는 주어(I)가 네 번이나 등장한다. 그리고 리더의 주요 덕목인 대중과 함께하는 뜻을 담은 우리(we)라는 단어도 네 차례 쓰고 있다.

두 연설문의 차이는 명문이냐 아니냐, 호소력이 부족하냐 넘치냐의 차원을 넘어선다. 이어지는 장에서 차례로 짚어 나가겠지만, 전자는 어쩔 수 없이 봉건 왕조의 군왕적 사고방식을 담고 있다. 박근혜 말의 심연에는 이미 헌법 정신 훼손과 대한민국 정치 몰락의 그림자가 짙게 드리워져 있었다.

불통을 넘어선 군왕적 어법

나는 역대 대통령의 말과 글을 살피면서 이 시대에 우리나라 대통령이 사용해야 할 바람직한 단어 70가지를 꼽아본 바 있다. 이 중 으뜸과 버금 단어들은 '소통' '포용' '통합' 등이다. 민주주의 국가에서 리더가 가져야 할 덕목이자, 분열과 갈등이 팽배한 한국 사회를 위해 꼭 필요한 항목들이다.

박근혜 대통령의 말과 행동은 이런 단어들과 아주 거리가 멀다. 갈수록 제왕적 태도를 보이는 박 대통령은 군왕적 어법에 흠씬 물들어 있고, 게다가 부정적 감정어인 '으르렁말(snarl words)'을 긍정적 감정어인 '가르랑말(purr words)'보다 더 많이 사용한다.

가업이 '대통령'이었던 인물의 가족 사진. 왼쪽부터 박정희 전 대통령, 둘째 딸 근령, 아들 지만, 큰 딸 근혜, 영부인 육영수. 1968년 9월 15일 촬영.

　박 대통령은 집권 후반기에 들어갈수록 일방적이고도 강압적인 지시를 가득 담은 강요 일변도의 군왕적 어법을 자주 사용했다. 겁박도 서슴지 않으며 그 대상을 가리지도 않았다. 겁박 대상에는 행정부보다 상위 기구인 입법부까지도 포함된다.

　언어학자이자 미국 상원의원을 지낸 새뮤얼 하야카와(S. I. Hayakawa)는 감정어를 두 가지로 나눈다. 부정적 감정어인 으르렁말과 긍정적 감정어인 가르랑말이다. 이 구분법에 따르자면, 박근혜 대통령의 말에서는 부정적 감정어인 으르렁말이 위세를 부린다. 으르렁말은 개 따위가 이빨을 드러내고 으르렁거리는 데서 따온 말이다.

군왕적 어법은 국민이 준 힘으로 국민 위에 군림하는 형태인데, 전여옥이 자신의 책 『i전여옥』(현문미디어, 2012)에서 적절하게 표현했듯이, 박근혜의 본래 모습이기도 하다.

> 박근혜에게 대한민국은 (⋯) 우리 아버지가 만든 '나의 나라(My country)'였다. 이 나라 국민은 아버지가 긍휼히 여긴 '나의 국민(My people)'이었고, 청와대는 '나의 집(My house)'이었다. 그리고 대통령은 바로 '가업', 즉 '마이 패밀리스 잡(My family's job)'이었다.

이런 사고방식은 대통령이 되기 훨씬 전부터 형성되었다. 대통령에 당선된 뒤로는 '우리 집'이 청와대인 기간이 합해서 20년째가 되어간다. 도시에 사는 웬만한 서민들은 한 집에 20년 사는 경우조차 드물다. 우리나라에서 20년 동안이나 자기 집이 청와대였던 사람은 박근혜 말고는 아무도 없다.

박 대통령이 보이는 무소불위의 행태를 바라보고 있노라면 미국 독립선언서 기초위원이자 제3대 미 대통령을 역임한 토머스 제퍼슨이 걱정하던 '선출된 전제 정치' 내지는 '선출된 독재'가 한국에서 현실로 펼쳐지는 듯하다.

박근혜의 '진실한 사람' 발언 하나에 여당 국회의원들의 우두머리인 유승민 원내대표가 간단히 잘려 나간 뒤 새누리당 김무성 대표는, 변호사들이 잔뜩 모인 한 모임(2015년 11월 20일 변호사 포럼)에서 '국민들은 속아서 그녀에게 표를 주었다'고 속내를 털어놓기도 했다.

언어가 그 사람이다. 그 사람의 언어가 사람을 사람으로 만들기도 하고, 동물이나 식물로도 만든다. 독재자의 언어를 애용하는 사람은 결국 독재자의 길을 걷는다. 박근혜가 사용하는 단어, 문장, 어법을 면밀하게 뜯어보고 그 안에 담긴 그녀의 가치관과 사고방식, 심리 상태를 국민이 진즉에 알아차렸다면, 한국 정치의 불행은 오늘의 수준까지 이르지는 않았을지 모른다. 물론 속이려고 작정한 사람에게 속지 않기란 쉬운 일이 아니다. 그러나 한편으로 이런 말도 있다.

"한 번 속으면 속이는 사람의 잘못이지만, 같은 일로 두 번 세 번 속으면 속는 사람도 잘못이다."

자연인 박근혜와 정치인 박근혜

이 책은 언어 현미경의 대물렌즈 초점을 박근혜 대통령에게 맞췄다. 크게는 정치인으로 등장하기 이전의 자연인 박근혜와 그 이후의 정치인 박근혜로 구분해서 살폈다. 정치인 박근혜 언어의 뿌리는 정치에 입문하기 이전 자연인 박근혜의 언어와 닿아 있다. 자연인의 언어와 정치인의 언어, 자연인의 언어 형성 과정이 정치 언어에 미치는 영향, 언어의 형성 또는 성형 과정에 관여하는 심리적 기제들, 정치인에게 언어 정치는 족쇄인가 도구인가 등등을 문질러 보고 뒤집어도 보았다.

달리 말하자면, 이 책은 대통령으로서 구사하고 있는 박근혜의 말과 자연인(대통령 영애~1997년)과 정치인(국회의원~대선 후보) 시절의 박근혜 언어 사이에 징검다리를 놓는 데서 출발한다. 그렇게 해서 살펴보고 가려는 것은 그 징검다리들을 휘감거나 이어주는 뿌리 또는 줄기다.

그다음으로는 현재적 발화(utterance)로서의 '대통령의 말'과 총체적인 '박근혜의 언어' 사이의 심리적 연결고리를 들여다보려 한다. 즉 표면적으로 나타난 언어 이면에 숨어 있는, 박근혜의 과거와 현재를 아우르는 심층적 언어(language)를 살펴보는 일이다. 편의상 '대통령의 말'과 '박근혜의 언어'로 구분한 것도 그 때문이다.[4] 사람의 얼굴에 그의 성격과 살아온 세월이 묻어나듯이 언어에는 그 사람의 사고 체계와 심리가 녹아 들어 있다. 박근혜의 말을 제대로 분석하면 우리는 박근혜라는 사람의 마음이 작동하는 방식도 짐작할 수 있다.

이 전체 작업에서 박근혜의 언어 형성에 관련된 개인사를 살펴보는 일은 필수적이다. 필요한 대로 열어서 그 안팎을 살필 것이다. 거기에는 부모나 형제자매와의 관계와 성장 과정, 박근혜의 아킬레스건으로 꼽혀 온 최태민과 그 유족들과의 관계, 그리고 그 밖의 정치적 사건들 일부도 당연히 포함된다. 주로 공인의 모습으로만 짜여 온 그녀의 연보 외에도 자연인으로서의 행적까지 포함하여 다룬다는 점에서, 일반적인 경력 나열 방식과는 궤를 달리한다.

예를 들어 설명하는 게 빠를 듯하다. 박근혜는 책으로 묶여 공개된 일

---

4)   이 책에서 '박근혜의 언어'로 표기된 부분은 주로 자연인으로서의 박근혜 언어를 지칭한다. 대통령 재임 동안의 언어에 대해서는 '박(근혜) 대통령'이라는 표기를 덧붙였다. 자연인/정치인의 구분이 무의미할 경우에는 '근혜'라는 표기를 사용하였다.

기에서 1989년을 자기 인생에서 '최고의 해'라고 감격스럽게 회고하고 있다. 1989년은 박근혜가 최태민과 함께 근화봉사단을 조직하고 본격적인 대외 활동을 전개한 해이다. 동시에 그해는 홀로 떨어져 살던 동생 박지만이 처음으로 마약사범으로 구속 수감된 해였다. 박근혜는 구속 기간 내내 면회 한 번 간 적이 없다. 그뿐만이 아니다. 박근혜의 집안 뜰에 친인척은 물론 친동생들조차도 발자국을 제대로 찍지 못했다. 1990년 최태민의 집 근처인 삼성동으로 이사 온 이후로는 특히나.

이런 독특한 개인사는 자연인 박근혜의 언어생활, 언어 습관에 큰 영향을 미쳤다. 아버지의 죽음 이후 청와대를 나온 뒤로도 박근혜는 가까운 지인들과의 교류는 물론이고 친동기간들과조차 최소한의 소통도 부족한 생활을 해 왔다. 박근혜는 한나라당 대통령 경선 후보 검증 청문회에서 삼 남매의 가장 노릇을 했다고 말한 바 있지만, 결과만 보면 콩가루 집안이 되었다. 단적으로, 삼 남매는 부모 사후에 지금까지 셋이서 국내 여행 한 번 함께 떠나 본 적이 없다.

반면 최태민이 죽은 뒤 박근혜는 3년 동안 혼자서 국내 이곳저곳을 찾아다니며 마음을 다스려야 할 정도로 상심이 컸다. 그녀의 정신세계 속에 누가 어떤 비중으로 들어앉아 있는가는 대단히 중요하다. 칩거 상태나 다름없던 오랜 기간 동안 그녀는 누구와 주로 만나 말을 나누고 어떤 생활을 했을까? 이런 점을 도외시하고 그녀의 언어를 분석한다는 것은 장님 문고리 잡기나 마찬가지다.

한국 사회는 박근혜라는 한 정치인을 호명하고 대통령으로 선출한 대가를 톡톡히 치르고 있다. 경제적으로는 이 사회적 비용을 복구할 수 있을지라도 우리가 겪은 심리적 고통과 자괴감은 쉽게 치유되기 어렵다.

그럴수록 고통의 기록을 남겨야 한다. 언제부터, 어디서부터 잘못된 일인지 따지고 분석해야 한다. 정치인은 정치인대로, 학자는 학자대로, 또한 언론은 언론대로 박근혜의 실패, 박근혜를 호출해 내고 무대에 올린 우리 사회의 흑역사를 기록해야 할 것이다. 트라우마를 극복하는 첫걸음은 그것을 회피하거나 망각하려 하지 않고 정면으로 바라보는 일이다.

수치스럽고 당혹스럽고 분노가 치밀어올라 상기하기 싫을지라도 박근혜의 말과 그 말이 지배했던 시대를 외면하지 않고 기록해야 하는 이유는 단 한 가지 교훈으로 요약할 수 있다.

"기억하지 않은 역사는 되풀이된다."

정치판을 동물원에 비유한다면

유명한 정치가들을 동물에 비유한 『정치 동물원(Political Zoo)』(2006)이라는 책이 있다. 마이클 새비지(M. Savage)라는 미국의 라디오 진행자가쓴 것인데, 이 책으로 그는 세계적으로 유명해졌다.

새비지는 힐러리 클린턴을 '굼뜬 표범'으로, 빌 클린턴을 '늑대'로, 도널드 트럼프를 '대머리독수리'로 각각 비유했다. 희한하게도 2016년의미국 대선을 예견한 듯하다. 대머리독수리는 알다시피 미국을 상징하는새로, 미국 국장(國章)[5]의 앞면에 새겨진 새다. 힐러리는 노회하고 배부른 낡은 정치인의 이미지 때문에 패배했다. "미국을 다시 위대하게 만들자(Make America Great Again)."라는 슬로건을 앞세운 트럼프는 많은 정치 평론가들의 예상을 뒤엎고 깜짝 승리를 거뒀다.

사람을 동물에 비유하는 일은 우리나라 정치 문화에서는 사례를 찾아

---

5)   흔히 미국의 국장을 하나로만 알기 쉬운데, 국장은 앞뒤 양면으로 되어 있고, 문양도 사뭇 다르다. 뒷면에는 피라미드 모양과 그 상단에 '섭리의 눈(Eye of Providence)'이라 불리는 외눈이 있다. 위와 아래에 새겨진 라틴어는 각각 'Annuit Coeptis(신은 우리가 하는 일을 각별히 돌보아 주신다)'와 'Novus Ordo Seclorum(새로운 질서의 시대)'이다.

보기 힘들다. 이런 비유조차 인신공격으로 여기는 유교 문화 탓인 듯하다. 그러나 정치 무대에 선 정치인들은 연예인과 마찬가지로 대중의 기호와 사랑을 먹고 산다. 그런 면에서 그들은 대중의 꿈이 투영된 밤하늘의 별과 같다. 그래서 연예인을 스타라고 하지 않는가. 밤하늘 별자리에 큰곰자리, 사자자리 같은 이름이 붙고 거기에 맞는 전설이 부여되듯이 정치인의 특징과 이미지를 동물에 비유하는 것이 결코 인신공격이나 희화화가 아니다. 대중의 관찰을 반영하는 것이다.

한국의 정치 동물원

박근혜를 정치 동물원에 넣고 바라보면 살쾡이(삵)에 가깝다. 특히 옆으로 쏘아보는 눈매를 보면 살쾡이의 그것을 무척 닮았다. 살쾡이는 야행성으로 소리 없이 걷고 단독생활을 하며, 한번 물면 야무지게 물고 놓지 않는다. 덩치는 작아도 호랑이 못지않은 맹수로 분류된다.

그에 비하여 이명박과 노무현은 각각 여우와 곰이라 할 수 있다. 최단 기간의 경제적인 도전과 투자로 대통령직에 오른 이명박은 잽싸게 오소리 굴을 빼앗아 제 집으로 삼는 여우를 닮았다. 노무현은 우직함과 직립 포효의 표상인 곰에 가깝다. 노무현을 '진돗개'로 꼽은 이도 있다. 세계의 목소리 큰 지도자들을 개의 품종에 비유한 프랑스 방송인 로랑 제라는 자신의 책『세상을 지배하는 개들』(문학세계사, 2003)의 한국어판 출간을 앞두고 급히 노무현을 끼워 넣으면서 진돗개라 했다.

동물원 옆 식물원에도 잠깐 들러 보자. 박근혜를 꽃에 비유하자면, 선인장 중 '대통령선인장(학명 Thelocactus bicolor)'과 닮았다. '대통령'이 붙은 이름까지도 맞춤이다. 멕시코 치와와 사막이 원산지인데, 가시가

살쾡이와 대통령선인장.

뭉쳐 나서 찔리면 몹시 아프고, 꽃은 그 이름대로 한가운데에 딱 한 송이만 핀다. 꽃이 필 때만 이름값을 하는 선인장인데 꽃이 질 때는 무척 지저분하다. 꽃도 주로 밤에 핀다.

나무로는 에보니(ebony)라 불리는 '흑단(黑檀)'이라 할 수 있다. 인도 남부와 스리랑카 쪽이 원산지인데, 유일하게 바닷물에서도 떠오르지 않는 나무다. 그만큼 무겁고, 물속에서 쉽게 부식되지도 않는다.[6] 밀도와 비중이 아주 높고 단단해서 가공을 위해 절삭할 때 애를 먹는다. 이것으

---

6)   인도의 명물 타지마할(궁전 형태의 묘)은 그 옆으로 흐르고 있는 자무나 강과 인접하고 있다. 지반이 약한데다 홍수 위험도 잦은 연약지반에 지어져 있는데, 그 연약지반 문제를 해결한 게 이 흑단을 다량 깊이 매설한 것이라고 한다. 우물 정자 형태로 엮은 흑단을 심저에 다량 투입하여 지반을 단단하게 하면서, 주변 지반이 움직이면 그에 따라 함께 움직이도록 했다. 마치 내진 설계에서 건물 흔들림 허용치를 미리 반영하는 것과 같다.

로 칼을 만들면, 쇠칼 못지않게 관통력이 강해서 그 칼로 찔리면 사람도 죽는다. 고급 피아노의 검은 건반, 고급 체스판의 검은 말(무거워서 작게 만들어도 잘 쓰러지지 않는다), 고급 현악기의 지판이나 고급 가구의 단판 등에 쓰여 왔다.

고집과 아집으로도 해석되는 박근혜의 안이 단단한 것은 유명하다. 박근혜의 그걸 꺼내어 물에 넣으면 흑단처럼 가라앉고도 남을 듯하다. 흑단은 귀한 가치 때문에 남벌되어 지금은 사라질 멸종 위기에 처했다. 박근혜류의 고집과 아집은 그 종착지가 어디일지 궁금하다.

복수의 여신 아르테미스

신화 속 인물로는 사냥과 복수의 여신이자 차가운 달의 여신이기도 한 아르테미스를 박근혜와 동격으로 꼽은 정신과 전문의(최명기)도 있다. 그것도 대통령에 당선되기 전의 모습을 보고 그리한 것인데, 적확한 예측이 되었다.

아르테미스는 처녀의 몸으로 여신이 된 드문 경우인데, 보기와 달리 엄청 독종이기도 했다. 사냥을 나온 테베 왕의 손자 아크타이온이 산책하다가 우연히 목욕 중인 아르테미스를 보고 만다. 아르테미스는 그를 사슴으로 변신시킨 뒤 사냥개들에게 물어뜯겨 죽게 만든다. 그가 목욕 중인 아르테미스를 본 것은 악의나 고의와는 거리가 먼, 비고의적인 경과실인데도 아르테미스는 괘씸죄를 씌워 목숨을 날려버리는 생명형(生命刑)을 과했다.

섬뜩함을 넘어서는 끔찍한 냉기. 그리고 우리는 박 대통령 주변으로 잘못 걸음했던 이들 중에서도 아크타이온과 같은 횡액을 당한 이들이 있

음을 안다. 복수의 여신이 정치 생명을 끊어 내려 들었던 이들이 하나둘
이 아님을.

2장

불완전한
언어 습득의 배경

비정상적 사회화가
낳은 난맥상

언어는 그 사람이다. 언어로 사고하고 생각한 것을 언어로 드러내는 과정에서 그 사람의 모든 것이 담기고 스며든다. '사람은 언어에 의해서만 사람일 수 있다'는 언어심리 창시자 슈타인탈(H. Steinthal)의 말은 언어와 사람과의 관계망을 최대한 확장한 것이기도 하지만, 언어를 통해 그 사람의 심리까지도 알아볼 수 있음을 뜻하기도 한다.

벽돌 한 장 한 장이 쌓여 건물을 이루듯, 사람의 언어도 하나하나 모이고 쌓여서 그 사람을 이룬다. 그 사람의 모든 것이 언어에 담긴다. 자연인 박근혜와 정치인 박근혜, 그리고 대통령 박근혜의 모든 것이 그가 사용하는 언어에 배어 있고 담겨 있다. 그중에서도 가장 굵은 뿌리는 단연 자연인 시절에 배태되었다.

인간의 언어 습득 이론에는 몇 가지가 있다. 크게 보면 생득주의(천성주의), 행동주의, 상호작용주의로 나뉜다. 이들 주장의 핵심은 각각 인간은 태어날 때부터 언어 습득 능력을 갖추고 있다고 보거나(생득주의/천성주의. 촘스키가 대표적), 언어 습득이 관찰, 모방, 반복, 강화 등 경험의 결과라고 보는 입장(행동주의. 스키너와 반두라), 언어는 인지적 성숙 결과로 획득되는데(인지적 상호작용주의. 피아제) 주변 사람들과의 상호작용으로 그 폭이 넓어진다고(사회적 상호작용주의. 비고츠키) 보는 것이다.

이 중에서 사회적 소통이 중요해짐에 따라 각광 받게 된 것이 상호작용주의인데, 커뮤니케이션 분야에서는 이것을 특히 '상징적 상호작용주의'라고 한다. 언어를 상징의 중심으로 여기기는 하되, 상징을 언어의 상위 개념으로 보기 때문이다.[7]

상징적 상호작용주의에 따르면 인간의 자아 발달과 인지적 성장은 언어를 중심으로 하는 상징을 매개로 하여 인간의 상호작용을 통해 이뤄진다. 인간의 자아 발달이 사회 속에서 언어를 통하여 이뤄진다고 보는 것이다.

사회화 과정에서 언어 선택에 대한 흡수력, 유연성이 제한되면 언어의 빈곤을 낳는다. 그것이 언어 공간의 협소화로 이어지면서 언어 간의 잦은 내부 충돌이나 긴장을 빚고, 언어 간의 대립관계나 이분법적 단순 선택으로 사고를 제한하게 된다. 그 기간이 오래될수록 사고 자체도 그 틀에서 벗어나기 어려워진다. 이는 뒤에 자세히 다룰 집착[8]과도 연결된다. 무엇보다도 언어 사용자가 단선화한 사고의 일방통행에 억류되고 만다.

---

7)   인류학, 사회철학, 사회심리학 분야에서 팔방미인 격인 미드(G. H. Mead, 1863~1931)를 이 상징적 상호작용주의(symbolic interactionism)의 시조로 삼지만, 명명은 미국의 사회학자 블루머(H. G. Blumer, 1900~1987)가 했다.

'좋은'과 '좋지는 않은'만 존재하는 언어

단선화한 사고와 관련하여 손쉬운 예를 살펴보자. 1949년 출간된 조지 오웰의 『1984』는 이미 60여 년 전에 '빅 브라더'와 같은 정보 독점기관의 도래를 예언하고 '텔레스크린'이라는 이름으로 오늘날의 CCTV 시스템까지 작품에 담고 있다. 이 소설의 근간을 이루는 설정 중 하나는 언어를 단순화함으로써 시민들의 의식을 제한하고 통제한다는 것이다.

이를테면 이 작품 속의 가상 국가 오세아니아에서 good의 반대어는 bad가 아닌 un-good이다. splendid와 wonderful은 각각 plus-good과 double plus-good이다. 즉, '좋다'의 반대는 '나쁘다'가 아닌 '좋지는 않다'이고, 근사한 것들은 '더 좋은'과 '좋고도 더 좋은'이다. 이 세계에서는 생각의 출발을 모두 good(좋다)으로 한정시킨 뒤에 생각의 확장이나 연장도 그것과의 대립이나 비교 등으로 제한한다. good(좋다) 이외의 다른 생각을 일절 할 수 없도록 봉쇄하는데, 바로 그 수단이 언어다.

결국 그 사회에서 사람들은 어쩔 수 없이 설정된 언어 체계대로 살아갈 수밖에 없다. 그런 언어를 벗어나서 (주인공처럼 일기 쓰기 등을 통해서) 다르게 생각하거나 하면 중범죄자가 되기 때문이기도 하지만, 이미 달리 생각하려는 사고 기능이 미약하거나 멈춰 있기 때문이다.

박근혜의 삶에 불도장으로 남아 있는 단어 중에는 조금 뒤에 상세하게

---

8)   집착은 언어심리학 측면에서, 특히 박근혜의 언어 분석에서, 대단히 중요한 의미를 갖는다. 이에 대한 상세한 설명은 4장 '콤플렉스와 박근혜의 언어'를 참조하기 바란다.

살펴볼 '배신'이 있다. 배신은 박근혜 사고의 기본을 이루는 출발 개념이며 그 상대어(반의어)는 '충성'이 아니라, 박근혜만의 방식으로 빚질된 '정성스러운 태도'이다. 박근혜는 언어 사회화 과정에서 늘 이 '배신'과 날카로운 대립적 긴장 관계를 유지해 왔다. 배신과 정성스러운 태도(배신이 아닌 것)라는 이분법적 사고 체계는 박근혜의 언어 세계에 깊은 영향을 준다.

삼 남매에게 공통적인 비정상 어법

상호작용주의 이론의 주창자 중 하나인 피아제는 인지 발달 과정을 4단계로 나눈다. 이 이론으로 살펴보자면 '백 단어 공주'로도 불리는 박근혜의 언어는 주로 2단계 수준에 머물고 있다.

2단계의 사고는 자기중심성, 변환성(다른 말로 바꾸기), 중심화, 가역성(可逆性)[9] 결여 등을 내보이면서, 자기중심적 언어를 반복하는 특징이 있다. 박근혜는 아버지에게 강하게 영향을 받은 언어 습득 과정을 거쳤고, 그 과정에서 충격적이고도 심각한 일들을 겪은 탓에 지금까지도 자기중심적 언어(주체적 자아)와 사회화된 언어(객체적 자아)의 극심한 분리 현상을 보인다. 주어와 술어 불일치, 능동태와 수동태 혼용, 목적어 망실,

---

9)   장 피아제(Jean Piaget)의 용어. 언어 조작 시기에 개념(예: 사랑)으로부터 행동(예: 안아주기, 안기기)을 유추할 수 있는 역방향 사고 능력 따위를 뜻한다. 이로부터 직관적 사고에서 논리적 사고로 발달한다.

잦은 어휘 오용, 논리적 사고 결여, 동문서답 등이 그 방증이다. 특히 발화(發話)를 중심으로 살펴보면, 일종의 언어 발달 장애라 할 정도로 기형화되어 있다.

박근혜의 성장 과정 즉 언어 사회화 과정은 보편적이거나 정상적이지 않았다. 일반인이 상상하는 것 이상이다. 그 후유증이 클 수밖에 없다.

그는 12세 때 청와대에 들어갔고 초등학교 시절부터 29세가 되도록 항상 경호원이 따라붙는 생활을 해 왔다. 어딜 가든 감시자나 지켜보는 이가 있었고, 친구라 해도 학교에 있는 동안 잠시 어울리는 정도였으며, 수업을 마치면 경호원과 함께 곧장 귀가하는 등 제한된 생활을 해야 했다. 모친 생전에는 예방 경호라 하여 멀리서 지켜보는 근거리 경호 형태였지만, 피살 사건 이후에는 밀착 경호, 지근거리 수행 경호로 바뀌어서 타인과의 접촉은 더욱 좁혀졌다. 사회화 반경이 일반인의 10분의 1 수준에도 미치지 못했다고 볼 수 있다.

박 전 대표는 서강대 전자공학과 70학번이다. 그의 입학 동기들은 청와대에 가서 다과회를 했던 추억이 있다. 누군가 박 전 대표의 어머니에게 "친구끼리 야자해도 괜찮으냐"고 묻자, 육영수 씨는 "서로 존댓말을 썼으면 좋겠다"고 했다. 그 뒤로 지금까지 박 전 대표와 그의 전자공학과 동기들은 서로 존댓말을 쓴다.

박근혜 전 대표는 등교할 때 반드시 신촌로터리에서 차에서 내려 학교를 걸어서 들어갔다. 학생들은 그에게 말을 쉽게 붙이지 못했는데, 대통령 딸이어서가 아니라 워낙 단정한 모범생이었기 때문이라고 한다. 개구쟁이 남학생 후배가 그에게 "누나 빵 사줘."라고 자주 조른 일이 있는데, 경호원이 이

남학생을 빵집으로 데려가 큰 봉지에 한가득 빵을 사주고 "다시는 큰 영애님에게 빵 사달라고 하지 말라"고 경고한 일이 있었다. 박 전 대표는 다음 날 그 남학생에게 "그건 내 뜻이 아니다"라고 사과했다.

— 《한겨레》, "성한용 선임기자의 대선주자 탐구: 박근혜" (2011. 8. 12.)

대학 시절 박근혜는 딱 한 번, 용케 경호원을 따돌리고 공주님의 화려한 외출을 시도한 적이 있는데, 그나마 혼자 영화를 보고 버스 타고 돌아다니고 다방에 앉아 커피를 마셔 본 정도였다. 서강대 재학 시절 동급생들이 유신 반대 데모를 할 때면 홀로 실험실이나 도서관에서 시간을 보내야 했다.

근혜, 근령, 지만의 언어 사회화 과정

이런 성장 과정은 삼 남매 모두에게 공통이어서, 그들의 언어 수준이나 어법 또한 비슷한 점이 많다. 통치자인 아버지가 자식들의 언어 발달 측면에서는 운명적으로 해악을 끼친 셈이다.

일례로 둘째 박근령의 경우, 2015년 일본 영상 매체인 니코니코와 인터뷰한 내용을 보면 과연 저 사람이 대학 교육까지 받은 한국 사람이 맞나 싶을 정도로, 도통 앞뒤가 맞지 않고 이해하기 어려운 어법을 구사한다.

"(…) 상황이 잘 설명이 안 된 상태에서 위안부 얘기도 나오고 하니까 단어 몇 개 이렇게 해서 많이 공격을 하시더라고요. 완전히 마녀사냥이 됐어요.

그래서 조금 아까 제가 자료 보는 분들이셔서 굉장히 우익의 아이콘으로 제가 많이 존경하는 신 교수님도 거기 나와 계시고 옛날에 돌아온 저격수다에서 많이 봤는데. 그 말씀을 하시는 걸 잠깐 들었어요."

오해 없기를. 이 어지러운 문장의 화자는 박근혜가 아니라 박근혜를 '형님'이라 부르는 여동생 근령이다. 언니의 화법과 구분이 안 될 정도로 공통점이 한둘이 아니다. 그렇다고 박근령이 교육 수준이 낮거나 지능이 부족하다고 볼 수는 없다. 그녀는 경기여고를 거쳐 서울음대 작곡과를 졸업한 수재형이다. 드라마에서 나오는 음악을 듣고는 즉시 피아노로 옮겨 칠 정도였고, 아버지가 흥얼거리는 노래를 악보로 정리해서 작품화하기도 했다. 박정희 작사, 작곡으로 되어 있는 '새마을 노래'는 이렇게 해서 탄생했다.

박지만은 육사 생활과 3년간의 군 생활을 거친 덕분에 삼 남매 중에서는 사회화 과정이 그나마 나은 편이다. 하지만 그 또한 오랫동안 경호 받는 생활을 해서 마음고생이 많았다. 중앙고 시절, 그와 어울리고 싶어서 지만에게 자주 말을 걸던 학생 하나는 청와대 경호실에까지 끌려가 문초를 받았다. 어린 시절부터 쌓인 부정적인 기억들과 삼 남매가 공통으로 겪은 가족사의 비극, 그리고 최태민에게 장악된 큰누나의 매몰차고 섭섭한 처우 등은 박지만이 마약에까지 손댄 주요한 배경이라고 짐작할 수 있다. 박지만의 언어에는 대인 불신증과 기피증이 기본으로 깔려 있다.

이처럼 장기 집권자를 아버지로 둔 이들 남매는 사회화가 극히 제한된 언어 환경에서 자랐다. 사회화 부족만이 아니라, 이들이 접한 환경은 대단히 비정상적이었다. 박근혜는 2012년 1월 2일 SBS의 토크쇼 〈힐링캠프〉에 출연하여 "12살에 청와대에 들어갔다. 부모님께 누가 되지 않기 위해 모든 언행에 조심했다."라고 어린 시절을 회고한 바 있다.

열 살 전후 어린아이들에 불과한 삼 남매의 심리 상태가 어땠을지 생각해 보라. 근혜, 근령, 지만은 친구, 또래, 동급생, 평범한 사람들과의 접촉과 교류는 태부족한 반면 아버지 밑에서 일하는 나이 든 남자들은 주위에 너무 많았고 그들의 시선을 항상 의식하고 경계해야 했다.

박근혜의 언어 능력 또한 이러한 제약적인 환경과의 복합적 상호 작용에서 길러졌다. 그에게서 자주 보이는 비문법적 언어 구조는 이렇게 조형된 정신 체계의 일부다. 비문법적 언어는 접속사 부재 또는 연결어미 오용 등에서 더욱 두드러지는데, 촘스키의 용어로 표현하면, 문장의 기저(심층 구조, deep structure) 형식 자체가 잘못되어 있다. 언어사회화 과

2001년 1월 26일 국립묘지에서 열린 박정희 전 대통령 22주기 추도식에서 분향하는 박근혜 삼 남매. 이들은 언어 습관도 상당 부분 공유하고 있다.

정에 심각한 문제가 있음을 객관적으로 드러내는 대목이다.

집을 떠올려 보자. 붉은 벽돌집도 좋고 산골짜기 너와집도, 대리석으로 마감한 고급 저택도 좋다. 재료가 다르면 집의 외관과 분위기, 쓰임새가 전혀 달라진다. 재료와 최종 완성물이 어떤 관계인지를 누구나 쉽게 상상할 수 있을 것이다. 박근혜의 언어로 이루어진 집은 언어 건축에 쓰인 재료부터가 일반인과 전혀 다른 특수성을 지닌다. 박근혜의 언어 형성에 쓰인 낱개의 벽돌들은, 아버지가 전혀 의도하지 않았음에도, 절대 권력자인 부친에 의해서 '대통령 자녀용'으로 특별히 주문 제작된 것이어서 일반 언어 건축에 쓰이는 보편적, 통상적 벽돌들과는 전혀 달랐다. 강도, 흡수력, 외관, 성상, 쓰임, 분위기까지.

박근혜의 언어 세계를 둘러싸고 있는 것은 바로 이러한 특수 벽돌로 쌓아 올린 담장이다. 다른 두 동생도 비슷하지만, 박근혜의 벽돌은 더 특수했고 담장은 더 높았다. 맏이와 퍼스트레이디로서의 무게를 견딜 수 있는 견고한 것이어야 했기 때문이다.

절대군주 못지않았던 박정희는 자식들의 언어에 절대적으로 해악을 끼쳤다. 정상적인 언어 환경을 제약하고 변질시켰으며 선택의 폭을 극도로 좁혔고 결과적으로, 인생의 토대를 형성하는 가장 중요한 청소년기와 청년기의 정상적인 삶을 자식들에게서 소거했다. 통치자로서 오래도록 누린 현재적(顯在的) 특권이 남긴, 전혀 예상치 못한 비극적이고 잠재적인 반대급부였다.

⟨넬⟩과 박근혜

⟨넬(Nell)⟩이라는 영화를 잠깐 살펴보고 가자. 우리나라에는 1995년 개봉했다. ⟨테이큰⟩ 시리즈로 잘 알려진 리암 니슨이 시골 의사 러벨 역을 연기했고, 주인공 넬 역은 지적이고 도회적인 이미지가 강했던 ⟨양들의 침묵⟩ 주연 배우 조디 포스터가 맡았다.

애팔래치아 산맥의 어느 숲속이 배경이다. 심산유곡의 외딴 통나무집에 세상과 단절된 채 주인공 넬이 살고 있다. 어머니 캐런 부인의 죽음으로 혼자가 된 넬은 문명사회의 현대인들이 이해할 수 없는 언어를 사용하는 의문의 인물이다. 넬의 어머니가 죽었을 때 사망 확인을 위해 그 집

마이클 앱티드 감독, 조디 포스터, 리암 니슨 주연의 영화 ⟨넬⟩ 포스터.

에 들른 러벨이 넬을 처음 발견한다.

그런 넬을 두고 편이 갈린다. '타인과 소통할 수 없는 이상한 언어를 사용하므로 넬은 사회에서 살아가기 힘들다. 그러므로 그녀를 도와주는 의미에서 안전한 병원에 수용할 수밖에 없다'고 심리학자 올슨 박사팀은 주장한다. 그에 대해 시골 의사 러벨은 '그녀는 당신들에게 도움을 청한 적이 없다. 여태 혼자서 잘 살고 있었고, 당신들에게 도움을 받을지 말지는 그녀 스스로 선택해야 한다. 그녀의 언어를 이해할 수 없다면, 우리가 그녀의 말을 배울 수밖에 없다'고 응수한다.

결국 소송 끝에 3개월의 유예기간을 얻은 러벨은 넬이 타인의 보호 없이 살 수 있는지를 증명하기 위해 집 옆에 텐트를 치고 넬의 행동을 관찰하고, 거기에 올슨 박사도 합류한다. 이 과정에서 러벨과 올슨은 넬이 구사하는 언어가 어머니가 죽기 전까지 20년 넘게 읽어 주었던 『킹 제임스 (King James) 성경』에 기초하고 있고, 뇌내출혈 후유증인 안면마비에서 비롯된 발음 장애가 넬의 언어를 알아들을 수 없는 것으로 만들었음을 알게 된다. 그 후 그들은 넬의 순수함에 도리어 감화되고, 러벨은 넬을 지켜 주는 수호천사 역할을 자임한다.

이 영화는 일반인들에게도 적지 않은 감동을 주었지만, 언어심리학이나 발달이론 과목 수강자, 상호작용주의 연구자들에게 더 큰 의미로 다가온 작품이기도 하다. 이 영화 감상을 리포트 숙제로 내준 학교도 있었다. 언어로 대표되는 상징의 교환이 인간의 자아 형성에 미치는 영향을 통찰력 있게 보여 준 좋은 사례였기 때문이다. 영화 〈넬〉은 개인의 사회화 과정에서 언어가 갖는 역할에 대해 귀띔하는 바가 컸다.

박근혜는 이를테면 우리나라의 넬이다. 높은 담장을 친 곳에서 세상과 격리되어 살아오면서, 정상적인 언어사회화 과정을 겪지 못한 불완전한 언어 습득자다. 언어심리학적 측면에서 살펴보자면, 가장 중요한 청소년·청년기를 불행하게 보낸 지극히 불우한 여인이다. 어린 시절부터 박근혜의 마음속에는 높은 담장이 둘러쳐져 있었으며 그런 근본적인 결핍 상태가 평생 족쇄로 작용했다.

박근혜의 언어는 사실 대통령에 당선하기 전부터도 문제가 심각했다. 대통령이 되고서야 던지는 말 한 마디 한 마디가 조명을 받으면서 그 난맥상이 비로소 국민에게 인식되었을 뿐이다. 또한 SNS가 발전하며 국민이 저마다 개인 매체가 되어 대통령의 발언을 퍼 나르고 분석하고 비판적으로 평가할 수 있게 된 것도 주요한 원인이다. 바야흐로 대통령의 말에 대한 감시가 손끝에서 이루어지기 시작한 것이다.

고맙고 진실한 사람
최태민

아동기와 청소년기에 이미 정상적 언어 사회화 과정을 거치지 못하고 심리적 파행 상태에서 허약하게 지어진 박근혜의 언어의 집은 이후 최태민이라는 사람을 만나면서 더욱 부실하고 왜곡된 모습으로 변한다. 정치인이 되기 전, 자연인 박근혜의 언어의 원형을 만드는 데 최태민의 영향은 지대했다.

상징적 상호작용주의는 인간의 자아 형성에 미치는 언어와 상징의 사회적 역할을 강조한다. 어떤 대상을 지각하는 것조차도 개인적인 것이 아니라 사회적 과정을 거친다는 것이다. 이 관점을 박근혜에게 적용해 보자. 청와대 그리고 대통령이라는 최고 권력을 중심으로 수직적으로 이루어진 사회가 그녀가 접한 거의 모든 사회적 영역이었다. 이 특수한 사회에서 벌어진 잔혹하고 치열한 권력 암투는 박근혜의 생각과 언어를 걸러 내는 필터링 기능을 한다.

박근혜는 모든 사안을 자신만의 필터링을 거친 특정한 방식으로 해석하게 되는데, 이 중 결정적인 것이 배신 트라우마다. 배신은 일반인들에게 흔한 경험은 아니지만 박근혜에게는 자아 깊숙한 곳에 불안과 공포로 강하게 각인되어 있다.

배신의 연대기

박근혜의 뇌리에 새겨진 '배신'이라는 낱말의 몇 가지 내용물을 조금 들여다보자. 1974년 8월 15일 광복절 기념 행사장에서 모친 육영수 여사가 총탄에 맞아 숨진다. 모친의 피살은 경호실장 박종규의 '배신적 실수'였다. 몸에 권총을 숨긴 문세광을 적발하지 못한 허술한 보안 검색의 최종 책임자가 박종규였으니까. 당시는 보안 검색대 같은 것이 없던 시절이었고 출입자들의 몸을 일일이 손으로 더듬고 소지품을 수색해야 했다. 실내에서 열리는 행사였고 참석자들은 대부분 초청받은 각계 귀빈들이었기에 경호 원칙에 따라 검색하기에는 무리가 따르는 정황이었으나, 박근혜에겐 이런 상황이 고려 대상이 될 수 없었다.

육영수는 박근혜에게 단순한 어머니가 아니었다. 학교를 오가는 도중에도 늘 경호원과 함께해야 하는 폐쇄적인 삶을 10년 넘게 살아 온 20대 초반의 여성에게 육영수는 열린 쉼터, 따뜻한 피난처, 진정한 의지처였다. 상실감은 참으로 깊었다. 상실감은 시간이 지날수록 박탈감으로 이행, 심화된다. 박탈감은 심리적 피해의식을 형성하는 강성 자극이다.

박근혜는 육영수와 같은 태음인으로서 골격에서부터 성격까지도 판박이다. 태음인은 대체로 소심하면서 내성적이고 말수가 적지만, 인내심과 자존심은 고집과 구분하기 쉽지 않을 정도로 강하다. 나아가 일부종사와 같은 도덕률에의 집착은 놀라울 정도라서, 그 때문에 상대적으로 배신에 대한 공포감이 다른 유형의 사람들에 비하여 훨씬 더 크고 깊다.

태음인의 고집이 자존심과 결합하면 어떤 일에서 한 발도 물러서지 않는다. 박근혜와 육영수는 그 점에서도 똑같다. 육영수는 만석꾼 아버지 육종관의 완강한 반대에도 6.25전쟁이 한창이던 1951년 27세 나이로 여덟 살 연상의 이혼남 박정희와 결혼을 강행했다. 박근혜는 결혼 후 이듬해에 낳은 첫딸이다.

그런 어머니를 잃은 박근혜에게 박종규[10]의 허술한 보안 검색은 실수나 상황 탓이 아니라 배신으로 해석될 수밖에 없었다. 박근혜에게 깊이 새겨진 배신의 첫 단추였다. 박근혜가 50대 후반에 직접 작성한 싸이월드 미니홈피의 백문백답을 보면, '사람을 평가하는 기준 3가지' 중 으뜸으로 삼은 것이 '신뢰할 수 있나'이다. 또한 이상형의 으뜸으로는 '믿을 수 있는 사람'을 꼽았다. 어머니를 잃은 원망은 대통령 경호실장이자 아버지의 부하였던 사람에 대한 의심으로 그리고 배신감으로 발전했다. 20대 초반에 겪은 일이 50대의 박근혜에게 여전히 사람을 판단하는 기준으

---

10)　　박종규는 소령 시절에 5.16쿠데타에 참여하여 박정희 경호를 담당했고 1963년 제3공화국이 출범하자 대령으로 예편한 뒤 경호실 차장을 거쳐 1964년 경호실장에 올랐다. 아버지를 잃게 한 차지철은 1962년 육군 중령으로 예편했다. 박근혜가 경호실장으로 전례 없이 4성 장군 출신인 박흥열을 선택한 것에는 대령, 중령 등 영관급 출신의 전직 경호실장들에 대한 부정적 감정도 얽혀 있는 것으로 읽힌다.

로 남아 있음을 짐작하게 하는 대목이다.

육영수 사망 당시 박근혜의 나이는 23세. 청년기가 거의 완성되는 시기였다. 학자에 따라 청년기를 사춘기와 성숙기의 두 단계로 구분하는 견해도 있고 3개 시기로 나누는 학설도 있지만, 청년기의 마지막 단계를 이상과 현실 사이에서 조화를 찾으려고 하는 시기로 보는 견해는 대체로 공통적이다. 즉, 사춘기 또는 청년 1, 2기 시절에 부정하던 외부 세계를 받아들이고 자아와 조화를 이뤄 나가는 시기가 이 무렵이다.

그처럼 중요한 시기에 박근혜가 맛본 것은 '배신'이라는 낱말에 찔린 상처와 고통이었다. 박근혜의 자아는 외부 세계와 원만한 타협과 조화를 이루지 못했다. 추구해 온 가치가 흔들리고, 이상과 현실 사이의 괴리는 결코 좁혀지지 않았다.

육영수의 죽음과 역사의 나비효과

그런데 역사의 나비효과라고나 할까. 육영수의 죽음은 박근혜의 청년기만 바꾼 것이 아니었다. 그 죽음은 결과적으로 박정희의 최후 그리고 박근혜와 최태민의 문제적 관계까지 잉태한다.

육영수 피살 사건 후 박종규의 후임으로 박정희와 김종필은 5.16 쿠데타 당시 해병대 전차대대를 이끌었고 1963년 준장 예편 후 유정회 국회의원이 된 오정근을 경호실장으로 정하고 당사자에게 통보까지 마쳤다. 그런데, 하룻밤 사이에 역사가 바뀐다. 생전에 육영수가 차지철을 신뢰했던 사실을 떠올린 박정희가 경호실장에 차지철을 임명해 버린 것이다.

모두 익히 아는 대로 경호실장 차지철의 전횡은 10.26 사태의 주요한 원인을 제공한다. 또한 차지철은 박정희의 신임을 얻기 위해 매사 김재규 중앙정보부장과 대립하는 가운데 박근혜와 최태민의 관계를 감싸는 역할을 맡는다.

당시 김재규는 최태민 문제를 별도 수사팀까지 꾸려 상세하게 조사한 뒤 박정희에게 직보했다. 대통령에게 가는 모든 보고를 경호실장을 통하도록 월권을 행사하던 차지철은 이에 분개했다. 이후 차지철은 최태민 문제를 무조건 감싸고 돌았다. 덕분에 박근혜와 최태민은 더욱 밀착할 수 있었다. 김재규 내란 사건 기록에 의하면 박근혜와 최태민의 관계 또한 10.26 사건의 간접적이지만 중요한 동기 가운데 하나다.[11]

결국 남편의 피살과 아울러, 박근혜와 최태민의 묶음 탄생에도 육영수가 차지철을 통해 간접적으로 관여한 셈이다. 그뿐 아니라 차지철이 보호해 준 박근혜와 최태민의 조합 역시 박정희 피살의 한 원인을 제공한 것이니, 역사의 흐름이란 참으로 그 속내를 알 수 없다.[12]

---

11)   10·26 사건 이후 김재규는 항소이유보충서에서 최태민을 언급한다. "본인이 결행한 10·26 혁명의 동기 가운데 간접적이기는 하지만 중요한 것 한 가지는, 총재 최태민, 명예총재 박근혜 양으로 되어 있는 구국여성봉사단 문제이며, 본인은 최 목사의 부정행위를 상세히 조사해 박 대통령에게 보고했지만 박 대통령은 근혜 양을 그 단체에서 손을 떼게 하기는커녕 오히려 근혜 양을 총재로 최태민 목사를 명예총재로 올려놓았다."

12)   육영수가 차지철을 꼽은 으뜸 사유는 그가 전혀 술 담배를 하지 않는다는 점이었다. 평생 술을 끼고 산 남편에 대한 일종의 긍정적 보상 심리라 할까. 그런데, 차지철은 사실 술장사를 하는 어머니 때문에 술을 기피했다. 박근혜의 음주 기피가 술꾼 아버지로부터의 도피에서 비롯한 것과도 유사하다. 그런 차지철과 박근혜가 역사 속에서 엮였지만, 결과적으로는 양쪽 다 해피엔딩에 이르지 못했다.

졸지에 어머니를 빼앗긴 박근혜가 그다음으로 겪은 대사건은 부친 박정희의 피살이었다. 그 또한 아버지가 믿었던 부하의 배신으로 벌어진 사건이었다. 이번에는 모친 피격 당시처럼 배신의 정황이 간접적인 것도 아니었다. 아버지를 지근거리에서 보위해야 할 사람이 도리어 아버지의 가슴에 흉탄을 쏜 것이다.

이후로도 박근혜에게는 배신으로 받아들일 수밖에 없는 일들이 연속적으로 벌어졌다. 1980년 봄의 일시적 정치적 해빙기에 구 민주공화당 계열 정치인들이 보여 주었던 정치 행태도 어찌 보면 '아버지의 아랫것들'이 자행한 아버지에 대한 배신이나 다름없었다. 사촌형부 JP조차도 결과적으로는 그 배신의 대열에 끼었다. 박근혜와 JP의 불편한 관계는 그 뒤로도 계속 이어진다.[13]

박근혜가 정치인으로서 세상 밖으로 나온 이후에, 단 한 번도 사촌형부가 속한 자민련과 관계를 갖지 않은 것은 그러한 개인적 상처들이 저변에서 작용한 탓이라고 볼 수 있다.

5공 시대에 맞봤던 고난 또한 박근혜에게는 배신의 연속이었다. 적어도 외부로 공표된 그의 일기에는 얌전한 표현이 주를 이루지만 이 시기

---

13)　　JP가 했다고 소개된 말 "최태민의 애까지 있는 애가 무슨 정치냐?"에 이어 그 다음 날 YS의 차남 김현철이 《월간 중앙》과의 인터뷰에서 박근혜에 대해 "이회창 씨의 아들 병역 문제보다 훨씬 큰 논란거리"가 있다며 사생활 의혹을 제기했다. 그러면서 자신의 아버지 YS가 "많이 알고 계시다. 그것도 팩트를 알고 계시다."라고 했는데 때마침 YS가 박근혜를 "부도덕한 인물로 본다."라고 덧붙이는 바람에 더욱 논란이 가열되었다. 가장 민감한 사안에 불을 지핀 일에 JP의 이름이 거론된 것만으로도 박근혜에게는 또 하나의 확실한 배신이었다.

에 대해서만큼은 거친 말이 가득하다.

2012년 출간된 『박근혜 일기』(동동)를 보면 육영수 피살이 있던 해의 장 제목은 '아파도 아파할 시간이 없었다'이다. 그리고 아버지 박정희가 피살된 1979년의 장 제목은 '청춘의 끝자락에서 고통의 문이 열리다'로 되어 있다. 누구나 충분히 그 마음을 짐작할 만한 제목들이다.

박정희의 죽음 이후 구 공화당과 유정회 인사들의 유신에 대한 부정 그리고 전두환 신군부의 권력 장악은 퍼스트레이디 역할을 해 왔던 박근혜에게 배신감과 울분을 느끼게 할 만한 일이었다. 그런데 1980년은 박근혜에게 아버지의 죽음과는 또 다른 의미에서 크나큰 배신의 해였다. 이 해에 신군부의 합동수사본부에 의해 최태민에 대한 재수사가 이뤄지고 그 결과 강원도 인제로 강제 유배 조처가 내려진 것이다.

이로 인해 최태민과 격리되어 있던 1981년 9월 30일 박근혜의 일기의 한 대목을 보자. 문장 구조와 문법적인 것을 따지기 이전에 뭔가 싸할 정도로 깊은 한이 서려 있다는 느낌을 떨칠 수 없다.

박근혜의 일기를 모아 책으로 펴낸 『박근혜 일기』. 18대 대선을 앞두고 2012년 9월에 발간되었다. 오른쪽은 2007년 발간한 박근혜 자서전 『절망은 나를 단련시키고 희망은 나를 움직인다』.

배신하는 사람의 벌은 다른 것보다 자기 마음 안에 무너뜨려서는 안 되는 성을 스스로 허물어뜨렸다는 점이다.

세간에 알려진 것과 달리 신군부 특히 전두환이 박근혜게 보인 배려는 사실 매우 각별했다. 자신들이 모셨던 상관의 딸이자 '영애'이던 인물과 거리는 둘지언정, 박대할 이유가 없었다. 신군부가 박근혜를 배려한 일들은 대충만 살펴봐도 다음과 같다.

- 전두환은 10.26 사건 후 청와대 금고에서 발견된 현찰 9억 원 중 6억 원을 박근혜에게 직접 건네줄 정도로 유족을 챙겼다. 6억 원은 당시 입주가 시작된 31평짜리 대치동 은마아파트를 21채나 살 수 있었던 거금이다.
- 경남기업의 신기수 회장에게 지시하여 성북동에 고급 주택도 한 채 지어 주었다.[14]
- 최태민에 대한 재수사도 고인과 유족 흠집 내기를 우려하여 최대한 배려한 것이었다. 즉, 여성단체들의 고발로 어쩔 수 없이 수사를 재개하면서 예전의 중정 수사 기록을 대충 훑는 식으로만 가볍게 조사했다.[15] 징역 1년 5개월의 실형 선고에도 불구하고 두 사람을 격리

---

14)   신 회장이 인터뷰에서 밝힌 바에 따르면 주택 건립은 신군부의 지시로 이뤄졌고 그 비용도 신군부로부터 다 받았다. 박근혜는 이 집에 대해서 TV 토론에서 '유품 보관 장소가 협소함을 알고 신 회장이 알아서 무상으로 지어 주었다'고 말했는데, 이는 거짓말이거나 사실 관계를 잘못 안 것이다.

하는 차원에서 최태민을 감옥이나 삼청교육대가 아닌 강원도 인제에 있는 21사단 보안 부대에 수용하는 방식으로 편의를 봐주었다.

• 5.16장학회(나중에 정수장학회로 명칭 변경)가 갖고 있던 MBC 주식의 강제 처분에서 그중 30퍼센트를 예외적으로 인정해 준 일이나, 언론 통폐합 때 부산일보에만 베푼 특혜[16] 같은 것도 유족 몫으로 배려한 것이었다. 삼양식품 전중윤 회장이 기업 이윤을 사회에 환원할 목적으로 설립했던 한국문화재단에서 설립자 관련 이사진이 갑자기 전원 사퇴한 뒤, 설립과는 전혀 무관한 박근혜가 이사장으로 입성한 1980년 7월의 일도 신군부의 유족 배려 차원으로 해석된다. 시기도 그렇지만 조치 방식 등이 5.16장학회의 그것을 닮았기 때문이다.

당시 최고 권력자인 전두환[17]이 박정희의 신당동 사저 개보수 공사장에 직접 찾아가는 등 신군부의 배려는 자상하고 세심했다고 표현할 정도였다. 하지만 이런 배려들이 박근혜에게는 제대로 읽히지 않았다. 하늘만 쳐다보고 있는 사람에겐 딛고 있는 땅이 꽃 천지라 해도 전혀 눈에

---

15)　　최초의 중정 수사는 진실과 부합되는 수사였다. 일례로 당시 수사 기록에서 언급된 대규모 토지 거래 건 등에 대하여 2012년에 모 신문사에서 추적한 결과를 보면, 최초의 중정 수사가 정확했음이 드러난다. 그럼에도 신군부는 그 수사 기록상의 모든 죄목을 그대로 적용하지는 않았다. 나아가, 당시 최태민 건은 JP 등을 위시한 거물 정치인들과 다수 경제인의 수사에 비하여 그 위상이 떨어진 데다, 당시 수사단장이었던 이학봉 대령의 온유한 처리 태도도 한몫했다. 전두환의 복심을 이미 알아채고 있었기 때문이었다.

16)　　당시 정상적으로 처리되었더라면, 부산일보보다 훨씬 대형 신문사인 국제신문에 통합되어야 하는데, 거꾸로 국제신문이 부산일보에 통합되었다. 정수장학회가 부산일보 지분 100%를 갖고 있었던 점을 고려한 처리였다.

들어오지 않는 법이다. 당시에나 그 이후로도 그는 신군부의 조치에 고마워하는 말을 단 한마디도 한 적이 없다. 어쩌면 설령 전두환과 신군부의 배려를 눈치챘다 하더라도 박근혜에게 오직 하나의 '고마운' 사람인 최태민이 강원도로 끌려가 고생하고 있다는 사실만이 중요했을지도 모른다.

배신으로 읽힌 것은 그뿐이 아니었다. 동생들의 공공연한 도전도 박근혜에게는 이를 악물고 처결해야 할 배신이었다. 1987년 최태민과 관련하여 벌어진 육영재단에서의 친박근령파 '숭모회'의 항의 농성 배후 선동 내지는 방관, 그리고 1990년 청와대 투서와 그에 따른 박근혜의 이사장직 불명예 퇴진, 언론 인터뷰에서 최태민을 계속 깎아내린 일 등등. 박근혜 쪽에서 보자면 용서할 수 없는 '배신' 행위들이다. 주변 인물들의 배신이 늘어 갈수록 그럴 때마다 한결같은 자세로 곁을 지켜준 최태민의 항구적 든든함은 더욱 커졌을 것이다. 박근혜에게 최태민은 결단코 배신과는 거리가 먼 인물이며, 그녀 마음속 불안과 공포의 해소자였다.

1982년 최태민은 서울로 귀환한 뒤 육영재단 고문을 맡아 이사장 박근

---

17)　　　전두환은 박정희 사망 후에도 생전에 그를 아껴 준 박정희를 끔찍하게 챙겼다. 박정희는 전두환의 대위 시절 두 번이나 그를 불러 국회의원에 출마하라고 권할 정도였다. 당시 전두환은 최고회의 민원비서관을 거쳐 중정의 핵심인 인사과장에 재직 중이었다. 전두환은 그 제의를 거절하면서 "각하. 군대에도 충성할 사람이 있어야 하지 않겠습니까?"라고 대답했는데 이 말이 인상 깊었던 박정희는 전두환이 어디서 근무하든 1년에 꼭 한두 번 정도는 그를 불러 만났고 그럴 때마다 전두환에게 '하사금'을 주고 어깨를 두드려 주었다. 전두환의 1공수 여단장 시절 "엄마 나 챔피언 먹었어!"로 유명한 홍수환의 4전5기 권투 경기를 나란히 앉아서 시청할 정도로, 박정희는 전두환을 아꼈다.

혜 곁에서 함께 일하기 시작했다. 그해 3월에는 어린이회관 구내에 유치원을 설립하고 7월에는 예절 교육장인 근화원을 만들었는데 이 때부터 최태민의 딸인 최순실이 재단 업무에 관여하기 시작한다.

박근혜는 38세이던 1989년 최태민과 함께 근화봉사단을 조직하는 등 스스로 일기에 적은 대로 '인생 최고의 해'를 보냈다. 다음 해인 1990년에는 최태민의 집과 지척인 삼성동으로 이사하면서 동생들과 더욱 완벽하게 단절함으로써 동생들의 배신을 확실하게 응징했다. 근령과 지만이 노태우 대통령에게 장문의 편지를 보내 누나와 최태민을 격려해 줄 것을 요청한 것은 이 무렵의 일이다.

개인적이며 절대적인 배신의 기준

비트겐슈타인은 어떤 낱말의 의미는 주체가 주관적으로 정의하는 게 아니라 타인들에 의해서 그 의미가 규정된다고 했다. 다시 말해, '타인들이 의미를 제공한다.' 박근혜에게 있어서 배신의 의미가 바로 그렇다. 타인들이 자신에게 행한 이런저런 행태 중 섭섭하거나 용서할 수 없는 일들을 집합시킨 뒤 뭉뚱그려서 거기에 배신의 의미를 부여하는 것이다.

사실 일반적인 시각으로 보자면 박종규 경호실장이나 10.26 이후 신군부의 행동은 일반적인 의미에서의 배신은 아니다. 그러나 이들도 그녀에게만큼은 배신자였다.

따라서 일반적으로 배신의 상대어는 신뢰나 충성과 같은 중립적인 낱말이어야 하지만, 박근혜의 경우에는 '진실한 사람'이나 '고마운 사람'으로, 주관적인 가치판단이 얹힌 언어로 바뀐다. 이렇게 보면 박근혜에게 새누리당 유승민 의원이 어떤 존재인지 금방 드러난다. 유승민은 원내대표 시절인 2015년 '증세 없는 복지는 허구'라고 진실을 말했다가 박 대통령에게 미운털이 박히고, 대통령의 뜻과 달리 국회법 개정안에 대해 야당과 합의해 주는 바람에 끝내는 '짤박'이 되었다.

유승민은 위스콘신 대학 경제학 박사 출신으로 한국개발연구원(KDI)에서 근무하다가 정계로 발탁되어 새누리당 싱크탱크인 여의도연구소장과 박근혜의 비서실장 등을 거친 대표적인 브레인이다. 박근혜가 대선 후보 경선 캠프를 차리기 전부터 정책과 전략 개발, 유력 인사 초빙 등 여러 일을 맡으면서 아주 가까이에서 박근혜를 보필했다.

그런 유승민을 '배신의 정치인'이라는 용수(죄수의 얼굴을 가리도록 머리에 씌우는 둥근 통 같은 기구)를 씌워 찍어낸 것만으로는 분이 풀리지 않았던지, 박 대통령은 표를 주지 않는 것으로 확실하게 응징해야 한다고 목소리에 독기를 담았다. 국민은 대통령이 일개 국회의원의 정치 생명까지 박탈하자고 집요하게 작심하고 나선 것도 당혹스럽고 유승민이 한 행동이 과연 배신이라고 할 수 있는 것인지 도무지 이해하지 못했다.

유승민처럼 진실을 말했다가 '짤린' 사람 중에 유 의원과 비슷한 행로를 걸은 이로는 진영 전 보건복지부 장관도 있다. 판사 출신으로 재벌 기업가의 사위이기도 해서 아쉬울 것 하나 없던 그 역시, 천막 당사 시절 박근혜 대표의 비서실장직부터 시작하여 대선 후보 경선 캠프 일들은 물론 지근거리에서 이른바 견마지로를 다했던 브레인이다. 하지만, 박근혜 대통령이 당초 후보 시절 공약과는 달리 노령기초연금 산정 기준을 국민연금과 연계시키려 하자 주무장관으로서 그에 반대하는 발언을 하고서는 사퇴했다. 노령기초연금 지급 기준을 국민연금과 연계해 산정하면 실질적인 노령연금 수혜 금액이 줄어들고, 국민연금 가입자들은 불이익을 받는다. 이런 정책적 문제를 제기하는 것도 박근혜에게는 배신이다.

박근혜 주위에 이처럼 자그마한 정책적 이견 탓에 '짤박'에 속하게 된 이들은 하나둘이 아니다. '경제민주화'라는 찬란한 깃발을 박근혜가 진심으로 흔들 줄로만 알고 그 흔드는 법을 가나다부터 하나하나 가르치며 선거용 기수(旗手)로 나섰다가 토사구팽을 제대로 맛본 김종인[18]이 대표적인 사례이다. 박 대통령 취임 후 김종인이 받은 관직이라고는 달랑 한 달짜리 대법관후보추천위원회 위원장 자리뿐이다.

박근혜 주위의 정책기획파들이 제대로 설 자리를 찾지 못하고 배신자로까지 몰리는 것은 이처럼 스스로 배신의 기준이 보통사람들과 확연히 다른 박근혜 특유의 심리와 독선 때문이지만, 또 한편으로는 박근혜의

---

18)   김종인은 박근혜 대선 공약 총괄 본부 격인 국민행복추진위원회의 위원장으로 선거를 총지휘했다. 이 위원회는 산하 조직으로 위원회(2개), 특위(1개), 추진단(17개 분야), 실무추진단, 별도자문단, 외부연구조직 등이 있었던 거대 기구였다. 당시 진영은 부위원장을 맡았다. 김종인을 영입했던 초반에 박-김은 밀월 관계였다. 박 대통령은 "경제민주화는 정치생명을 걸고 지키겠다."라고 공언했고, 김 전 위원장은 "박근혜 후보는 재벌의 입김으로부터 자유로운 인물"이라고 화답했다. 하지만 대선을 한 달가량 앞둔 상황에서 박 대통령이 발표한 경제민주화 공약에 김종인이 제안한 초안의 일부가 포함되지 않으면서 갈등한다. 특히 박 대통령은 대표적인 경제민주화 정책 중 하나인 '순환출자 의결권 제한 방안'에 대해 반대 입장을 분명히 했다. 재벌들의 눈치를 본 것인데, 여기에 친재벌파로 개입한 게 이한구. 김종인은 출근 거부 후 대선 직전 돌아오긴 했지만, 선거가 끝난 뒤 논공행상에서는 철저히 배제됐다. 사실상 결별이 확정되고 새누리당을 탈당한 이후 김 전 위원장은 언론 인터뷰에서 "경제민주화는 선거 전략이었을 뿐"이라며 "대통령이 (당선 후) 경제민주화에 대한 관심이 멀어져 버렸다."라고 질타했다. 20대 총선에서 이한구와 김종인은 또다시 각각 적군의 공천 사령탑이 되어 겨뤘다.

언어 문제와도 무관하지 않다. 이들 정책기획파들은 학자적 훈련과 정책 전문성을 상당히 구비한 인물들이다. 이런 이들과 소통하려면 정책 이해 능력이 필수적이다. 그런데 정책 전문성이 태부족하여 말귀를 제대로 알아듣지 못하는 대통령 처지에서는 알맹이보다는 태도를 중시하게 된다. 내용이 무엇인지는 상관없이 그들의 이견 제시 자체가 박근혜에게는 괘씸한 태도이며 항명, 불복, 그리고 배신이다.

박근혜에게 중요한 것은 내용보다는 태도이다. 아무리 옳은 말이라도 박근혜가 '감히 내게?'라고 생각하는 순간 배신의 낙인이 찍힌다. '짤박'이 된 모든 이들의 공통적인 최대 실수는 일반인과는 다른 박근혜의 사고방식과 언어적 한계를 미처 헤아리거나 수용하지 못한 데에 있다. 아니 어쩌면 그들은 박근혜의 언어가 일반인과는 전혀 다르다는 점을 생각조차 하지 못했을 것이다.

넬과 소통한 최태민

다시 영화 〈넬〉의 이야기를 돌이켜 보자. 일반인과 언어가 다른 넬과 소통해야 할 때 러벨이 내린 처방은 간단하다. 그녀를 수용하기 위해서는 그녀의 언어를 배워야 한다. 그렇게 러벨은 넬과 소통하기에 이르고, 결국 자신의 성채 안에만 머물던 넬은 넓은 세상 사람인 러벨을 껴안는다.

앞서도 적었듯, 박근혜는 이 나라의 넬이다. 언어 소통력을 중심으로 언어 사회화 과정을 보자면 그렇다. 우리나라 사람 중 16년 동안이나 절대 권력자의 자식으로 청와대에 갇혀 성장한 사람은 이 삼 남매를 빼고는 없다. 초등학교 시절부터 대학교를 졸업할 때까지, 주변의 일반 사람들과 섞이지 못한 채 청와대 궁궐에 갇혀 지내며 정상적인 언어 소통에서 완벽하게 차단되었다.

박근혜가 일반인의 실생활을 반영한 생활 언어를 접하는 채널은 극히 한정적이었는데, 어머니 육영수의 배려로 선별적으로 시청이 가능했던 TV 드라마 프로그램이 대부분이다. 늘 고상한 공주로 자신의 모습을 조탁하고 드러내 온 박근혜지만 때로는 주변 사람들이 깜짝깜짝 놀랄 정도로 드세고 교양 없는 말투가 튀어나오곤 하는데, 이런 어법에는 갈등을 극대화하고 감정을 과잉 발산하는 TV 드라마 시청의 영향이 적지 않다. 그리고 그 습관은 초등학교 시절에서부터 만들어진 것이다.

앞에서도 언급했지만 박근혜 삼 남매는 지금도 공통으로 심각한 언어 발달 장애를 보이고 있고 정상적인 어법을 제대로 구사하지 못한다. 삼 남매 가운데서도 박근혜는 언어 사회화 과정에서 가장 열악한 환경에 처한다. '아버지의 청와대'를 나오기까지는 장녀와 퍼스트레이디로서의 역할 때문에 무게감이 더 심했고 청와대를 나온 뒤로도 박근혜에게는 칩거와 은둔의 시기가 주기적으로 반복되었다.

동생들의 배신으로 육영재단 이사장직을 내놓은 뒤 1990년(39세)부터 3년 동안 은둔생활에 들어간다. 그리고 나서 최태민이 사망한 1994년 이후부터 사촌 박재홍의 소개로 이회창을 만나는 1997년 말까지 3년 동안 (43~46세) 다시 칩거 상태로 지낸다.

당시 박근혜는 정수장학회와 영남대 재단, 그리고 한국문화재단 이사장직을 맡고 있었음에도 업무를 위임하다시피 하고는 외부 출입을 줄였다. 어쩌다가 홀로 산사 등을 찾는 여행을 빼고는 세상과의 접촉을 피했다. 심지어 1991년부터 1997년까지 부모의 추도식에도 일절 모습을 드러내지 않았다. 그 추도식은 1989년에 최태민과 더불어 어렵게 성사시킨 것이었다. 영원한 안심 창구였던 최태민의 부재는 박근혜의 삶에 큰 구멍을 남긴 것으로 보인다.

이처럼 언어 사회화 과정이 일반적이지 않은 박근혜를 수용하기 위해서 그의 언어를 처음부터 무조건 배우려 노력한 인물이 최태민이었다. 어머니 육영수 부재 이후 박근혜의 생애를 통틀어 그런 사람은 그가 유일했다. 박근혜는 최태민의 손에 이끌려 세상에 나오면서 자신감을 얻었다. 그 자신감은 발달심리학자 H. S. 설리번이 정의한 대로 '사상(事象)의 참된 의미가 다른 사람과 함께 그 타당성을 확인함으로써 얻어지는 것'이었다. 박근혜에게 자신감을 찾아주고 사회적 현실로서 삶의 현장에서 그것을 평생 잊지 못할 정도로 확실하게 확인시켜 준 동반자가 바로 최태민이었다.

박근혜에게 지극하게 다가간 최태민의 목적이 과연 어디에 있었는지는 이 책에서 다룰 바가 아니다. 다만 중요한 것은 비정상적인 사회화 과정과 비극적인 가족사, 아버지 부하들의 잇따른 배신, 동생들과의 불화 등으로 고립된 한국의 넬에게 최태민의 노력이 제대로 먹혀들었다는 점이다.

최태민을 직접 곁에서 보고 증언한 사람들에 따르면, 대부분의 종교 지도자들이 그러하지만, 그는 특출한 흡인력을 지닌 인물이다. 이런 흡인력과 박근혜의 부성 콤플렉스에 기인하는 '올드 보이' 신드롬까지 결합하여 둘 사이의 정신적 공감대는 한층 깊어졌던 것으로 보인다.

최태민을 처음 만난 지 두 달도 되지 않은 1974년 5월 영애 박근혜는 최 목사가 임진강에서 주최한 종교 행사에 참여하고, 명예총재에 추대되자 즉석에서 수락했다. 박근혜는 당시까지 종교에 무관심했고 그때나 지금이나 속내를 잘 드러내지 않으며 결단에 시간을 오래 끄는 성격이다. 그날의 신속한 결단은 놀라운 일이었다.

그 뒤로 이어지는 최태민의 행사에 박근혜는 열성적으로 참석한다. 당시에 기념할 만한 행사로는 그다음 달에 배재고교 운동장에서 열린 '대한구국십자군' 창군식이 있었는데, 당연히 영애 박근혜가 참석했다. 이 역시 어떤 식으로든 변조된 종교 행사였다. 이 해에 박근혜는 공식 확인된 것만으로도 최소 6회 이상 최태민의 행사에 참여한다. 그리고 다음 해에도 적어도 7차례 행사에 함께했고 중앙정보부 수사보고서로 아버지 박정희가 직접 최태민을 신문한 1977년에도 연간 13회 이상 행사에 동행한다. 중정 보고서마저도 최태민과의 관계를 끊지 못하자 다음 해인 1978년 박근혜는 연간 23회의 행사를 최태민과 함께 치른다. 이런 식의 활발한 활동은 1979년 10.26 사태가 발발하기까지 계속되었다.

이 모두가 어머니를 잃은 23세부터 아버지의 비극적 최후가 닥친 28세까지 일어난 일이었다. 박근혜에게 이 6년은 어찌 보면 어머니 육영수의 서거로 세상의 절반을 잃은 슬픔의 시간이 아니라, 소중하고 신뢰할 수 있는 사람으로부터 자신의 정체성을 확인받고 각성한 찬란한 시간이었다고 해도 그리 틀리지 않는다.

박근혜의 사진 중 미소나 웃음을 담고 있는 것들은 그다지 많지 않다. 특히, 정치인으로 변신한 이후의 사진들에서는 '성형 미소'라 할 만치, 정치인들의 필수 덕목이기도 한 인위적인 미소 일색이다. 하지만, 최태민과 함께하면서 보인 미소들은 그런 것과는 거리가 먼, 자연산 미소다.

1977년 3월 16일 경로병원 개원식에 참석하여 테이프를 끊고 있는 구국선교단 명예 총재 박근혜. 왼쪽 인물이 최태민이다.

1975년 5월 12일 3000여 신도들이 모인 가운데 자유의 다리 앞에서 열린 구국기도 회에서 연설하고 있는 박근혜. 당시 퍼스트레이디 역할을 수행하고 있던 박근혜는 공식적으로 '무종교'이지만 최태민이 주도하는 구국기도회와 구국봉사단, 대한구국 십자군 등의 행사에 열성적으로 참여하였다.

패션 역시 아주 여성스러운 치마 차림이었다.

최태민과 함께한 시간이 길어질수록 그에 대한 박근혜의 존경심은 깊어만 간다. 박근혜는 테이프 커팅을 하면서도 최태민이 자르는 모습을 지켜본 뒤에야 자를 정도로, 최태민 앞에서 자신을 한껏 낮춘다. 남자들이 주축인 다른 사회 활동에서 그녀는 퍼스트레이디답게 무척 당당했음에도, 최태민 앞에서만큼은 그를 진심으로 존경하는 태도와 조신한 행동을 보였다.

지금까지 자연인 박근혜의 언어가 형성된 배경사를 간략하게 짚어 보았다. 이제 이야기를 훌쩍 건너뛰어 대통령 박근혜의 말을 구체적으로 분석할 차례다. 그러려면 우리는 한 나라의 대통령이 비정상적 사회화를 거친 언어의 소유자일 때 생기는 씁쓸한 풍경과 어쩔 수 없이 마주해야 한다.

육영수가 박근혜에게 당부한 것

육영수는 생전에 자식들에게 당부 삼아 각각 한 장씩의 휘호를 내린 적이 있다. 박지만에게는 '인내지덕'(좀 느긋하게 앉아서 한 시간만 좀 책을 보라고), 박근령에게는 '중용지덕'(열두 시까지 안 들어오고 그러지 말라고), 박근혜에게는 '관용지덕'(동생들 좀 챙기라고)이다. 괄호 안은 박근령이 2015년 일본 TV와의 인터뷰에서 그 휘호의 의미들을 설명하면서 했던 말인데, 육영수는 어쩌면 살아생전에 박근혜가 동생들 대하는 모습을 보며 걱정했던 듯하다.

박근혜는 10.26 사태 후 전두환으로부터 전해 받은 6억 원의 처리에서도 동생들을 철저하게 배제했다. 2012년 대선 후보 TV 토론에서 돈을 받은 경위를 추궁당하자 그녀는 '어린 동생들과 살길이 막막한 상황'이라서 받았다고 말했다. 그러나 막상 그 동생의 하나인 근령은 매스컴과의 인터뷰에서 그 돈을 전혀 만져 보지도 못했다고 했다.

돈의 용처를 계속 추궁당하자 박근혜는 좋은 데에 썼다고 둘러댔지만, 그런 거금이 정수장학회나 육영재단에 쓰인 흔적은 없다. 당시 박근혜는 신당동 옛집으로 옮겨 가 동생들과 함께 살고 있었지만, 그 시절을 돌아보는 그녀의 일기에 적힌 것처럼 고도(孤島)에 버려진 상태였다. 지금 화폐 가치로 20억이 넘는 그 거금을 박근혜는 누구의 조언에 따라 처분 혹은 관리했을까. 동생들은 만져 보지도 못한 그 큰돈을.

더구나 널리 알려진 이 6억 원은 당시 집무실 금고에서 발견된 현금이고, 또 다른 금고가 내실에 있었다. 박정희의 개인 금고인 셈인데, 그 안에는 고액의 채권 다발이 들어 있었다. 박정희 사후에 제일 먼저 그 개인 금고의 열쇠를 챙긴 것이 박근혜였다. 그 거액의 채권 행방에 대해서는 뒷말이 아주 많았다.

2007년 대선 후보 경선 당시 이명박 후보 측에 건네진 것으로 알려진 최순실의 이복 오빠 조순제(최태민의 5번째 처 임선이와 전 남편과의 소생)의 9시간짜리 인터뷰 테이프에 그 돈의 행방이 담겨 있었는데, 당시 BBK 사건 방어에 급급한 이명박 캠프 측에서는 그걸 공표하지 않았다. 아마도 검증 시간이 모자랐던 탓인 듯하다.

조순제의 인터뷰에 따르면, 그 채권들은 최태민의 지시를 받아 주로 최순득과 최순실이 여러 번에 걸친 쪼개기 작전으로 현금화했고, 그것이 오늘날 최태민 가족이 부를 누리고 사는 근간이 되었다고 한다.

3장

대통령은 왜
그렇게 말할까

근혜체의
여섯 가지 유형

2015~2016년 사이 우리나라에서 정치계와 언론계는 물론이고 일반인들까지도 박근혜 대통령의 어법과 말투를 두고 무척 말이 많았다. 뭐라고 말은 많이 하는데 잘 알아들을 수 없는 말, 주어와 목적어가 자주 분실되거나 뒤섞이는 바람에 듣는 이들이 그런 것들을 찾아내어 일일이 끼워 넣어야 가까스로 이해되는 말, '이산화가스'와 같이 사전에도 없는 이상한 단어가 불쑥불쑥 튀어 나오는 어법, 시간을 두고 앞뒤를 맞춰보면 전혀 안 맞는 내용 등이 그것이다. 이를 두고 흔히 '근혜체'라고 뭉뚱그린다.

그러한 근혜체 어법에 익숙하지 않거나 제대로 알아듣지 못하는 이들을 위하여 페이스북에 '박근혜 번역기'라는 것까지 등장했고, 이내 팔로워만 몇만 명이 줄을 설 정도로 인기를 끌었다.

근혜체의 영향력도 엄청나다. 근혜체로 '진실한 사람' 운운했더니, 사단법인 '진실한사람들'이라도 만들어야 하지 않겠느냐는 숙덕거림이 여의도를 휩쓸었다. 거기서 한 발 더 나아가 살생부 편입 대상자를 분류하기 위해 '친박' 용어 사전이 만들어질 정도였다. 원박(원조 친박), 신박(신규 친박), 강박(강성 친박), 옹박(박근혜 옹위 부대), 복박(돌아온 친박), 범박(범친박), 홀박(홀대받는 친박), 곁박(곁불 쬐는 친박), 울박(울고 싶은 친박), 수박(수틀린 친박), 탈박(이탈한 친박), 쫓박(쫓겨난 친박), 멀박(멀어진 친박), 짤박(잘린 친박) 등등. 나중에는 '진박(진짜 친박)'까지 나와서 같은 친박 진영에서 20대 총선 공천을 위한 이전투구용 화기로도 쓰였다.

'진실'이라는 중립적 낱말 하나가 근혜체에 사용되었을 뿐인데, 그처럼 살생부와 연결되기도 하고, 계파 분류 용어까지도 휘저을 정도로 위력을 발휘했다. 그 정도로 근혜체로 걸러지는 말들은 본래의 뜻이 왜곡되어 엉뚱한 방향으로 향하거나, 그 함의가 엄청난 힘을 발휘하기도 했다. 범부의 언어가 아니라 대통령의 말이기 때문에 그러하다.

우리나라에 근혜체가 있다면 미국에는 부시즘(Bushism)이 있다. 미국 제43대 대통령 조지 W. 부시의 황당한 말실수와 어법을 비꼬는 신조어다. 대표적인 한두 가지를 살펴보면 이러하다.

"You disarm, or we will."

부시가 2002년 10월 5일, 뉴햄프셔 주 맨체스터에 있는 주방위군 본부에서 사담 후세인에게 경고를 날린답시고 한 발언이다. '네(사담 후세인)가 무장해제하지 않으면 우리가 (너를) 무장해제하겠다'고 말하려 한 모양인데, '우리가 무장해제 당하겠다'는 뜻이 되어 버렸다. 제대로 하려면 'You disarm, or we will disarm you.'라고 말해야 했다.

2002년 미·일 정상회담을 마친 부시는 "고이즈미 일본 총리가 디밸류에이션(devaluation, 평가절하)과 규제개혁을 말했다."라고 회담 결과를 설명했다. 단어 하나 잘못 쓰는 바람에 엔화 가치가 급락했다. 회담에서 논의된 것은 디밸류에이션이 아니라 디플레이션(deflation)이었다. 백악관은 즉시 해명 브리핑을 해야 했다.

미국 최대 인터넷 서점인 아마존에는 부시즘을 다룬 책이 수십 종에 이른다. 그만큼 미국 사회는 대통령의 말 한 마디 한 마디를 중요하게 여긴다. 그런데 우리나라 언론이나 학자, 정치인들은 그동안 대통령의 말에 대해 너무나도 관용적이었다.

박근혜의 말에 문제가 있었던 것은 이미 오래 전부터다. 대통령 당선 이전에도 정치 입문 초기 시절에도 그리고 자연인으로 살아갈 때도 그랬다. 정치는 말로 시작해서 말로 끝나는 행위이다. 그럼에도 우리가 대통령의 말에 무관심했던 이유는 말보다 권위와 카리스마를 앞세우던 권위주의 시대의 영향이 아직도 잔존하기 때문이다. 박정희, 전두환 등은 말로 야당이나 국민을 설득할 필요가 없었다. 이들과 싸우는 세력도 선명한 투쟁이 우선이었고 말은 그다음 순서였다.

따지고 보면 언론도 결과적으로 대통령의 말을 국민에게 제대로 전달하지 못한 책임에서 자유롭지 못하다. 담화문이나 연설은 연설 보좌관과 비서들을 거치며 나오는 거라서 비교적 정제되고 대통령 자신의 어법과는 상당히 거리가 있다. 대통령이 원고 없이 즉석에서 주고받은 말과 인터뷰 등이 그 사람의 언어 세계와 가치관을 제대로 담고 있을 확률이 훨씬 높을 것이다. 그러나 종이 신문과 방송은 각각 지면과 시간의 제약으로, 또 짧은 문장에 핵심을 전달하려 요약과 편집을 거치느라 대통령의 말을 날것 그대로 전달하지 못한다.

2014년 5월 16일 박근혜 대통령은 청와대에서 세월호 유족들을 면담했다. 정부가 세월호 구조에 미온적이었을 뿐만 아니라 사건 한 달이 되도록 대통령이 유족 면담도 기피한다는 따가운 여론 때문에 급하게 만든 자리였다. 면담이 끝난 뒤 청와대는 이례적으로 면담 대화록 전문을 공개했다. 대통령이 이만큼 챙기고 있다고 알리려는 의도였겠으나, 뜻하지 않게 언론 기사화 이전의 박근혜 어법의 실체를 보여주는 결과를 낳았다. 부정부패를 막을 기관을 별도로 세워서 강하게 단속해야 하지 않겠느냐는 한 유족의 질문에 대한 대통령 답변을 라이브로 들어 보자.

> "(…) 그래서 우리 유족 여러분들도 계속 같이 일단 힘을 합쳐서 제가 앞장서고 이걸 계기로 해서 대한민국은 그런 부패나 또는 기강 해이라든가 또는 정말 헌신적으로 나라를 위해서 일을 해야 될 사람들이 유착이나 이상한 짓하고 이런 것이 끊어지는 그런 나라를 반드시 만드는 것이 정말 그래도 지금 희생이 헛되지 않으리라 하는 우리 부모님, 또 유가족 여러분들의 생각에 저도 전적으로 같이하고 있습니다. 그게 사명이라고 생각하고 그렇게 반드시 해 나갈 것이고요."
>
> —2014년 5월 16일, 세월호 유족 면담

최소 서너 문장으로 나눠서 해야 할 말을 한 문장 안에 다 우겨넣어 주체와 대상을 섞어 버리고 앞뒤 말이 전혀 호응하지 않는 이 대단한 화법도 문제지만, 그래서 결국 부정부패 단속 기관을 만들 것인가 아닌가에 대한 대답은 실종 상태다. 이런 식으로 면담을 마친 유족의 표정에 답답

함과 혼란스러움만 가득했던 이유를 충분히 짐작할 만하다.

이것이 부정부패 단속 기관 신설 여부를 논의하는 국무회의 자리에서의 발언이라고 생각해 보자. 그 국무회의에서 과연 진지한 정책 토론과 결정이 이루어질 수 있겠는가. 국무회의는 토론을 하는 자리인데 각료들이 고개를 처박고 메모만 하고 있는 까닭도 여기에 있다. 도대체 말을 알아들을 수 있어야 말이지….

이런 황당한 박근혜 어법의 밑바닥에 공통적으로 깔려 있는 것은 심적 불일치에서 비롯된 이중성이다. 그 불일치들은 대체로 이러한 것들이다. 반듯하고 올바른 모습으로, 빼어난 지성을 갖춘 것으로, 외면적인 자신의 모습을 성형해 온 박근혜의 외면과 내면의 불일치, 자신의 잣대로 설정된 도덕적 주체와 객체의 혼동 내지는 불용(不容), 안으로 숨겨놓은 진의와 겉으로 드러나는 표의(表意) 사이의 불일치, 부친으로 인한 긍정적 콤플렉스와 부정적 콤플렉스 간의 충돌, 여성 자연인으로서의 박근혜와 정치인 박근혜 사이의 불화 등등. 이러한 온갖 불협화음에서 발아한 심리적 갈등이 불쑥불쑥 모습을 드러낸다. 근혜체는 박근혜 언어에서 생성되고 억눌린 이중성의 산물이다. 박근혜의 적(敵)은 박근혜의 언어다.

지금부터 박근혜의 어법을 하나씩 나누어 살펴보자. '근혜체'는 큰 줄기만으로도 여섯 개쯤 된다. 이 각각에는 저마다 유래와 사연이 있다. 앞장에서 박근혜 언어의 형성 과정을 먼저 살펴본 것은 근혜체라는 비정상 어법의 맥락을 이해하기 위해 미리 땅을 고르는 작업이었다. 아무래도 말의 주인에게 사연이 많다 보니 말의 속살도 복잡하다. 먼저 외형(꼴)만으로 근혜체를 대략 분류해 보면 다음과 같다.

1. 오발탄 어법

2. 영매 어법

3. 불통 군왕 어법

4. 피노키오 공주 어법

5. 유체이탈 어법

6. 전화통 싸움닭 어법

이하에서는 이 여섯 가지 어법 각각을 살펴보고 마지막으로 이들 어법의 실전 종합 완성판 격인 '원조 근혜체'를 분석할 예정이다.

1) 오발탄 어법

웃어넘기기엔 씁쓸한 블랙코미디

근혜체의 첫 번째 유형으로는 오발탄 어법이 있다. 2012년 SBS 〈힐링캠프〉 프로그램 출연 시에 했던 말, "바쁜 벌꿀은 슬퍼할 겨를이 없다."가 대표적이다. 영국의 유명 화가 겸 시인인 윌리엄 블레이크가 남긴 "바쁜 벌은 슬퍼할 겨를이 없다(The busy bee has no time for sorrow)."의 근혜체 번역판이다.

2012년 11월 25일 박근혜는 대통령 선거 후보 등록을 앞두고 연 기자회견에서 "저는 오늘로 지난 15년간 국민의 애환과 기쁨을 같이 나누었던 대통령직을 사퇴합니다."라고 발언해 기자회견장을 술렁이게 만들었다. 국회의원 사퇴를 대통령 사퇴라고 한 것이 단순 실수냐, 대통령병 환

자의 속성을 드러낸 것이냐 말들이 많았다.[19)]

같은 해 경기도 당 선거대책위원회 출범식에서는 '전화위복' 대신에 '전화위기의 계기로 삼아'라고 천연덕스럽게 발언했다. 박근혜가 전화위기란 말을 쓴 것은 한두 번이 아니다. 단순 실수라기보다는 전화위복이라는 사자성어 자체를 잘못 알고 있을 확률이 크다.

솔선을 수범해서 인수를 분해하고

오발탄 어법에는 '솔선을 수범해서'와 같이 손쉬운 조사나 어미 따위를 임의로 생략하거나 덧붙여서 도리어 뜻이 통하지 않거나 어지럽게 만드는 것도 포함된다. 근혜체에서 자주 보이는 단문형 어법 이탈 내지는 오용 사례가 이에 속한다.

'솔선을 수범해서'가 나오자, 근혜체를 이해하려면 '인수를 분해하라'는 조언이 뒤따랐다. 이어서, '동분을 서주하고, 절차를 탁마하고, 과유는 불급하니' 등의 비꼬는 댓글들이 줄을 이었다.

이와 유사한 초보적 실수에 속하는 예로는 '인간 포기한 흉악범' '대한민국 청년이 텅텅 빌 정도로' '군 생활이야말로 앞으로 군 생활을 할 때

---

19)　　이와 다른 견해도 있다. 심리학자 김태형은 프로이트의 '실수에도 다 뜻이 있다 (Freudian slip)'를 빌려서, 박근혜는 정말 대선에 출마하기도 대통령을 하기도 싫었다고 본다. 즉, 무의식적인 상태에서 대통령직을 사퇴한다는 말이 나온 것으로 본 것이다.

큰 자산' 따위가 있다.

이것은 각각 '솔선수범해서' '인간이기를 포기한 흉악범' '대한민국이 텅텅 빌 정도로 청년들이' '군 생활이야말로 앞으로 사회생활 등을 할 때 큰 자산'으로 했어야 할 말이 오발된 것이다.

이런 것들은 한 단어인지 여부(솔선수범), 목적어 표기의 명확화(인간이기를), 주(체)어 구분(대한민국이) 같은 문법의 기초만 챙겨도 하지 않을 실수들이고 수준으로 보자면 중학생 정도만 되어도 자연스럽게 구사할 수 있는 기초적인 어법이다. 그런데도, 박근혜 언어에서는 이런 초보형 실수가 비일비재다.

말을 하다 보면 누구나 이따금 실수를 할 수도 있다. 하지만 박근혜의 경우는 같은 유형의 실수를 초지일관 유지한다는 특징이 있다. 뿌리가 아주 단단하고 깊다. 2007년 한나라당 대선 후보 경선 당시 TV 토론회에서 이명박이 교토의정서와 관련 이산화탄소 배출 해결책에 대해 묻자 그 답변을 하면서 돌출한 '이산화가스, 산소가스' 같은 것도 그 좋은 예이다.

"굉장히 준비를 잘 해서 그… 배기가스라든가 이런 것이 그 조정이 될 수 있도록 그… 어떤 법적인 조치를 하든지 이런 것에 대해서 커다란 부담을 갖지 않도록 정부가 유도를 하고 지원을 할 필요가 있다고 생각을 합니다. 어떻게 하면 이산화가스, 산소가스를 배출하는 데, 그… 심각한 문제라고 생각합니다."

―2007년 7월 21일, 제주 MBC 주최 한나라당 대선후보 합동토론회

이 오발탄 어법은 기본적인 어휘력이나 조어 능력이 부족한 사람들에게서 보이는 전형적인 실수다. 한마디로 무식함이 근원이다. 매일같이 신문이나 뉴스를 보는 사람이라면 '이산화가스'라는 말이 나올 수가 없다. 이산화탄소는 초등학생도 알고 있는 단어이다. 더구나 박근혜는 이공계 출신이다. "제가 이공계 출신이니 뭔가 DNA가 다르지 않겠습니까."라는 말까지도 했던 그다. 대선 후보로 확정된 뒤 2012년 10월 8일 카이스트 본관에서 대전 지역 과학기술 연구원들과 간담회를 가진 자리에서였다.

이런 초급 수준의 단어를 헷갈리는 것은 그 어휘를 자주 접하지 않거나 거의 사용할 일이 없어 입에 붙지 않았기 때문이다. '탄소 배출권 거래제'나 '기후변화협약' 등의 시사용어라면 모르지만 이산화탄소, 산소 같은 기본 어휘는 사고 과정을 거쳐서 나오는 것이 아니라, 반사적으로 입에 붙어 나오는 법이다.

오발탄 사례로, '누에가 나비가 되어'도 있다. 2015년 12월 23일 핵심 개혁과제 점검회의 중에 했던 말, "누에가 나비가 되어 힘차게 날기 위해서는 누에고치라는 두꺼운 외투를 힘들게 뚫고 나와야 하듯이 각 부처가 열심히 노력하면 불가능하다고 생각되는 것도 이룰 수 있다."에 쓰였다. 이 말을 받아 적다 말고 킥킥거림을 참느라 이를 악문 사람들은 없었을지 궁금하다. 이공계를 어떻게 전공했기에 누에가 나방이 아닌 나비로 진화하는 돌연변이 학습에 노출된 것일까.

지하경제를 '활성화'하면 좋을까?

뭐니 뭐니 해도 오발탄의 주범은 무지다. 2012년 9월 24일 대선 후보 검증 토론회에서 인혁당을 '민혁당'으로 그것도 한 번이 아니고 여러 번 발언한 것도 무지의 소치다. 참모들이 써 준 내용을 잘못 읽은 것으로도 보이지만, 아무리 그렇더라도 인혁당은 인민혁명당의 약칭이기 때문에 그 사건의 내막에 대해 조금이라도 제대로 공부했더라면 결코 '인'과 '민'을 헷갈릴 수 없다. 더구나 이 사건은 박정희 시대의 대표적인 용공 조작 사건이자 정치권력에 종속된 사법부의 사법 살인 사례로서 대한민국 역사의 큰 수치이다. 유신의 공과를 논하는 자리에서는 꼭 한 번씩 나오는 것이 인혁당 사건이다.

대표적 오발탄으로 오랫동안 입길에 올라 웃음거리가 되었던 '지하경제 활성화' 발언도 마찬가지다. 이 말은 2012년 12월 10일 대선 후보 2차 TV 토론회에서 문재인 후보가 복지 재원 확보 방안을 묻자, 화급히 끌고 나온 대답 중에 튀어 나왔다.

지하경제란 알다시피 돈의 주인이 떳떳한 명패를 매달지 못하는 돈에 의하여 움직이는 경제다. 사채, 마약, 조직 매춘, 부동산 투기, 세금 탈루, 밀수, 뇌물, 비자금, 돈세탁, 조직 폭력 등 온갖 검은돈과 구린 돈의 세계다. 그런 세계를 활성화시킨다? 이런 지하경제를 밝은 햇볕 아래로, 법과 세금 정책이 통용되는 무대로 끌어올리는 지하경제 양성화는 제대로 된 정부라면 꼭 추진해야 할 경제 과제들 가운데 하나다. 지하경제 '양성화'와 '활성화'는 정반대의 뜻이다. 한마디로 개그 대상감이다. 박근혜가 지하경제의 뜻을 정확히 모를 가능성? 적지 않다고 본다.

여기서 한 가지 주목할 사실은 이 활성화가 양성화를 잘못 언급한 단순 실수가 아니란 점이다. 박근혜는 '지하경제 활성화'란 말을 그해 8월 23일에도 사용했다. 기자 간담회에서 '씀씀이를 60퍼센트 줄이고 지하경제 활성화와 비과세 감면으로 40퍼센트를 보태면' 된다면서. 박근혜에게 활성화란 말은 무조건 좋은 말이다. 그 앞의 내용이 무엇이건 간에.

필자가 조사한 바에 따르면, 2014년 1월부터 2016년 3월까지 행한 공개 발언(기사화되거나 청와대 홈페이지에 게재된 것 기준) 중에서, 가장 많이 애용한 형태소가 '활성화'다. 그중에서도 '경제 활성화'란 말은 박 대통령의 언어에서 한 낱말로 묶어서 도장처럼 새겨 놓은, 일종의 단축키와도 같다. 하지만, 그 도장을 써먹을 때마다 내역에는 관심하지 않고 활성화라는 용어에만 방점을 찍는다. 그러므로 경제 활성화란 말을 쓰는 경우는 구체적으로 어떻게 경제를 활성화하겠다는 복안이나 대책을 언급하기 위해서가 아니라, 비난이나 방패 용도로 애용한다. XX 때문에 활성화를 못하고 있다. XX가 경제 활성화의 걸림돌이다 하는 식으로, 상대방을 탓하기 위한 용도로 더 자주 쓰인다.

활성화라는 긍정적인 언어를 선택하여 실제로는 부정적인 용도로 사용하는 것이다. 지하경제 활성화라는 황당무계한 말이 멀쩡하게 등장한 것도 따지고 보면 박근혜는 활성화가 붙으면 다 좋은 말이 된다고 무의식중에 생각하기 때문이다. 당시 토론 화면을 보면 이 말을 해놓고도 자신이 어떤 실수를 했는지 전혀 알아차리지 못한다. 활성화란 근사한 단어도 썼는데, 왜들 저러지 하는 표정이 스쳐간다.

이 지하경제 활성화 발언에 앞서 '정부가 자의적으로 쓸 수 있는 재량 지출을 줄이고 세입 확대를 위해 비과세 감면 제도를 정비한다'는 말도 나왔다. 8월 23일 기자 간담회에서 꺼내들었던 말이다. 지하경제 활성화란 말이 지닌 초대형 파괴력에 묻혔기에 망정이지, 그렇지 않았더라면 이 말들도 단단히 말꼬리를 잡힐 것들이었다. 정부가 자의적으로 쓸 수 있는 재량 지출? 그런 게 있기나 한가? 더구나 그 씀씀이를 60퍼센트나 줄인다? 국회를 통과한 국가 예산은 법률 대우를 받는다. 그 예산에서 정부는 단 한 푼도 자의적으로 쓸 수 없다. 또 비과세 감면 제도를 정비한다는 것은 주로 중소기업과 근로자의 비과세 세액 감면을 손질하겠다는 뜻이라는 것을, 그러므로 가난하고 어려운 서민들에게 부담이 가중되는 일이라는 것을 그녀는 전혀 알고 있지 못했음이 명백하다. 알고서야 그런 망발을 태연히 할 수가 없다.

무지가 과시욕과 만날 때의 파괴력

오발탄 어법은 이처럼 이해력 부족과 무지에서 출발하지만, 이를 더 키우는 것은 은근한 과시욕이다. 아는 만큼, 평소 자주 사용하던 어휘 수준에서 발언하면 어처구니없는 실수는 피할 수 있다. 자신을 잘난 사람, 많이 알고 똑똑한 사람으로 포장하려는 순간 오랜 세월 먼지만 쌓인 빈곤한 어휘 창고가 활짝 문을 연다.

　자연인 시절 박근혜의 말과 대통령 박근혜의 말을 비교하는 데에 아주 좋은 자료가 하나 있다. 박근혜는 육영재단 이사장 시절이던 1989년 MBC TV 〈박경재의 시사토론〉에 출연했다. 26년 전 방송이라 아직 마흔이 되지 않은, 정치에 입문하기 이전 박근혜의 모습과 언행을 그대로 담고 있다.

'박근혜 씨, 아버지를 말한다'라는 제목으로 전파를 탄 이 방송에서도 여실히 드러나듯, 박근혜의 어휘는 예나 지금이나 풍부함이나 품격과는 거리가 있다. "(4.19 이후 만약) 우리가 공산당의 밥이 됐다면…" 등 평범한 동네 아저씨 아줌마 말투에 가까운 표현이 대부분이다. 하지만 지금과 달리 오발탄 유형의 결정적인 말실수는 별로 없다. 주로 아버지에 대한 회고와 유신시대에 대한 평가 등 익숙한 주제들이어서 그렇기도 하지만 정치인으로서 자신을 포장해야 한다는 강박이 없기 때문이다. 정치를 시작하고 나서, 대선 후보가 되면서, 그리고 대통령에 당선하면서 박근혜의 오발탄은 점점 늘었다. 그만큼 자신을 포장할 일이 많아져서다.

박근혜의 오발탄은 뭔가 있어 보이게 꾸미려는 즉흥 꾸밈말에서 자주 발사된다. '물 반 고기 반처럼 정책 반 홍보 반'이란 말도 그러한 경우다. 2015년 11월 12일 청와대에서 열린 사회보장위원회 회의에서 한 발언인데, 정부가 하는 일의 업무 비중은 정책이 절반 홍보가 절반일 만큼 홍보가 중요하다는 취지였을 것이다.

언뜻 들으면 '정책 반 홍보 반'이 말이 되는 듯도 하지만, 실은 전혀 말이 되지 않는다. 물 반 고기 반이란 말은 '물 반 고기 반일 정도로 연못에 고기가 옥시글옥시글하다'에서처럼 쓰여야 옳다. 위의 발언 취지와는 아무런 상관이 없는 표현이다. 대통령의 말을 곧이곧대로 '진실'되게 따르면, 정책은 물이고 홍보는 물고기가 된다.

박근혜의 오발탄에는 이 외에도 특이한 원인이 한 가지 더 있다. 무대공포증이다. 오발탄의 깊은 뿌리에 불안장애와 대면기피증의 부산물인 무대공포증도 작용하는 것인데, 이에 대한 본격적인 논의는 5장에서 다루기로 한다.

말에는 견인력(牽引力)이 있다. 잘못된 말, 제대로 알지 못하고 뱉은 말들은 언젠가 재앙을 끌고 돌아온다.

가난한 독서를 덮고 가는 감성 정치와 대충 정치

한때 박근혜의 대변인으로 활동했던 전여옥은 자전적 에세이집 『i전여옥』에서 박근혜가 인문학적 콘텐츠가 모자랄 뿐만 아니라 신문기사조차도 깊이 있게 이해하지 못할 정도의 지적 수준이라고 적어 놓았다. 왜곡된 독설이 아니었다. 대부분 증정 받은 책으로 꾸려져 있던 삼성동 집의 서가까지 직접 둘러보고, 바로 옆에서 상당 기간 지켜본 전여옥 나름의 날카로운 관찰기라 해야 할 것이다.

오발탄 어법은 빈약한 독서력과 불가분의 상관관계이다. 박근혜가 천 단어나 알고 있는지 의심하는 언어학자도 있다.[20] 닭대가리나 닭통에서부터 무뇌라는 심한 말까지 재임 2년 차부터 나돌기 시작했다. 기본적인 어휘력과 조어 능력 부족, 시사용어에 대한 무지[21] 등이 고스란히 드러났기 때문이다. 앞에서 나는 박근혜의 어법이 기본적으로 이중성에 기초한다고 했다. 오발탄 어법 또한 그러하다. 내면은 빈곤하지만 '정치가

---

20)   "한국어 단어는 솔직히 1,000개도 모르시는 거 아닌가 하는 의심이 든다." (고종석, 『고종석의 문장 2』, 알마, 2014)

스타일(politician's appearance)'을 대중들에게 보여 주어야 할 필요가 있다. 박근혜는 어쩔 수 없이, 평소 준비된 소신과 정책에 근거해서 발언하는 것이 아니라, 자신의 외양을 서둘러 꾸민 급조된 발언을 할 수밖에 없다. 일종의 '언어 성형 정치'인데, 빈약한 언어력의 민낯이 수시로 드러난다. 어휘력은 하루아침에 쌓이지도 않지만 잘못 주입된 언어는 쉽게 교정되지도 않는다.

유시민은 '박근혜는 기본적 이해력이 너무 부족하여 합리적 정책 판단이 거의 힘들다'면서,[22] 구체적인 사례를 든 적이 있다. 노무현 정부 시절 한나라당 박근혜 대표 측과 국민연금법 개정안을 협상하는데, 한나라당 안은 12조 원이 소요되고 노무현 정부 안은 3조 2000억 원이 소요되는 정책이어서 이를 조율하려는 것이었다. 오랜 막후 협상으로 정책과 법안에 대해 포괄적인 합의를 봤지만, 막판에 박근혜 당시 대표가 거부했고 결국 협상은 최종 결렬되었다. 당시 보건복지부 장관이었던 유시민이 결렬된 원인을 알아보았더니, '양쪽 차이가 3000억 원밖에 안 되는데 왜 우리(한나라당) 안대로 안 해주느냐'며 거부했다는 것이다.

---

21) 안철수는 당선인 워크숍에서 김상조 한성대 교수로부터 부실기업 구조조정과 양적완화 등에 대한 강연을 들은 뒤, 옆자리의 박지원 의원에게 "박근혜 대통령이 '양적완화'가 뭔지 모를 것 같은데요?"라고 했다.(2016. 4. 26.) '양적 완화'란 중앙은행이 정부의 국채나 여타 다양한 금융자산의 매입을 통해 통화를 시중에 직접 공급하여 신용경색을 해소하고, 경기를 부양하는 통화정책을 이른다. 국민 중에도, 박 대통령이 이 양적 완화라는 말을 제대로 알고 있으리라고 믿는 이들은 없을 듯하다. 특히, 이 말뜻을 제대로 아는 이들 중에서는.
22) 팟캐스트 방송 〈나는 꼼수다〉 27회(2011. 11. 9.)

사정이 이러함에도 불구하고, 박근혜의 언어에서 보이는 커다란 구멍들이 작은 실수나 일회용 웃음거리로 쉽게 관용되었다. 반면에 그녀가 의도적으로 자주 구사했던 심정적, 동정적 언어 조작을 통한 언어 꾸미기, 즉 추상명사에 색칠만 덧댄 언어 성형 정치는 언론을 통해 빛을 발했다. 박근혜의 주특기 중 하나인 감성적 포퓰리즘이 통했던 것이다.

추상명사는 그 알맹이에 대해 구체적으로 답하지 않아도 된다. 박근혜가 꺼내들고 선거판을 누빈 '국민 행복'과 같은 추상명사들은 꼼꼼한 분석과 비판을 비껴갈 수 있었다. 오히려 국민의 마음을 쓰다듬는 감성적 정치인이라는 이미지를 굳건히 하는 데에 지대한 힘을 발휘했다.

내용을 제대로 모르거나 알려고 하지도 않는 사람들을 지지자로 끌어들이는 게 포퓰리즘 또는 감성 정치의 핵심이다. 죄다 미운 놈들과 그렇고 그런 후보들인지라 골머리 아프게 깊이 생각할 것 없이 대충 훑어보고 덜 나빠 보이는 후보를 선택하는 '대충 정치'라고도 할 수 있다. 이런 질 낮은 감성 정치와 대충 정치 풍토는 우리말 어법의 오발탄 사수인 박근혜를 정치인으로서 승승장구하게 만들었다.

2) 영매 어법

국사당 원무당의 재림인가

근혜체의 두 번째 모습으로는 우주, 정성, 혼, 마음, 일편단심, 정신, 기운 등을 자주 강조하고 동원하는 영매(靈媒) 어법이 있다. 기도, 염원, 노력, 의지 등은 그것들과 접속할 때 자주 쓰이는 코드들이다. 쓰임새는 다음과 같다. 밑줄 부분에 유의하면서 읽어 보기 바란다.

"정말 간절하게 원하면 전 우주가 나서서 다 같이 도와준다는 말이 있다."

—2015년 5월 5일, 청와대에서 열린 어린이날 축하 행사에서

한 초등학생이 대통령이 되고 싶다고 말하자

"자기 나라 역사를 모르면 혼이 없고, 잘못 배우면 혼이 비정상이 될 수밖에 없다."

—2015년 11월 10일, 국무회의에서 역사교과서 국정화 언급하며

"금년 남은 기간 동안 우리가 어떻게 하느냐에 따라서 한국 경제의 상태가 달렸다는 그런 점을 마음에 담으시고 올해 핵심 과제들을 반드시 달성할 수 있도록 의지를 다져 주시기 바란다."

—2015년 5월 12일, 청와대 국무회의

"우리가 경제 재도약을 염원하고 어떻게든지 경제 활성화를 해야 된다고 노력하고 있고 간절하게 기도하는 마음으로 염원하는데 그거에 대한 하늘의 응답이 바로 지금 현실에서 벌어지고 있는 이것이 바로 메시지라고 우리가 정확하게 읽어야 된다고 생각한다."

—2015년 3월 19일, 무역투자진흥회의

영매 어법은 통치자로서의 박 대통령을 근원적으로 망치고 있다는 점에서 박근혜 어법 중 가장 문제적이다.

주술사들이 지배하던 시대가 있었다. 인류 역사에서 최초의 지배 체제로서 언급되는 이른바 제정일치, 신정정치의 시대다. 당시 피지배자들에게 유효하게 쓰였던 지배자의 도구는 위협이었다. 말을 듣지 않으면 지배자의 보호와 신의 비호(庇護)나 보우(保佑) 모두를 거두도록 만들고, 나아가 안전 구역 밖으로 추방시키겠다는 협박을 내걸었다.

생존이 급급했던 시대에 개인의 안전보다 더 절박한 것은 없었다. 그 안전을 좌우하는 것이 주술사나 신의 힘으로 여겨질 때 '안전'은 추상명사였다. 내 목숨을 보전하고 가족을 지키는 일이 어떤 구체적인 기제들에 의해 확보되는지 모를 때였다. 집, 식량, 농경, 의술, 법, 재산, 군대 등 자신의 안전을 보장하는 구체적인 요건들이 확인되고 난 뒤에야 '안전'은 구체명사가 되었다. 그것은 결국 개인들의 힘으로 확보되었으나, 이를 깨닫는 데는 꽤 오랜 시간이 걸렸다.

현대 정치는 고대 주술사 시대의 신정정치와 달리 구체적 실물 명사가 그 목표가 되었다. 추상명사를 나열하고 강요하는 일은 금기 사항이 된 지 오래다. 예를 들면 현대 정치에서 국가가 적극적으로 간여하고 나서야 하는 분야는 복지로 대표되는 분배 경제와 같은 실물이고, 자유, 신념, (역사)의식 등과 같은 정신(추상명사)의 분야는 개인에게 맡겨 두어야 한다. 질서 유지 차원의 최소한의 간여만 해야 하는 분야가 정신 분야다. 정신 분야에서의 국가 기능은 '표현의 자유' 따위의 왕복 8차선 대로에 설치된 교통신호등 역할 정도면 된다. 박근혜의 영매 어법은 이러한 현대 사회의 흐름과 정면으로 배치된다. 국가가 개인의 정신적 영역을 침탈하는, 엉뚱한 행위다.

실패한 국가 지도자들은 공통적으로 국민의 우월성 대신 자신의 우월성을 앞세웠다. "짐은 국가다."라는 프랑스 루이 14세의 발언이 그 극점이라 할 만하다. 그가 1715년 9월 1일 쓸쓸히 세상을 떠났을 때, 프랑스 국민은 애도하기는커녕 오히려 기뻐했다. 그런데 루이 14세는 자신을 국가와 동일시했을지언정, 국민의 정신세계를 가지고 왈가왈부하지는 않았다. 영매 어법은 역사의 시계바늘을 두 세기도 더 이전으로 되돌린 것이다.

박근혜의 종교 편력

박근혜는 최태민과 관련된 질문만 나오면 '천벌'을 들고 나온다. 육영재단 이사장 퇴임 기자 회견, 그리고 대선 후보 TV 토론 등에서 최태민과 관련된 질문이 계속 나오자 "천벌을 받을 것"이란 말로 발끈했다. 천벌이란 말도 실은 영매들이 휘두르는 전가의 보도다. 신정시대에 우매한 백성들을 겁주는 수단이 천벌이었다. 이런 말을 수시로 꺼내드는 박근혜의 의식 속에는 자신은 다른 인간보다 한 급 위의 경지에 다다른 사람이라는 생각이 자리하고 있다.

영매 어법에서 가장 빈번히 쓰이는 낱말은 '마음'이다. 간절히 기도하다, 염원하다, 원하다, 정성을 다하다 등도 자주 쓰인다. 이것들을 한 군데에 모아 놓고 하나하나 훑다 보면 불현듯 국사당 원무당(여러 무당을 거느리고 주장 노릇을 하는 무당)이 재림한 것 아닌가 싶을 정도다.

그렇다면 박근혜는 무속 신앙이라도 가진 것인가? 박근혜는 공식적으로는 무종교이다. 하지만, 그는 가톨릭 학교인 성심여중고를 6년 다녔고

대학도 가톨릭 재단에서 운영하는 서강대를 나왔다. 그 과정에서 세례를 받았는데 세례명은 '율리아나'라고, 중학생 시절 존슨 대통령의 딸에게 보낸 편지에서 밝히고 있다. 불교 법명으로 '대자행(大慈行), 선덕화(善德華)'도 갖고 있다. 또한 마음을 추스르기 위해 1981년(30세)에 예장신학대학원 기독교육학과에서 한 학기를 수학했다는 기록도 있다. 이처럼 가톨릭, 불교, 기독교를 두루 섭렵했으니, 종교적으로는 참으로 공평무사한 잡종이다. 일부 매스컴에서는 박근혜의 신앙을 소위 '기불천교'라는 기상천외한 신종 종교로 부르기도 했다.

그런데 참으로 공교로운 게 있다. 박근혜가 예장신학대학원 기독교육학과에 잠시 적을 두었던 1981년은 여성단체의 고발로 신군부가 최태민을 재수사한 뒤 강원도로 강제 유배 보냈던 해다. 그리고 신학대학원조차 다니지 않은 최태민이 목사 안수를 받은 건 예장종합총회장 조현종 목사로부터였다. 즉, 청와대에 들어가 박근혜와 처음 만난 뒤 한 달 만에 허겁지겁 따낸 목사 타이틀에 동원된 교단 이름에 예장이 들어가 있다. 이처럼 최태민이 잠시 이용한 교단에도 예장이 있고, 최태민이 서울에서 쫓겨난 동안 박근혜가 마음을 추스르려 다녔던 곳에도 모두 예장이라는 말이 쓰이고 있다. 우연이었을까?

박근혜의 자서전 비슷한 것들은 모두 그녀의 일기를 부분적으로 편집한 것들이다. 1993년에 『평범한 가정에서 태어났더라면』(남송문화사)을, 1998년에 『고난을 벗삼아 진실을 등대삼아』(부산일보출판사)를 각각 출판했다. 그 두 가지에다. 그녀가 싸이월드에 공개했던 일기 일부를 보태어 '박근혜연구회'라는 저자 이름으로 2012년에 대통령 선거 홍보용으로 급히 펴낸 게 『박근혜 일기』(동동)다. 일종의 종합판이랄 수 있는 『박근혜 일기』의 목차에는 다음과 같은 소제목들이 보인다.

청춘의 끝자락에서 고통의 문이 열리다 (29세)

절망과 울분 그리고 외로움의 나날 (30세)[23]

이 제목들이 붙어 있는 해는 각각 1980년과 1981년[24]으로, 신군부에
의해서 최태민이 강원도 인제에 강제 유배되어 있을 때라는 점은 앞에서
도 언급한 바 있다. 어머니 육영수 여사가 돌아간 해에도 '고통의 문' 따
위를 허락하지 않았고 '외로움'을 타지 않았던 강인한 그녀가, 그 시절의
소제목으로 이러한 표현들을 매달았다.

반면에 최태민 사망 1년 전에 펴낸 박근혜의 첫 번째 저서 중, 1992년
(41세)의 일기에 붙은 소제목은 '깊이 뿌리 내린 마음의 평화'다. 그때는
두 동생이 청와대에 투서까지 하여 최태민과 박근혜를 마구 흔든 덕에,
당시 기준 2000억 원 이상으로 추산[25]되던 육영재단을 물려받은 여동생

---

23)　　　원저에는 모두 만 나이로 되어 있으나 이해력을 높이기 위해 세는나이(흔히 쓰
는 '우리 나이'나 '한국 나이'는 사전에 없는 잘못된 말)로 바꾸어 표기했다. 이하, 박근혜
는 물론 동생인 근령, 지만의 나이 또한 모두 세는나이 기준이다.

24)　　　최태민이 강원도 유배 중일 때 쓴 1981년의 일기에는 이런 구절들이 보인다.
"빛은 어둡기 때문에 필요한 것이다. 사랑은 일이 잘 되지 않을 때, 불편하고 또는 괴로울
때 더욱 절실히 필요한 것이다."(1981년 3월 10일 일기)

25)　　　현재의 평가액은 수조 원대이다. 2012년 대선 당시 박근혜의 실제 재산은 재벌
수준이라는 기사들이 나온 이유다. 정수장학회 역시 형식상 재단법인이지만 실질적으로
거의 사유재산 수준이다. 후임 이사장으로 임명한 최필립의 경우, 박근혜의 수족 같은 사
람인 것도 그와 같은 맥락.

근령과 그 돈뭉치 재단 운영에서 소외된 지만이 죽자 살자 식으로 서로 싸우던 때다. 세상 사람들에게는 물론이고 돌아가신 부모님에게 낯도 못 들 정도로 동생들이 창피한 싸움을 하고 있던 해인데, 맏이이자 가장 격인 박근혜는 '마음의 평화'를 한껏 구가하고 있었다.

이 1992년은 최태민의 집 근처로 이사한 뒤 2년째로 접어들던 해다. 칩거 생활을 스스로 선택한 뒤 세상을 향해 커튼을 두껍게 내리고 동생들의 방문까지도 철저하게 차단하고 있었다.[26] 그 시절 박근혜의 일기에는 마치, 삶의 요체를 깨달은 듯한 표현과 혼자서 자족하는 생활이 기록되어 있다.

다음은 '이타의 삶은 하늘의 사업'이라는 소제목을 달고 있는 1992년 1월 14일의 일기 중 한 대목이다.

주위와 세상이 그대로라도 마음의 전환은 엄청나게 세상을 변화시킨다. 그 소명을 내리신 하늘은 영원불변하기 때문에, 하늘이 내리신 진리에 뿌리를 두고 사는 사람의 나무는 자연 영원불변할 수밖에 없다.
나의 소명은? 나의 천직은? 그 진리를 매일 마음에 새기고 밝히면서 바른 생각, 바른 언행을 성실히 실행하는 것뿐이다. 이러한 생각을 가진 사람은 자기의 세상 임무에 불성실할 수도 없고 게으를 수도 없다.
바른 생활, 바른 일, 그 어떤 성취도 다 내가 느끼는 이 소명의 실천에 포함

---

26)　　미국에서 이런저런 사업을 구상하긴 했지만 성공하지 못한 채 귀국한 동생 근령에게 박근혜는 30평대의 아파트를 사주면서 따로 살게 했다. 삼성동의 그 큰 집에서 함께 머물 수 있었음에도.

된다. 그러나 <u>근본을 깨닫고 그 근본을 쥐면 저 세상 끝까지 꿰뚫을 수가 있</u>는 것이다.

밑줄 친 부분은 일반적인 성찰이나 철학적 깨달음보다는 종교적 신념에 가깝다. 특히 '근본을 쥐면 저 세상 끝까지 꿰뚫을 수' 있다고 하는 부분은 영매의 분위기를 상당히 풍긴다. 박근혜가 자신을 영매로 인식했든 아니든 어떤 종교적 신념 체계에 깊이 침윤되어 있음을 짐작하게 한다. 그리고 박근혜의 이력에서 이와 같은 종교적 영향력을 행사할 수 있었던 인물은 최태민이 유일하다.

하이브리드 종교의 무서운 흡인력

박근혜에게 그토록 중요한 인물이던 최태민의 종교 편력은 화려 찬란하다. 천주교, 불교, 기독교를 망라한다. 천주교 중림성당에서 영세를 받고(1961년), 대구와 서울 방화동 등에서 절간에 머물거나 드나들다가, 십년 뒤에는(1971년) 자신이 직접 불교, 기독교, 천도교를 복합한 '영혼합일법'이라는 새 교리를 만들어 영세교라는 이름으로 본격적으로 사이비 종교 행각에 나선다. 전세방에서 생계를 꾸려 나가면서 '칙사, 원자경, 태자마마' 등 자신을 부르는 호칭도 사용했고, 독경과 안찰기도로 환자를 치유한다고 하기도 했다.

어머니를 잃은 박근혜에게 육영수가 자신의 꿈에 나타났다면서 편지를 보내 접근한 것이 그즈음이다. 편지를 받은 박근혜는 즉시 최태민을 만나 3시간이 넘는 대화를 나눈다. 그 만남(1975년 3월) 후 한 달 만에 최태민은 다시 목사로 변신한다. 신출귀몰! 종교 잡종치고는 놀랍게도 대성공을 거둔 하이브리드였다.

하이브리드 얘기가 나와서 하는 말이지만, 하이브리드 차 중에서 북미에서 제일 잘 팔리는 것은 도요타의 캠리다. 캠리는 '내 차'의 영어 알파벳을 재조합해 지은 이름이다(my car → camry).

최고의 종교 잡종이랄 수 있는 그가 7번째 개명 끝에 마지막으로 갖고 나온 이름이 '최태민(崔泰民)'이다. '(누구를 빼고는) 백성 중에서는 가장 큰 백성'이라는 뜻이다. 그가 자칭한 '태자(太子)마마' 또한 하늘의 천제 다음으로 높은 지위를 뜻한다. '캠리'와 '최태민'이라는 작명에는 서로 통하는 바가 있다.

최태민은 그 이름대로 포섭력과 조직력이 엄청 빼어났다. 특히 그의 흡인력과 통제력은 매우 특출한 것이어서, 그에게 목사 안수를 해 주었던 조 목사도 금방 그의 수하가 되었고 신도들에 대해서 남녀 불문하고 이내 몸과 마음을 통제했다고 한다. 이 점은 최태민의 사이비 종교 행각 시절, 그를 직접 만나 보고 여러 날에 걸쳐 관찰한 사이비 종교 연구가 탁명환조차 감탄하고 수긍할 정도였다.[27]

그런 능력은 자신이 명예총재를 맡았던 새마음봉사단 조직에서 십분 발휘되었다. 1978년 구국선교단에서 이름을 바꾸며 박근혜를 명예총재에서 총재로 추대한 새마음봉사단은 1979년 말 해산하기 전까지 전국 회원수가 300만 명이 넘었다고 알려졌다. 지금보다 인구가 천만 명쯤 적었던 시절이었음을 고려하면 실로 엄청난 숫자다. 현재 당원수로 우리나라 최대인 새누리당도 당원 숫자가 200만 명을 조금 넘는 정도이다.

박근혜가 자신의 인생 중 최고의 해로 꼽은 1989년(38세)은 88올림픽을 치른 그다음 해인데, 당시 근화봉사단(박정희·육영수의 유지 받들기 모임)의 규모 또한 70만 명을 헤아렸다.[28] 근화봉사단의 조직과 운영도 최태민의 작품인 건 말할 나위 없다. 전광석화와 같이 빠르고 빼어난 그의 포섭력과 조직력은 기네스북에 오르고도 남는다.

1989년은 육군 대위로 제대한 뒤 3년 동안 홀로 살던 박지만(당시 32세)이 외로움을 견디지 못하고 집에서 필로폰을 주사하곤 하다가 마약사범으로 처음 구속 수감된 해이다. 박지만은 나락으로 떨어진 해에, 38세의 큰누나는 '인생 최고의 해'를 구가한다. 내친 김에 박근혜는 그 이듬해 장충동에서 현재의 삼성동 집으로 이사한다. 삼성동 집은 친인척 등 아무 연고가 없는 곳이지만 최태민의 집과는 엎드리면 코 닿을 곳에 있다. 실측 결과 최태민의 집과는 도보로 872미터, 직선거리로는 500여

27)　　　김수길, 『태자마마와 유신공주』, 간석출판사, 2012. 특히, 최태민은 여인들을 장악하는 데에 특출했다. 1954년 초 6번째 처 김제복과 결혼 후 여자 문제로 경남 동래의 금화사로 피신하여 삭발 승려(최태운으로 개명) 생활을 1년쯤 했음에도, 하산 후 5번째 처 임선이(최순실의 생모)와 재결합하고, 그 즉시 경남 양산군에 개운중학교(비인가)를 개설하는 능력을 보였다. 1973년 대전에서 신문 광고를 통해 모은 사람들을 상대로 현대예식장에서 '영혼합일법'을 설교했는데, 그 뒤 수많은 여인들이 그의 임시 거처인 여관을 찾기 시작했다. 그중에는 영험하다고 알려져 아쉬울 것 하나 없던 부유한 무당들도 많았다고, 탁명환은 전한다. 나중에 최태민이 건드려 말썽이 난 수많은 여인들 중 상당수가 구국봉사단, 새마음봉사단의 고위 간부(지단장, 국장)들이었고, 이들 간 시샘과 암투가 신군부에의 고발과 재수사에 적지 않게 작용했다.

28)　　　1987년 6월항쟁 직후인 1988~1989년은 박정희에 대한 국민의 부정적 평가가 매우 높아서 신군부의 후예들인 6공화국 권부조차도 국민의 눈치를 보고 있을 때였다. 그 시절을 박근혜는 '배신'의 시대로 여길 정도로. 그처럼 녹록하지 않은 여건이었음에도 최태민은 몇 십만 명을 이내 규합했다.

미터이다.

그래서였을지도 모르겠다. 지만은 다음 해에(큰누나 혼자 삼성동으로 이사한 1990년) 둘째누나 근령과 함께 노태우 대통령에게, 최태민이 그동안 경비원까지 두고서 큰누나와 접촉도 못 하게 했다고,[29] 최태민이 큰누나를 망치고 있다고, 장문의 투서를 보낸다. 12장에 달하는 긴 투서의 글씨는 그해 미국에서 돌아온 박근령이 썼다. 동생의 이야기를 들으니 도저히 가만히 있을 수 없었던 것이다.

지만은 그해 12월 매스컴과 인터뷰를 하면서, "큰누나와 최 씨와의 관계를 그냥 두는 것은 큰 누나를 욕먹게 하고 부모님께도 누를 끼치게 되는 것"이라고 처음으로 말한다. 심지어 박근혜가 이회창을 위해서 선거 지원 유세를 하던 1997년 대선 때는 보란 듯이 공개적으로 상대 후보인 김대중을 지지했다. 여동생 박근령도 당시 《경향신문》 기자와의 인터뷰에서 "언니가 최태민의 최면술에 걸려 있다."라고 단언한다.

최태민교와 맹신자

근혜체에서 자주 쓰이는 말 '우주, 정성, 혼, 마음, 기운'과 최태민의 '영혼합일법'이라는 용어. 왠지 서로 통하는 듯하지 않은가? 영혼합일의 요

---

29)   동생들도 드나들지 못하던 장충동 집을 '언니, 언니'하며 수시로 드나든 것은 최태민의 5녀 최순실이다.

체는 불교식 용어 일체유심조(一切唯心造, 모든 것은 오로지 마음이 지어내는 것이다)와 민간신앙인 감천(感天, 정성이 지극하여 하늘이 감동함)의 합체다. 즉, 모든 것은 마음에 달렸는데, 지극 정성을 다하면 하늘이 그 마음과 하나가 되어 도와준다는 것을 최태민은 영혼합일법이라 했다. 박근혜가 자주 쓰는 '정신을 집중하여' '이것이다 하는 마음으로' '우리가 정성을 다하면 된다는 얘기죠?' '하늘의 응답' '천벌' '선조의 의지' 등의 원형(prototype)을 대하는 듯하다.

실제로 요즘 박 대통령의 영매 어법에 쓰이는 말들은 거의 40여 년 전에, 최태민과 함께 활동할 때 쓰던 말들과 한 뿌리이다.

> "하늘의 뜻이 우리와 함께 하시도록 하려면, 또한 그 뜻을 우리 마음 안에 모시려고 한다면, 우선 마음을 깨끗이 청소하고 아름답게 가꾸어 모실 준비를 해야 한다."
>
> —1978년 6월 19일, 새마음갖기 부산시민궐기대회 격려사

이것은 최태민도 참석한 1978년 '새마음갖기' 시민 궐기대회에서 당시 27세 박근혜가 했던 격려사 일부다. 최태민과 함께 전국을 휩쓸던 그때 그 시절은 그야말로 여왕마마의 시대였다. 허울뿐인 퍼스트레이디라는 이름으로 청와대에 갇혀 있던 '영애' 공주가 아니라, 아버지가 없는 곳에서 자신의 이름으로 여는 자신만의 신천지였다.

짐작하건대 이 시절은 지금의 대통령 자리보다 훨씬 더 나은 시절이었다. 가는 곳마다 오직 열광적인 박수와 환대, 여왕마마 대접뿐이었다. 박근혜는 그저 미소를 띤 채 팔을 들어 손만 흔들면 되었다. 단 한 사람의

공공연한 반대나 경멸도 없이 자신의 존재 가치를 최대한으로 인정받는 시간이었다. 행사를 마치고 돌아와서 챙겨야 할 숙제나 마음의 응어리 하나 없는지라, 오직 그 영광의 순간만을 되돌아보며 즐기면 족했다. 대통령이 되어 국회에 들어가도 자리에서 일어서서 그녀를 맞이하는 것은 여당 의원들과 일부 야당 간부들뿐인 현실과는 천양지차다. 그런 신천지를 개척하고 마련하여 그녀 앞에 활짝 열어 준 것이 바로 최태민이었다.

최태민과 함께 한 영애 시절의 절정기는 1978년에서 1979년 전반이다. 최태민의 활동으로 만들어진 새마음봉사단은 그 무렵 전국 각 지역은 물론 중·고·대학생, 교사, 불교계, 직능 단체와 각 재벌 회사들까지 참가한 엄청난 조직이 되었다. 예컨대 현대그룹의 경우 발대식에 정주영 회장을 비롯하여 14개 산하 기업의 임직원 6000여 명이 참석했고, 상공부 장관 등 2명의 장관까지 자리를 메웠다. 재벌 회사의 새마음봉사단 발대식이 줄지어 이뤄졌다.

인사 예절을 강조하던 충·효·예 행사에서 스물일곱 살짜리 박근혜 총재가 퇴장할 때면 나이 예순을 넘긴 교장, 교감 들이 두 줄로 늘어서서 허리 숙여 인사했다. 박근혜 인생에서 가장 화려했던 외출이다. 그런 영광스러운 기억과 감격적인 장면들을 만들어 준 인물에 대한 고마움은 쉽사리 잊히지 않는다. 인지심리학에서 말하는 각인 효과가 생겨났을 것임은 두말할 필요조차 없다.[30]

훗날 정치에 입문한 뒤 최태민과의 관계는 한나라당 대선 후보 경선 때나 2012년 대선을 앞두고 박근혜에게 최악의 아킬레스건이 되기도 한다. 그러나 대통령의 꿈을 이룬 지금에는 최태민은 다시 그녀에게 '훌륭하고 고마운 분'[31]으로 확실하게 되돌아왔다. 최태민은 오늘날에도 박근혜의 현실과 가상세계가 결합된 혼합현실[32] 속에 살아 있다. 결국 박근혜의 종교는 기독교도 불교도 가톨릭도 아닌 최태민교이다.

박근혜는 영원히 변치 않는 신실한 최태민교 신자라 할 수 있다. 그것도 에릭 호퍼(E. Hoffer)가 정의한 '맹신자(true believer)' 수준이다. 호퍼는 『맹신자들』이라는 불멸의 명저를 통해서 최초로 맹신자들을 체계적으로 다루었다. 박근혜는 호퍼가 지적한 맹신자의 공통적 속성인 '적극적이고 지속적 옹호'와 '불변의 장기적 숭앙과 추종'을 여지없이 보인다. 어떠한 경우에도 그를 감싸고돌았고 그의 방식을 그대로 답습했으며, 그런 태도는 대통령이 된 후에도 여전하다. 자그마치 40년 동안을 그렇게 해 왔다.

1994년에 사망한 최태민의 기일은 음력 3월 21일이다. 이 날을 양력으로 환산하면, 2014년에는 4월 20일(일)이고, 2015년에는 5월 9일(토)이다. 그날 청와대의 대통령 상세 일정란을 보면 일정 표시 자체가 없다. 대통령의 일정은 필요할 경우 토요일과 일요일을 가리지 않는다. 이를테

---

30)　　　그런데 2007년 대선 후보 경선에 나설 때 간행된 자서전 『절망은 나를 단련시키고 희망은 나를 움직인다』에는 희한하게도 새마음봉사단 얘기가 거의 보이지 않는다. 그 대신, 그 시절에 의료보험 도입에 힘을 쏟았다는 엉뚱한 얘기만 있다. 대통령 영애 시절, 박근혜가 의료보험에 관심을 보였다는 공식 기록이나 증언은 어디에도 보이지 않는다. 여기에서도 박근혜 의식세계의 이중성이 저절로 드러난다. 감추려 하는 과거에 대해서는 철저히 은폐, 누락하고 삭제하여 보이고 싶은 것만 보이는 위선, 그러면서도 마음 깊은 곳은 항상 그 시대의 영광과 좋았던 추억을 향하고 있는 불일치의 이중성이다.

31)　　　2012년 대선 후보 검증 방송에서, 최태민에 대한 박근혜의 총괄 요약 평.

32)　　　사용자가 눈으로 보는 현실세계에 가상 물체를 겹쳐 보여 주는 기술 또는 그 이미지를 뜻하는 증강현실(augmented reality, AR)의 별칭이다. 현실세계에 가상세계를 합쳐 하나의 영상으로 보여주므로 혼합현실(Mixed Reality, MR)로도 불린다.

면 2014년에도 하루 전인 4월 19일은 토요일이지만 4.19 행사에 참여했고, 1주일 뒤인 4월 27일 일요일에는 한미연합사를 순시했다. 취임 첫 해에는 주말에 부처 업무 보고를 받기도 했다. 일정란에 날짜 표기 자체가 뭉텅 빠져 있는 경우는 아주 드문 일이다.

이와 비슷하게 최태민에 대한 지속적인 숭앙으로 읽을 수 있는 단서들은 찾아보면 많다. 박근혜는 '우리 집'인 청와대 입성 후 기념식수로 첫 해에는 구상나무와 이팝나무를, 2014년과 2015년에는 각각 소나무와 무궁화를 심었다. 외형적으로는 각각 토종 특산, 풍요 기원, 정이품송의 후계목, 그리고 나라꽃이라는 상징성이 있다.

하지만, 그 안쪽의 내밀한 꽃말들을 보면 각각 기개(구상나무), 영원한 사랑(이팝나무), 정절(소나무), 일편단심(무궁화)이다. 다소 섬뜩하다. 구상나무에는 '살아서 백 년, 죽어서 백 년'이라는 말도 따라다닌다.[33]

'최태민교'의 후광은 아직도 실체적으로 이어지고 있다. 인적으로는 최태민의 딸인 최순실과 사위 정윤회를 통해서 국정에도 영향을 행사하고 있다. 최태민은 정윤회를 비서로 데리고 있으면서 오래도록 관찰한 뒤에야 비로소 후계자로 확신했던 듯하다. 정윤회가 최순실과 결혼한 것은 최태민의 사망 다음 해인 1995년인데, 각각 41세 40세의 노총각 노처녀였다. 그리고 결혼 2년 뒤인 1997년부터 정윤회는 박근혜를 위해 본격

---

33)   전기영 목사가 최태민과 박근혜는 '영적인 부부' 관계였다고 단정한 것과 묘하게 이어진다. 그는 최태민과 같은 대한예수교장로회 종합총회에서 최태민의 사망 직전 해인 1993년까지 10여 년간 아주 가깝게 알고 지낸 인물이다. 한때 최태민이 그 교파의 총회장일 때, 그는 부총회장이었다.

적으로 걷어붙이고 나선다. 최순실은 물론 그보다 훨씬 전인 20대 시절부터 박근혜와 내왕했고, 삼성동으로 이사 오기 전까지 박근혜가 머물렀던 장충동 집을 드나들며 네 살 위인 박근혜에게 '언니 언니' 했다.[34]

최태민은 죽었지만, 최태민교는 청와대와 그 주변에 여전히 살아 있다. 최태민의 깃발에 적혀 있던 '영혼합일'의 의미를 기리는 정성들은 오늘날에도 면면하다. 박근혜의 영매 언어를 통해서 그리고 정윤회, 최순실의 행적을 통해서 죽은 최태민은 지금도 한국 사회에 영향을 미치고 있는 셈이다.

3) 불통 군왕의 어법

혹은 장기판 공주 어법

"지난 11월 14일 서울 도심 한복판에서 대규모 과격 시위와 불법 폭력 사태가 일어났다. 이번 폭력 사태는 상습적인 불법 폭력 시위 단체들이 사전에 조직적으로 치밀하게 주도하였다는 정황이 곳곳에서 드러나고 있다."

---

34)   최순실의 오랜 관여 흔적은 다른 곳에서도 보인다. 박근혜는 첫 저서(1993)의 머리말에 출판에 도움을 준 이로 익명의 '자매' 한 사람만을 거명하고 있는데, 짐작이긴 하지만 그 자매는 최순실이 아닌가 싶다. 당시 둘 사이의 호칭이 언니 동생이었던 데다가, 후술할 비밀 유지 버릇 때문에 이름 하나를 명기하는 일에서조차 꺼리고 조심한 흔적이 역력하다.

"(한상균 민노총 위원장이) 수배 중인 상황에서 공권력을 무시하고 계속 불법 집회를 주도하는 것은 정부로서 결코 묵과할 수 없는 일."

"정부는 국민을 불안에 몰아넣고 국가경제를 위축시키며 국제적 위상을 떨어뜨리는 불법 폭력 행위를 뿌리 뽑기 위해서 강력한 대책을 마련해서 대응해 나가야 할 것."

"모든 국무위원들은 비상한 각오를 가져야 한다. 이번에야말로 배후에서 불법을 조종하고, 폭력을 부추기는 세력들을 법과 원칙에 따라 엄중하게 처리해서 불법과 폭력의 악순환을 끊어내야 할 것."

"백날 우리 경제를 걱정하면 뭐 합니까. 우리가 지금 할 수 있는 것에 최선을 다해야 되는 것이 누구에게나 지금 책임 있는 자리에 있는 사람들의 도리인데, 맨날 앉아서 립서비스만 하고, 경제 걱정만 하고, 민생이 어렵다고 하고, 자기 할 일은 안 하고, 이거는 말이 안 된다. 위선이라고 생각한다."

2015년 11월 24일 임시 국무회의에서 박근혜 대통령이 쏟아낸 말들이다. 엄청난 분노와 증오 감정이 배어 있을 뿐만 아니라, 국무위원들 나아가 이 발언의 최종 목적지인 국민에 대한 훈계와 질타로 가득하다. '과격 시위, 불법 폭력, 강력한 대책, 배후에서, 폭력을 부추기는 세력' 같은 말들은 전두환 정권 시절을 떠올리게 한다. 사실 그 시절에도 대통령이 직접 나서서 국민을 향해 이런 발언을 하는 일은 흔치 않았다.

영매 어법과 긴밀한 관계가 있으면서 평생을 국민 위에 군림해 온 제왕적 사고에서 나온 것이 바로 이 불통하는 군왕의 어법이다. 그런데 막상 군왕의 화법으로 보기에는 품격이나 위엄이 부족하다. 지나치게 물정을 모르거나 발화자 자체가 수준 이하이면서 듣는 이를 일단 아래로 깔고 보고 한 수 가르쳐 주겠노라는 태도가 역력하다. 따지고 보면 자신을 제외한 다른 이들을 '졸'로 보고 시시콜콜 참견하려 드는 장기판 훈수쟁이의 말투를 닮았다. 타고난 공주라는 선민의식에 더하여 국민을 졸로 보지 않고는 나올 수 없는 이런 말투를 장기판 공주 화법이라고 해도 좋을 것이다.

박근혜는 청와대에서만 20년 넘게 살았다. 모든 사람들이 아버지 앞에서 굽실거리는 걸 16년 동안 봐 왔고, 지금은 자신 앞에서 모든 이들이 그리한다. 늘 봐 온 게, 위에서 아래로 내려다보이는 국민이었다. 자신을 빼고는 모두 아랫것들. 그게 자연스럽게 몸에 배었다. 전여옥 식으로 표현하자면 '아주 자연스러운 맞춤옷, 더 나아가 생활 필수품'이었다.

대통령 영애이자 퍼스트레이디였고 새마음봉사단 총재로서 민을 움직이던 유신 공주 시절, 박근혜는 어디를 가도 떠받들리는 공주이자 여왕마마였다. 손을 가볍게 흔들면서 미소를 띠기만 하면 환호와 박수가 쏟아졌다. 그런 대우와 기억은 젊은 시절에 깊이 각인되고 몸에 배어, 아예 정신의 일부와 일상이 되어 버렸다. 그런 그녀에게 국민이란 존재는 저절로 장기판의 졸일 수밖에 없다. 무의식 속에서 굳어진 터여서 이것이 시대착오적 생각이라는 것을 자각하지도 못하고 설령 누군가 충고해 준들 쉽게 벗어날 수도 없다.

박근혜에게 민심(국민의 마음)이 곧 천심이라는 생각은 씨도 먹히지 않을 소리다. 박근혜에게 '하늘의 뜻(천심)'은 다른 곳에 있기 때문이다. 민심이 박 대통령에게서 등을 돌린 결과였던 20대 총선의 참담한 패배 후 곧바로 국민에게 사과조차 하지 않은 채 '제대로 일하는 국회가 되기를 바란다'[35])는 오만한 말을—그것도 대변인을 통해—내놓은 것은 박 대통령의 사고방식으로는 너무나 자연스러운 행보였다.

공주와 영매의 잘못된 만남

그런데 이런 공주 의식과 영매 어법과는 어떤 관계일까? 영매는 신령 (神靈)이나 죽은 사람의 영혼과 의사가 통하여, 혼령과 인간을 매개하는 사람이다. 그를 통하여 이야기를 듣고자 하는 일반인들보다는 한 급 위 다. 신령과 일반인들의 중간에 위치하여, 깜깜나라인 일반인들을 가르 치고 큰소리로 꾸짖을 자격이 있다. 영매는 일반인들과 출신 성분도 다 르다. 지금은 직급으로도 최고위요, 거기에 쉬 범접할 수 없는 존엄까지

---

35)　　이 말 자체가 잘못된 말은 아니다. 18대 국회를 (불이 잘 붙지 않는) '연탄 국 회', 19대 국회를 '무생물 국회'라 이를 정도로 생산성 면에서 국회의 활동은 낙제점 수준 이었다. 다만, 자신에 대한 비난인 줄도 모르고 그런 말만 해대는 박 대통령의 한심한 이 해력과 고정된 태도가 문제였다.

36)　　북한에서 '최고 존엄'은 김정일에게 헌정된 호칭이다. 제9차 북한 헌법 개정 (2009년 4월 9일 최고인민회의 제12기 제1차 회의)을 통하여 국방위원장을 공화국 최고 영도자와 인민군의 최고 사령관으로 명문화한 이후로, 김정일은 어떠한 경우에도 형사 소 추를 받는 일이 없게 되었다. 그에 따라 김정일에 대한 최고의 존경을 담은 이 말이 쓰이 기 시작했는데, 지금은 김정은이 이 호칭을 이어 받고 있다. 하지만, '존엄'은 예전에는 임 금을 뜻했던 말로서 '최고 존엄'은 누구도 범할 수 없는 최고의 인물, 지위를 뜻하는 일반 어였다.

스스로 더하고 있다. 어찌 보면 남쪽의 '최고 존엄'[36]이라 해도 지나치지 않다.

박근혜의 제왕적 사고는 처음 부모를 따라 청와대 내 집에 들어갈 때부터 배태된 것이지만, 최태민과 만나고 그의 정신세계와 논리에 감화되면서 최태민교의 영매로서의 역할까지 결합되었다. 영매 어법과 군왕적 어법은 샴쌍둥이처럼 한몸으로 붙어 다닌다.

제왕적 대통령에 영혼과 우주의 섭리까지 깨닫고 있는 존재이니, 언제든 누구에게나 큰소리칠 수 있고, 한 수 가르쳐 주려는 것이 습성이 되었다. 뭘 모르는 하급 인간들에게 베푸는 일종의 특강인 셈이다.

> "국회라는 것이 국가의 안위를 다루는 곳인데 기본적인 국가관을 의심받고 있고 국민들도 불안하게 느끼는 이런 사람들이 국회의원이 되어서는 안 된다고 생각한다."
>
> —2012년 6월 1일, 의원총회 마친 뒤 기자들 질문에

국회는 입법 기관이지 국가 안위를 다루는 곳이 아니다. 첫 문장은 국회의 위상에 대한 박근혜의 자의적 해석일 뿐이다. 보편적인 사람들이라면 자신의 생각과 지식이 객관적이고 합리적인 것인지 먼저 따져보겠지만, 공주이자 영매인 존재는 그저 머릿속에서 나오는 대로 이야기하고 보면 된다.

이어지는 두 번째 문장은 독재 정권의 매카시즘을 깔고 있을 뿐만 아니라(국가관을 의심받고 있고) 국민의 대표 선출권마저 부정하는(이런 사람들이 국회의원이 되어서는 안 된다) 사고이다.

더욱 문제는 이러한 어법이 항상 국민을 계몽하려는 의도에 닿아 있다는 점이다. '국회의원이 되어서는 안 된다고 생각한다'지만 사실은 '어떻게 이런 국가관도 의심되고 불안한 사람들을 국회의원으로 뽑을 수 있느냐'는 질책과 '나처럼 바른 생각으로 국가를 위해 진실하게 일할 사람을 좀 가려볼 순 없겠느냐'는 훈계에 다름 없다.

박근혜의 말에 무척 자주 등장하는 어투가 '이러이러하게 생각한다'인데, 자신이 그렇게 생각한다는 태도를 보이면서 은연중에 타인들도 자신처럼 생각하라고 강요한다. 특히 대통령이 이렇게 말하면, 수직적 조직 체계 안에서는 일이 더 꼬인다. 명확히 어떤 일을 수행하라고 지시한다면 그 일만 집행하면 되지만, '이러이러하게 생각한다'라고 말하면 아랫사람들은 그런 대통령의 의중을 해석하고 추론하여 관련된 모든 일을 다 짐작하고 처리해야 한다.

> "손 씻기라든가 몇 가지 건강 습관만 잘만 실천하면 메르스 같은 것은 무서워할 필요가 전혀 없다."
>
> —2015년 6월 16일, 서울 강남구 대모초등학교 방문

늘 국민에게 한 수 가르쳐 주려는 버릇은 종종 뒷방 시어미 같은 잔소리로 표출되기도 한다.

2015년 5월에 발발한 메르스 사태는 그해 6월 1일 첫 사망자가 발생하고 11월 25일 마지막 환자가 사망할 때까지 무려 7개월간 국민은 감염병의 공포에 떨어야 했고 격리자 1만 6000명, 경제적으로 추산한 피해 규모가 30조 원에 이르는 국가적 재난이었다. 총사망자가 38명에 이르고

2004년 한나라당 대표 경선에 나선 박근혜 의원이 당 문제에 대한 자신의 입장을 밝히고 있다. 2012년 대통령 당선 이후 박근혜의 말은 점점 공격적이고 날이 섰으며 국민에게 한 수 가르치려는 듯한 양상을 보였다.

확진자 치사율이 20퍼센트에 달할 만큼 위협적이었다.

대통령의 안이한 상황 인식이 위 발언에 담겨 있다. 또한 대통령이 의료 전문가도 아닌데, 손 씻기 실천으로 메르스를 예방할 수 있다는 식의 이야기를 할 입장도 아니다. 국민이 당시 대통령에게 바란 것은 올바른 건강 습관에 대한 훈시나 초등학생들 다독이는 식의 안심 메시지가 아니라, 사상 초유의 사태에 대해 정부가 체계를 바로 세우고 최선을 다하고 있다는 설명이었을 것이다.

나이가 들면 잔소리가 는다고 하니, 생물학적으로도 할머니 연배에 근접한 박근혜의 이런 습관 정도는 참아줄 수 있다. 그러나 헌정 체계를 떠받치는 기둥 중 하나인 국회에 대한 폄하와 모독은 도를 넘어섰다.

"특히 세계적으로 테러 위협이 커지는 상황에서 테러방지법조차 통과시키지 못한 것에 대해 국회의 존재 이유를 묻지 않을 수 없다."

—2015년 12월 14일, 수석비서관회의

박근혜에게 국회나 사법부는 행정부의 산하 기관이나 다름없다. 이런 군왕적 어법은 대통령에 당선되기 전까지는 비교적 초보적 수준에서만 발견되지만 대통령이 되고 나서는 남의 눈을 의식할 것도 거칠 것도 없이 수위를 높여 가고 있다.

장기판의 졸과 궁

장기판의 말들로는 가장 하급인 졸(卒)에서 최상위의 왕(宮)까지 있고, 그 신분에 따라 쓰임이나 움직임에서 차이와 제약이 있다. 전제국가 군왕시대에 사람의 신분에 따라 제도적으로 운신에 차별이 정해져 있듯이. 사실 동양의 장기나 서양의 체스[37]는 사람들의 신분에 따라 그 값어치가 판이했던 시절의 산물이다. 즉, 판 위의 말들은 저마다 그 가치가 다르

---

37)　체스와 장기의 기원: 지금도 그 원형이 남아 있는 차투랑가(chaturanga)라는 인도 고유의 놀이가 체스의 원조라고 하는데, 이것이 불교의 전래와 함께 동아시아 지역으로 소개돼 중국의 장기, 한국의 민속장기, 일본의 쇼기로 분화된 것으로 본다. 장기나 체스 모두 이름은 다르지만 가장 높은 지위를 누리는 것으로 궁(宮)과 왕(킹)이 있는 것은 그 때문이다. 체스(chess)의 어원은 페르시아어로 왕을 뜻하는 '샤(schach)'인데, 주로 왕자들에게 전쟁에서 이길 수 있는 전술을 익히거나 통치술을 가르치는 데에 사용되었다.

다. 최고위인 왕과 최하급 전사 졸은 그 차이가 하늘과 땅이다.

'장기판의 졸'이란 말은 지위나 처지가 변변치 못하여 자질구레한 졸 때기와 같은 1회용 소모품 수준으로 몰리거나 그런 대우를 받게 될 때 흔히 쓰인다. 사람의 값어치가 하잘것없는 밑바닥 존재로 매김될 때다. 그 반대는 궁이다. 궁은 아랫것들을 최대한 잘 이용하고 호령하는 게 본업이다.

박근혜가 자신이 아닌 아랫것들에게만 '노력'을 강조하는 건 몸에 밴 태도 중 하나다. 박근혜는 요즘 급부상한 말로 하자면 '금수저'다. 평생 승용차 뒷자리에만 앉았고,[38] 운전대 한 번 직접 잡아 본 적이 없다. 그런 금수저 중의 금수저가 국민에게는 유난히 '노력'을 강조한다. 그래서 '노오력'이라는 신종 낱말까지 낳았다.[39]

인간 박근혜는 사생활에서도 평생토록 손에 물 하나 묻히지 않고 살아왔다. '식모'에서 '가정부'와 '가사도우미'로 이름이 바뀌어 간 그 오랜 기간 내내 장기판의 졸인 또 다른 여인들이 늘 그녀를 위해 수고했다. 어른 아이 할 것 없이 국민 대다수가 결핍으로 고생하던 시절에도 무엇 하

---

38)　　전여옥이 당 대변인으로 수행한 행사 중 다음 일정을 위해 차량들이 출발할 때 박근혜가 홀로 뒷좌석에 앉아 있는 차량에 합승하려고 하자, "다른 차를 타고 오세요." 하면서 차문을 닫았다. 늘 뒷좌석에 혼자 타고 다니던 버릇의 연장이었다. 미국 대통령의 경우, 행사장 간 이동 시에 대통령 차량엔 홍보 수석 격인 대변인이 동승할 경우가 많은데, 대통령의 복심을 더 정확히 알리기 위해서다.

39)　　당초 '노오력'은 기존 노력보다 더 크고 열심인 노력을 뜻하였으나, 현재는 그러한 큰 노력에도 불구하고 여전히 삶이 불안정한 'N포 세대'(연애, 결혼, 출산 등을 포기한 세대)의 자조적 현실과 사회적 구조를 아우르는 신조어로 통용되고 있다. 이 신조어의 생산 및 원활한 유통에 크게 기여한 것은 박 대통령이다.

나 결핍을 모른 채 지내온 진짜 공주였다. 근혜 공주는 초등학생 시절부터 지금까지 평생토록 갑이었고, 나머지는 죄다 을이었다. 가족 중에서도 부모만 빼고.

그런 박근혜의 어투에서는 자연히, 당사자의 의지와 무관하게 때로는 의도적으로, 듣는 이들을 낮추보거나 내려다보는 태도가 풍길 수밖에 없다. 굽어보는 듯한 은은한 미소, 이른바 '박근혜표 미소'[40)]에는 항상 위에 있는 자신이, 아랫사람들을 긍휼히 여긴다는 의식이 배어 있다.

미소와 정반대로, 입술에 힘을 주며 매섭게 질타나 질책을 쏟아낼 때도 그 근본 의식은 크게 다르지 않다. 자신도 모르게 뿌리 박혀 있는 장기판의 왕 같은 의식이 그리 만들었다. 책임을 져야 할 사람은 여왕인 자신만 빼고는 전원 호출 대상이다. 타인이나 국민의 아픔을 실제로는 전혀 실감하지 못하거나 절실하게 느끼지 못하는 '불감증'이란 비판도 그래서 나온다.

무결핍은 사람을 바보로 만들고 공주를 인형으로 만든다. 무엇이건 다 넉넉해지면 더 생각하기를 멈춘다. 억척스럽게 생각할 필요가 없기 때문이다. 그 결과 생각하는 힘, 논리력과 창의력의 발달이 지체되거나 멈춘다. 자신의 일차적 만족이 중심이기 때문에 사고는 자신에게로만 향한다. 그런 가치 체계에서는 자신과 동떨어진 존재인 타인에 대한 배려가 증발되기 마련이어서, 타인과 함께하기 위한 소통과 화합의 노력 따위가

---

40)   박근혜가 자신의 속내를 가린 채, 말 대신 미소로 때우곤 하는 버릇을 같은 당의 이재오는 '미소의 가면'이라 칭했다.

사고 공간에 들어설 자리가 없다.

'없이 사는 사람들이, 없이 살아 본 사람들이, 없는 사람들을 더 생각해 준다.'라는 말이 있다. 이웃 간의 정이 더 돈독한 곳은 부자촌이 아니라 가난한 사람들끼리 모여 사는 곳이라는 말도 같은 얘기다. 진정한 결핍, 의미 있게 치른 결핍의 경험은 다른 이들을 배려하고 위하는 행동으로 승화한다.

충남대 국제문화회관의 정식 명칭은 '정심화 국제문화회관'이다. 그 학교에서 김밥 장사를 했던 정심화 할머니께서 평생 모은 돈 61억 원을 학교에 기부하고 돌아가신 뒤의 일이다. 그분은 자신처럼 돈이 없어 공부를 못 한 학생들을 위해 장학금으로 써 달라는 유언을 남겼다.

좌판으로 번 억대의 돈을 기부했으면서도 정작 자신은 난방조차 제대로 되지 않는 집에서 전기장판에 의존해 살고 있는 '노량진 할머니', 물이 없는 고통을 겪은 끝에 물의 고마움을 살려 천 개의 의자를 만들어 놓고 무료로 쉼터를 운영하는 제주도의 '의자 마을' 사람들[41]처럼, 의미 있는 결핍은 사람을 지혜롭고 따뜻하게 만든다.

반면 오랜 무결핍은 챙겨 주기, 배려하기를 모르는 불감증을 낳는다.

오래도록 결핍이 결핍되었던 박 대통령의 후천적 불감증은 사람을 쓰는 용인술에서도 확인된다. 박근혜의 용인술은 '쓴 사람에게는 자리를 안 주고 쓸 사람에게는 준다'는 점이 그 특징으로 꼽힌다. 가장 손쉬운

---

41)　　　제주시 한경면 낙천리 아홉굿마을에 있다. 천 개의 의자마다 짧은 경구나 재미있는 표현이 적혀 있어 그곳에 들른 이들은 작은 현인(賢人)이 되어 나온다. 입장료를 받지 않는다.

예로, 대통령 만들기 과정에서 아주 오래 수고한 이들 중 당선 후 보은 인사의 혜택을 받은 이들 비율이 역대 대통령 중 최저다. 반면, 대선 캠프 출신으로 적군에 합류한 사람 비율은 역대 최고다.

이처럼 '쓴 사람'을 챙기지 않는 것은 배신에 대한 잠재적 공포 등 여러 가지 이유도 있지만, 베풂의 불감증에 더하여 개별적인 사람의 가치를 소중히 하지 않기 때문이기도 하다.

16년이라는 긴 세월 동안 공주로 지내 와서 아랫사람에 대한 고정 의식이 저절로 형성되었다. 쓸 사람 모두가 나이의 고하를 막론하고[42] 그저 아랫것들일 뿐이고, 쓰임이 다한 아랫것이야 정리하면 그뿐이라는 의식이 아예 굳어 있다. 박근혜가 대통령이 된 이후, 별당 아씨를 섬기는 고분고분한 마당쇠나 공손한 시녀의 태도를 보이지 않는 이들은 아주 간단하게 가차 없이 정리하는 데서 알 수 있다. 결과적으로 박근혜 주위에 남는 사람들은, 충직한 마당쇠이거나 박근혜를 이용해 사리사욕을 채우고자 하는 정상배, 두 유형밖에 없다.

---

42)　　대선 후보에 나서기 전 문제된다 싶은 것들을 미리 정리한 것 중에 정수장학회 이사장 자리도 있다. 자신의 후임으로 세운 사람이 최필립(1922~)이다. 주 리비아 대사 출신으로 대사 부임 전 박근혜에게 찾아와 충성을 맹세한 이로, 박근혜의 30년 연장자. 대통령 취임 후 그 '아랫것들' 중 최선임자인 김기춘 비서실장도 박근혜보다 13년 위이고 후임 이병기 또한 5년 연상. 초대 실장 허태열도 7년 연상이며 이원종 실장 역시 10년 연상이다. 박근혜의 보좌진을 자처하는 원로 그룹 '구인회' 멤버도 최소한 10년 연장자들이다. 그 정도로, 공주님 앞에서 나이 따위는 그야말로 '깡통 계급장'일 뿐이다. 40년 연상의 최태민만 빼고.

독종 불감증의 진짜 문제점

여왕인 자신을 제외한 타인 모두를 장기판의 졸로 여기는 장기판 공주의 진짜 문제점은 따로 있다. 자신의 가치와 나머지 사람들의 가치를 근본적으로 차별하기 때문에 장기판의 졸들 전체에 대한 공감의 여지가 전혀 없다는 점이다. 타자에 대한 배려는 아예 생략되고 사고의 경계선이 자신의 성채(城砦)와 울타리 안으로 한정된다. 그럴수록 한 줌도 안 될 체면과 위신이라는 자존심의 울타리를 뛰어넘지 못한다. 오로지 자신만을 향하는 강한 자존심은 타인에게는 '얼음공주' 또는 '독종 불감증'으로 표출된다. 오죽하면 동생의 입에서 박 대통령이 '무섭다'는 말까지 나왔을까. 큰누나 손길을 내내 그리워했던 박지만이 한 말이다

> "나는 누나(박 대통령)가 무섭다. 둘째 누나 놓고 (사람들이) 말이 많긴 하지만 난 둘째 누나가 더 좋고 편하다."
>
> ─《한겨레》, "'누나가 무섭다'던 박지만, 세력 만회 시도한 듯"(2014. 12. 3.)

박근령 또한 박근혜에게서 친자매의 정을 못 느끼기는 마찬가지다. 박근령은 인터뷰 등에서 박근혜를 지칭할 때 지금까지도 언니 대신 '형님'이라고 부르고 있고, 육영재단 이사장 시절엔 '사장님'이라 지칭했다. 박근혜 육신의 일부가 된 독종 불감증이 동생들에게까지 그대로 전이된 탓이다.

박근혜가 정치권에 입문하기 위해 나섰던 1998년의 보궐선거 때의 일이다. 선거운동 기간 내내 혈육 저리 가랄 정도로 열심히 뛴 영화배우 신성일의 회고다.

"박근혜 전 한나라당 대표가 1998년 대구 달성군 보궐선거에 나왔을 때 맨발 벗고 도왔던 건 우리 부부가 박 전 대통령 부부에게 받은 사랑[43] 덕이었죠. 하지만 유세 기간 내내 혈육 저리 가랄 정도로 뗀 저와 밥 한 끼 안 먹고, 유세장에 찾아온 동생 근령에게 차갑게 대하는 걸 보고 그 결벽증에 놀랐습니다. '아, 찬바람 부는 여인이구나.' 하고요."

— 《중앙일보》 인터뷰(2011. 11. 7.)

대선 직전 급히 펴낸 『박근혜 일기』의 마지막 장 제목은 '국민을 받드는 것이 하늘을 받드는 것'이다. 말로는 이렇게 치장을 해도 박근혜에게는 최태민과 아버지 외의 누군가를 받든다는 사고는 존재하지 않는다고 봐야 한다.

박근혜는 2002년 5월 12일부터 5월 14일까지 북한을 방문하여 김정일 국방위원장을 면담하고, 14일 판문점을 통해 개선장군처럼 돌아왔다. 갈 때는 김정일이 보내준 전용기를 타고 북경에서 들어갔다.[44] DJ가 머물던

---

43)　　대표적인 것으로 1970년 경부고속도로 개통식 행사 후 박정희 대통령의 차가 고속도로를 달리는데, 그 공식 행사 차량을 시속 120~130킬로미터로 감히 추월한 차가 있었다. 그 괘씸한 운전자가 바로 신성일. 그는 당시 사기로 필름 공장을 날린 후 그 불편한 심기를 달래기 위해 한 해 전에 구입했던 머스탱을 몰고 과속했다. 그 보고를 받은 박정희는 "오래 살라고 그래."라는 한마디만으로 더 이상 문제 삼지 않았다.

44)　　이 입북은 북한 인사 접촉 사전 허가만 받은 상태에서, 방북 허가를 받지 않고 들어간 것이어서 엄밀히 말하면 국가보안법 위반이었다. 방북 후의 행위들 역시 국보법 위반 사항이 수두룩했지만, 당시 대통령은 DJ였고, 더구나 DJ는 퇴임을 앞두고 아들들의 일로 사면초가에 몰리고 있어서 이를 문제 삼지 않았다. 북측 주요 인사들과의 면담 내용은 국정원에의 필수 보고 사항임에도 이조차 건너뛰었다.

백화원초대소에서 국빈 대우를 받으며, 김정일의 표현대로 같은 처지인 '위대한 두 지도자의 자녀들'끼리 만나, 여러 이야기들을 아주 밝은 표정으로 나눴다. 이 만남에 대해 그녀는 '첫 만남이라고 하지만 (선친들 간에) 과거 역사가 있어서 그런지 모든 것을 탁 터놓고 허심탄회하게 얘기했다'고 회고한다. 돌아와서는 김정일을 평하면서, 정세에 해박한 '믿을 만한 파트너'라고 치켜세웠다. 그러면서 자랑스럽게 풀어놓은 보따리 중 하나가 남북한 축구다. 그해 9월에 서울에서 열렸다.

그런데, 그 일과 관련하여 당시 축구협회장인 정몽준에게 사전 협의는 커녕 일언반구도 없었다. 박근혜는 일방적으로 김정일과 남한에서의 남북한 축구경기 개최를 합의했고, 돌아와서는 다짜고짜 정몽준에게 경기 개최를 요구했다. 정몽준의 회고다.

국가대표급 프로축구선수들의 연봉은 프로구단이 주는 것이고, 프로축구 경기 일정도 빡빡해 협회가 마음대로 선수들을 불러낼 수 있는 게 아니었다. 당시 조중연 협회 전무가 박 전 대표를 찾아가 복잡한 사정을 설명했는데 박 전 대표는 화를 펄펄 냈다고 한다. 박 전 대표와 점심식사를 하면서 (내가) 직접 설명을 했으나 박 전 대표는 마찬가지 반응을 보였고, 할 수 없이 각 프로구단에 통사정해 간신히 대표팀을 소집했다.

—정몽준, 『나의 도전 나의 열정』(김영사, 2011)

자신을 제외한 모든 이들을 무의식적으로 아랫것들로 여기는 인식, 다른 사람의 사정 따위는 전혀 고려하지 않는 습성은 여기서 끝나지 않는다. 경기 당일의 일화를 더 들어 보자.

2002년 5월 한국미래연합 창당 준비위원장 자격으로 북한을 방문하여 김정일 위원장과 기념촬영한 박근혜. 북한은 박근혜를 '당을 창당한 당주 박근혜 녀사'라며 환대했다.

(경기 당일) 박 전 대표가 먼저 경기장에 와 있었는데, 나를 보더니 화난 얼굴로 왜 약속을 지키지 않느냐고 했다. 무슨 소리인가 했더니 관중들이 한반도기를 들기로 했는데 왜 태극기를 들었느냐는 것이었다. 문제가 또 생겼다. 축구 경기 시작 전에 붉은 악마가 '대한민국'을 외쳤기 때문이다. 박 전 대표는 구호로 '통일조국'을 외치기로 했는데 왜 약속을 지키지 않느냐고 다시 내게 항의했다.

일화만 보면 박근혜가 정몽준보다 한참 손윗사람이거나 직책이 높은 듯하지만, 두 사람은 초등학교 동기동창이다. 게다가 2002년 당시 박근혜의 객관적 지위는 별 볼 일 없었다. 굳이 내세울 만한 것을 살피자면, 그해 4월 이회창과 결별을 선언하고 '한국미래연합'을 창당하여 당 대표가 된 정도. 국회의원이 달랑 박근혜 하나뿐인 정당이었고, 창당 후 치러진 선거에서 겨우 지방의원 둘을 배출했을 뿐이다.[45]

이런 점을 제외하고 나면 박근혜는 1998년 15대 국회의원 보궐선거에서 당선 후 16대에 재선된 5년 차 국회의원으로, 어찌 보면 햇병아리 의원이었다. 19대에서 9선[46]을 기록 중인 정몽준은 당시 4선의 국회의원. 의원으로서도 대선배였다. 알다시피 같은 국회의원이라 하더라도 대접은 당선 횟수, 곧 선수(選數)가 최우선이다. 국회 본회의장 좌석도 초선의원들은 앞자리에 배치되고, 상석으로 여기는 맨 뒷자리 42석은 당직과 선수에 따라 조정된다.

박근혜의 독선적이고 안하무인인 자세와 국정 운영은 집권 3년 차에 치러진 2016년 4월 13일의 20대 국회의원 총선 결과로 고스란히 돌아왔

---

45) 창당 후 7개월도 못 되어 다시 한나라당으로 복당한다. 복당 시 받은 사례비 2억 원이 나중에 구설에 오르기도 했다. 박근혜는 후보들의 선거 후원비로 썼다고 했지만 그 지원비를 잘 받아썼다고 고백한 후보들은 나타난 바가 없다. 어쨌든 방북 당시 그녀는 '당을 창당한 당주(黨主) 박근혜 녀사'로 떠받들렸다. 북한에서 '녀사'란 일반인들에게는 좀체 쓰지 않는 극상층의 우대 호칭이다. '학덕이 매우 높고 어진 여인'을 뜻한다.

46) 우리나라 최다선 국회의원 기록은 9선. 김영삼, 김종필, 박준규, 그리고 정몽준 네 사람이다. 정몽준이 앞으로 한 번만 더 의원직에 오르면 그는 최초의 10선 국회의원이 된다. 2015년 FIFA 회장 출마를 위해 20대 국회의원 선거 불출마를 선언했다.

다. 심지어 보수파의 성채[47]라 할 수 있는 조중동의 논조에서도 박 대통령의 오만과 독선에 대한 비판이 터져나왔다. 신문들은 "성난 민심이 선거의 여왕을 심판한 것"이고, "대통령부터 달라지라는 게 국민의 뜻"이라고 핵심을 짚었다. "총선 민의가 국민의 명령"이라는 것을 알라면서, 그동안 '빙다리 핫바지'로 여기면서 '아웃 오브 안중'에 두었던 국민의 따끔한 회초리를 제대로 맞았다고 일침했다. 《동아일보》는 "선거의 여왕은 가고 권위적 대통령만 남은 것 같다."라는 말로 박 대통령의 현주소를 정리했다.[48]

그런데도, 총선 다음날 청와대 대변인의 입을 통해 나온 박 대통령의 반응은 국민을 크게 실소케 했다. 사실상 자신의 국정 운영에 대한 심판에 다름 아닌 선거 결과에 대해 단 한마디의 평가나 민심을 수용하려는 태도는 찾을 수 없었고 역시나 또 한 번 훈수를 날리는 멘트였다.

"20대 국회가 민생을 챙기고 국민을 위해 일하는 새로운 국회가 되기를 바란다."

47)   박근혜를 공격한 보수파로는 보수 언론사 외에도 1인 언론으로 널리 알려진 조갑제, 지만원, 변희재, 황장수 등도 있다. 특히 조갑제는 2007년에 이미 박근혜가 집권하면 독재할 것이고 국민은 무서워 못 살 것이라는 점괘를 내놨다. 2014년에는 세월호 사건 후 해경을 해체하자 해양국가에서 해경을 해체한다니 "대통령은 마피아 두목인가?"라는 말까지 했다.(2014. 5. 21.) 같은 해 6월, 문창극 사태 당시 지만원은 박근혜 퇴진 운동을 펼치겠다고 겁을 줬다.
48)   《동아일보》, "[심규선 칼럼] 대통령 전하, 지금 이러실 때가 아닙니다", 2016년 4월 25일자.

국민과 국회를 발아래로 보는 제왕적 태도는 한 치도 달라지지 않았다. 문득 2006년 12월 22일 박근혜가 노무현 대통령을 향해 일갈했던 말이 떠오른다. 그 신통력이 놀랍다. 10년 후 자신에게 돌아올 국민의 말을 토씨 하나 틀리지 않고 정확히 미리 짚어 냈다.

"대통령의 발언 내용을 듣고 크게 실망했다. '내가 무엇을 잘못했느냐'고 항변하고 있다. 앞으로 1년이 남았는데 어떻게 될 것이냐 걱정하지 않을 수 없다. 본인이 옳다고만 생각하는 독선적 리더십으로 나라를 망치고 있다."

국회의장도 아랫사람 취급

"맨날 앉아서 립 서비스만 하고, 민생이 어렵다고 하면서 자기 할 일은 하지 않는다. 위선이라고 생각한다."

박 대통령이 2015년 11월 24일 국무회의에서 한 말이다. '배신의 정치 심판'(6월 25일 국무회의), '진실한 사람 선택'(11월 10일 국무회의) 발언에 이은 국회 심판론 시리즈 3탄이다. 박근혜의 한 수 가르치기는 정부 각 부처는 물론이고 국회도 예외일 수 없다. 삼권분립은 교과서에나 나오는 이야기이고, 호통부터 앞세운다.

국회를 이런 식으로 내려다보니, 국회의장조차 자신이 마음대로 할 수 있는 하부기관의 장쯤으로 여긴다. 일개 차관급인 정무수석을 국회의 장에게 보내어 테러방지법 등의 법안 상정을, 그것도 규정에도 어긋나는 직권 상정을 겁박하듯 요구한 일은 아마 헌정사상 초유의 일일 듯하다. 국회의장이 독자적으로 임면권을 행사하는 국회 사무총장만 해도 장관급이다. 박정희 때조차도 국회에 자신의 의사를 전하려면 여당 대표나 사무총장급, 또는 믿을 만한 국회의원을 메신저로 썼다.

하물며 대통령과 국회의장 간에는 언제 어느 때고 통화가 가능한 핫라인이 있다. 당시 정의화 국회의장이 두 번 전화를 걸었는데, 두 번 다 꺼져 있더란다. 평소 국회의장을 어떻게 여기고 있었는지, 그 무례에서 고스란히 드러난다. 핫라인(hotline)의 사전적 정의는 '긴급 비상용으로 쓰는 직통 전화'다. 어느 때고 식어 있으면 절대로 안 되는 '뜨거운' 전화다. 그래서 핫라인 전화들은 수행비서들이 상비하고 다니면서, 전화가 올 때마다 꺼내어 보고한다. 그런 전화기가 진짜로 꺼져 있다면 그건 정말 큰일이다. 진짜 국가 안보와 관련된 전화들조차도 그러지 말란 법이 없으므로. 박 대통령의 입에서만 요란한 '국가 안보'가 실제로 대통령의 업무에서는 얼마나 허술하게 다뤄지고 있는지, 신변 참모들의 기본 역량이 얼마나 문제적인 사람들로 구성되어 있는지 충분히 짐작할 수 있는 대목이기도 하다.

국회를 대놓고 경시하는 박 대통령의 태도는 무지[49]의 소치이거나, 국

---

49)　　테러방지법 상정과 관련하여 벌어진 필리버스터를 두고 책상을 치며 '정말 그 어떤 나라에서도 있을 수 없는 기가 막힌 현상'이라고 흥분한 경우도 그러한 무지의 좋은 예다. 다른 수많은 예들은 그만두고라도 2016년 미국 대선에서 급부상한 버니 샌더스도 2010년 12월 부자 감세 법안을 반대하면서 8시간 35분 동안 필리버스터를 펼쳐 전국적으로 유명해진 사람이다.

회를 맘대로 휘주물러 온 아버지를 보며 자라난 탓이거나 어느 하나다. 국회의 권한과 권능은 헌법에 또렷이 나와 있다. 국회를 정부보다 앞쪽에 규정한 것은 서열이 그만큼 앞선다는 뜻이다. 그리고 그 헌법은 대통령보다도 한참 위에 있다. 대통령은 헌법이 생산하는 수많은 생산품 중의 하나일 뿐이다. 대통령도 헌법의 일개 피조물일 뿐이다.

이 대목에서 새삼 의심스러운 것 하나. 박근혜 대통령이 취임 전이든 후든 단 한 번이라도 헌법 조문들을 정독해 봤는지 매우 의심스럽고 무척 궁금하다. 특히 '국회'와 '대통령' 관련 조항을.

4) 피노키오 공주 어법

대중을 속인 언어 성형 정치

박 대통령에게 따라붙는 일반적인 별칭으로 수첩 공주와 유신 공주가 있지만, 그녀는 '칠면조 공주'이자 '피노키오 공주'이기도 하다. 실제로 칠면조처럼 자주 옷 색깔을 바꾸기도 하지만,[50] 자신의 말에 분칠을 입히거나 변조하는 언어 성형에서 전문가 대열에 든다. 필요하면 내용을 숨기거나 생략하고 거짓말도 곧잘 한다. 말 뒤집기 따위는 기본에 속한다. 이러한 박근혜의 말을 피노키오 공주 어법이라 이름 지어 봤다.

---

50)   취임 당일, 박근혜는 하루에 다섯 번 옷을 바꾸어 입었다. 스타일, 색깔, 분위기 등이 전혀 다른 것들로.

이 어법 역시 출발점은 박근혜의 언어를 두루 관통하는 이중성에 있다. 특히, 내내 고품격의 우아한 독신 여성으로 비쳐 온 공주에게 어울리지 않는 온갖 어두운 이야기들, 예를 들면 돈 문제와 최태민 문제 등에서 자주 발견된다. 박근혜가 내세우려는 외면적 이미지 표상과 내면적 실체 간의 충돌이 가장 잘 드러나는 것이 이 어법이다.

박근혜의 적은 박근혜

피노키오 공주 어법의 가장 큰 특징은 자기방어용이란 점이다. 정치가는 이따금 '좀 더 큰 정의', 곧 대의명분(just cause)을 위해서 상황에 따라 말 뒤집기를 해야 할 때도 있다. 전쟁은 절대로 하지 않는다고 하다가, 침략전쟁만 그렇고 자존용 또는 세계 평화 유지용 전쟁은 예외라고 슬그머니 가지를 쳐서 큰 줄기를 벗어나는 일 따위가 좋은 예다. 하지만, 박근혜의 경우에는 그런 공적인 대의명분과는 거리가 멀다. 자신을 방어하기 위한 목적으로, 지극히 개인적 용도로 애용한다. 그것도 임시방편용이기 때문에, 시간이 흐르고 나면 자신이 한 말을 기억조차 하지 못한다. 이 때문에 '박근혜의 적은 박근혜다'라는 말이 나오곤 한다.

대표적인 경우로, 박근혜 정부가 나서서 역사 교과서를 국정화하겠다고 함으로써 사회를 온통 논쟁의 한복판으로 끌어들인 일을 들 수 있다. 10여 년 전, 그녀는 이렇게 말했다. 야당 대표 시절이던 2005년 1월의 일이다.

"어떤 경우든지 역사에 관해서 정권이 재단하려고 해서는 안 된다. 역사를 다루겠다는 것은 정부가 정권의 입맛에 맞게 하겠다는 의심을 받게 되고 정권 바뀔 때마다 역사를 새로 써야 한다는 얘기가 된다. 역사 문제는 전문가 역사학자들에게 맡겨서 평가하게 하는 것이 합리적인 방법이다."

—2005년 1월 19일, 신년 기자회견

그러나 역사 교과서 국정화를 추진하는 박근혜의 말은 이렇게 바뀐다.

"불필요한 논란으로 국론 분열을 일으키기보다는 올바른 역사교육 정상화를 이뤄 국민통합의 계기가 될 수 있도록 함께 노력해 주면 감사하겠다."
"대한민국에 대한 확고한 역사관과 자긍심을 심어주는 노력을 하지 않으면 우리는 문화적으로도, 역사적으로도 다른 나라의 지배를 받을 수도 있다."

—2015년 10월 13일, 한국사 교과서 국정화 관련 발언

'꿩은 머리만 풀에 감춘다'는 우리 속담이 있다. 박근혜의 발언들을 보면, 급해지면 우선 머리만 풀에 박고 보는 꿩과 같다. 일단은 거짓말로 때우고 본다. 특히 최태민과 관련된 발언에서는 100퍼센트 그렇다. 하지만 진실은 어떤 식으로든 그 모습을 드러내곤 한다. 꿩에게는 풀숲 밖의 세상이 안 보일지 모르나, 풀숲 밖의 사람들에게는 꿩의 몸뚱이가 훤히 드러난다.

수많은 사례 중에, 여기서는 최태민과 관련된 것만 조금 살펴보자.

1975~1979년간에 신문에 보도된 '큰 영애'의 행적을 중심으로 조사한 결과에 따르면,[51] 박근혜가 소화한 청와대 외부 단독 일정 보도 137건 중 최태민 목사 혹은 새마음운동과 관련한 일정이 64건이었다. 그녀

대통령의 말 한마디가 국민을 화합하게도 대립하게도 만들 수 있다. 2016년 박근혜 퇴진을 요구하는 시위대와 경찰이 내자동 입구에서 대치하고 있는 모습.

의 청와대 외출에서 두 번 중 한 번은 최태민 관련이었으니, 둘이 늘 붙어 다닌다는 말이 나오고도 남았다.

그런데도, 2007년 출간한 자서전 『절망은 나를 단련시키고 희망은 나를 움직인다』를 보면, 총 350쪽 분량의 책에 '새마음운동'이란 단어는 단 두 차례만 언급된다. 이 일을 실질적으로 발의하고 주도한 최태민에 대한 언급은 전혀 없다. 다음과 같은 식으로 스리슬쩍 뭉뚱그리고 건너뛰거나, 통째 생략하여 내막 전체를 가리고 숨겼다.

---

51)　　《오마이뉴스》, "박근혜에겐 감추고 싶은 '20대'가 있다?", 2012년 9월 21일자.

1974년부터 걸스카우트 명예총재를 맡았고, 곧이어 '새마음운동'을 전개하며 퍼스트레이디 활동에 적극 뛰어들었다. '새마음운동'은 '새마을운동'의 정신을 더욱 구체적으로 이어가자는 뜻을 담았다. 소득 수준을 높이는 것도 중요하지만 소득 수준에 걸맞은 의식 수준을 갖는 것이 필요한 때였다.

여기서 퍼스트레이디 활동의 거의 전부인 것처럼 소개한 새마음운동은 실은 1978년에야 시작된 것이다.[52] 1974년에서 4년이 흐른 뒤이므로 박근혜의 말대로 '곧이어'가 아니다. 1974년부터 맡았다고 글 첫머리에 내건 걸스카우트 명예총재 활동 또한 겨우 한 해뿐이었다. 이 글에서 생략해 버린 기간, 즉 1975년부터 1979년까지가 사실은 몸통이요 핵심이다. 1975년 3월에 처음 최태민을 만나고 그해 4월 최태민의 구국선교단이 꾸려지면서 1979년까지 박근혜의 대외 활동의 대부분 즉, 그녀가 '뛰어들었다'고 표현할 정도로 걷어붙이고 나섰던 것은 실은 구국선교단(1978년에 새마음봉사단으로 개칭) 일이었다. 최태민과 함께한 '선교' 활동이 대부분이었는데 별 상관이 없는 걸스카우트 명예총재 이야기로 슬쩍 가리고 넘어간 것이다.

---

52)　　새마음운동이 정식으로 시작된 것은 1978년 2월 22일, 전국 지부장 등 구국여성봉사단 간부 2000여 명이 참석한 가운데 열린 새마음갖기결의실천전국대회에서다. 박근혜는 이때 구국여성봉사단 총재로 정식 취임한다.

꼭꼭 감춰야 할 최태민

최태민과 관련된 것은 무엇이고 생략하고 삭제해서 가리는 그녀의 버릇은 1979년 코리아헤럴드가 간행한 그녀의 첫 저서인『새마음의 길』에서도 엿보인다. 이 책은 1977~1978년 2년 동안 새마음운동 등의 행사장에 가서 읽었던 격려사 21편을 영문으로 번역하여 편간한 것인데,[53] 이것만 보아도 최소한 2년간 21회는 최태민과 동행했던 셈이다. 이 영문 저서는 청와대에 게시되어 있는 박근혜의 프로필 소개용 저서 목록에는 물론이고, 다른 어느 곳에도 보이지 않는다. 최태민의 그림자가 어른거리는 부분이므로, 이 또한 삭제하여 가린 것으로 보인다.

이와 관련하여 훗날 2007년 대선 경선 후보 검증회와 2012년 대선 후보 TV 토론회 등에서 최태민과의 동행 행보에 관하여 질문이 나오자, 박근혜는 "1975년 3월에 그를 본 뒤 야간 진료 병원이 개설되면서(1977년) 아버지까지 성금을 내셨는데 그때서야 그를 다시 봤다."라고 답한다. 1975년부터 1977년까지 이곳저곳의 발대식을 비롯하여 최태민과 함께한 수많은 대외 활동 장면들이 도처의 신문 잡지에 즐비하게 실렸고, 지금도 그 기록들이 흑백필름 속에 남아 있는데도, 태연하게 온 국민 앞에서 거짓말을 한 것이다.

---

53)　　　이 책자 덕분에 박근혜는 훗날 별도의 등단 절차를 거치지 않고 곧바로 한국문인협회의 수필가로 가입하게 된다. 몇 년간 회비를 내다가 나중에는 그 쓸모가 없어지자 회비도 내지 않았지만.

동화 속 피노키오는 거짓말 버릇을 멈추고 대오 각성하여 사람이 된다. 우리의 '피노키오 공주'는 어떻게 해도 그런 해피엔딩은 없을 듯하다.

1990년 최태민 문제로 동생들과 시끄러워지자 할 수 없이 불명예 퇴진을 했던 육영재단 이사장직 이양과 관련해서도 박근혜는 이렇게 말했다.

"내가 누구에게 조종을 받는다는 것은 내 인격에 대한 모독이다. 최 목사는 88년 박정희 기념사업회를 만들 때 내가 도움을 청해 몇 개월 동안 나를 도와주었을 뿐이다."

이것이야말로 사실과 전혀 다른 엉뚱한 말이다. 새빨간 거짓이다. 강원도로 유배되었던 최 목사가 서울로 돌아온 것은 1982년이다. 그해에 박근혜는 신군부가 경남기업 신기수 회장의 이름으로 성북동에 지어준 집으로 이사하고, 육영재단 이사장으로 활동을 재개한다.

최태민과 함께였다는 건 말할 나위도 없는 것이, 기독교와는 전혀 친하지도 않은 박근혜가 육영재단 안에 '근화교회'라는 이름을 붙인 예배소까지 만들었다. 32세 때인 1983년 3월 육영재단 부지에 새로 만든 유치원 운영에는 강남에서 유치원 운영으로 재미를 본 최태민의 딸 최순실이 참여했다. 심지어 최태민의 외사촌인 김창완을 어린이회관 관장에 임명했다.

1990년 그녀가 마지못해 육영재단 이사장직을 동생에게 양여하게 되는 데에는 최태민 때문에 고초를 겪었던 직원들의 집단적 공개 반발이 아주 크게 작용했다. 그 집단 농성만 해도 1987년 9월이니, 박근혜가 말한 1988년보다 한참 앞서의 일이다. 최태민은 수시로 회관 직원들을 모아놓고 설교할 정도였다. 박근혜의 말대로 '몇 개월 동안'만 도와준 게 아니었다.

아래의 인터뷰를 보자. 최태민으로 인하여 시끄러웠을 때 박근령은 '최 목사의 비리, 전횡에 대한 혐의 사실은 모두 사실이며 사장님(언니이 자 이사장인 박근혜를 지칭함)은 철저하게 속고 있다. 사장님이 최태민의 최면술에 걸려 있다, 지금 최 목사를 몰아내는 게 궁극적으로 사장님을 돕는 길'이라고 말한 직후에 이뤄진 인터뷰다.

> 사장님은 펄쩍 뛰고 있지만 (최 목사가) 회관 직원들을 모아놓고 여러 번 "(내게는) 흰 피가 흐르고 있다", "성령과 교신하고 있다" 등의 이야기를 했던 것으로 알고 있다. 오죽하면 직원들에게서 '최차돈'이라는 별명까지 붙었겠는가.
>
> —《경향신문》, "언니 근혜 씨와 불화설은 사실무근"(1990. 12. 27.)

이처럼 육영재단에서 최태민의 관여가 1990년까지 근 8년간 이어졌는데도, 박근혜는 죄다 싹 자르고 '몇 개월'로 축소해 버린다. 앞서 간단히 적은 것처럼 1989년은 '박근혜 인생 최고의 해'였다. 박정희 · 육영수 기념사업회를 발족시켰고(1988년), 부친 사망 10주기 행사를 대대적으로 열었으며(1989년), 부친을 미화하는 영화 〈조국의 등불〉을 제작했다(1990년).

이 모든 성취는 수십만 명에 이르는 근화단의 후방 지원 활동 덕분이었다. 그 근화단의 성공적인 결성과 활동은 모두 최태민의 공적이었다. 그런데도 최태민에 관해서는 박근혜가 언제 어디서고 거짓말을 아주 단호하고도 당당하게 한다. 정말로 최태민과의 관계가 떳떳하고 상식적인 것이라면, 이렇게까지 일관되게 거짓말을 해야 할 이유는 과연 무엇일까?

거짓말 경연장이 된 대선 후보 검증

2007년 한나라당 대선 후보 검증 과정은 어쩌면 박근혜의 아킬레스건인 최태민 문제가 세상에 공공연히 드러날 절호의 기회였다. 후보 대결을 벌이고 있던 이명박 측에서 최태민 문제에 대한 상당한 정도의 증거를 수집하고 벼르고 있었기 때문이다. 이때 모든 문제가 드러났다면, 대한민국 역사는 한 차원 전진했을 것이다. 그러나 이명박 후보 측의 공격은 불발에 그쳤다. 도곡동 땅 문제와 BBK 의혹 등으로 이명박 측이 수세에 몰렸고 방어하는 입장이었기 때문이다.

> **이명박** "온갖 음해에 시달렸습니다. (…) 여러분 이거 다 거짓말인 건 아시죠? 〔군중 환호〕 여러분! 언제부터 한 방에 간다 한 방에 간다 그러더니, 그 한 방이 어디 갔습니까? 허풍입니다, 허풍!"
>
> **박근혜** "엄청난 검증의 쓰나미가 몰아닥칠 것입니다. 〔박수소리〕 쓰나미가 몰아치면 아무리 깊이 감춰둔 것도 다 드러납니다. 그때 가서 또 땅을 치고 후회해야 하겠습니까?"
>
> ― 2007년 8월 6일, 한나라당 대선 후보 경선 연설

당시 두 후보가 지지자들 앞에서 했던 연설의 일부를 보면, 박근혜 진영에서는 뇌관을 터뜨리겠다고 겁을 주고, 이명박 측에서는 그게 헛방이라고 방어하고 있다. 그 과정에서 이명박 측에서 방어에 급급하여 제대로 수류탄조차 던지지 못했고,[54] 그 덕에 박근혜는 무사히 그 관문을 통과하는 어부지리를 거뒀다. 박근혜의 뿌리가 깊고 오래된 거짓은 이명박의 비교적 눈앞의 새로운 거짓에 묻혀 버렸다. 두 거짓말쟁이의 대결로 인해 BBK도 최태민도 모두 물건너 가버린 것이다. 정말로 대한민국의 국운과 관련해 애석한 일이 아닐 수 없다.

뻔한 말 바꾸기에도 '설마' 했던 우리

앞에서도 거론했던 1989년 방송된 MBC 〈박경재의 시사토론〉에서 박근혜 당시 육영재단 이사장은 "제가 중요하게 생각하고 있는 것은 왜곡된 역사를 바로잡는 일"이라며 아버지 박정희의 명예를 복권시키고자 하는 집착을 감추지 않는다. 이 발언도 "역사의 평가는 역사가에게 맡겨야"라고 한 2005년의 발언과 배치되는 것이지만, 아무튼 아버지의 명예가 걸린 5.16에 대한 그녀의 평가도 수시로 바뀌곤 했다.

---

54)　　　그때 겨우 문제 삼은 것은 성북동 주택 건이었다. 그것도 영남대 공사를 위해 신기수 회장이 지어서 헌납했다는 식의 흠집 잡기. 이로 인해 박근혜와 최태민 관계를 집요하게 추적해 오던 김해호와 당시 이명박 대선 후보 측 정책 특보였던 임현규는 징역 8월에 집행유예 2년의 형사처분을 받았다.

"저는 5.16이 말하자면 구국의 혁명이었다고 믿고 있는데⋯ 5.16이 없다, 더 나아가 유신이 없다고 할 때 과연 그 5.16을 비판하고 매도까지 하는 사람들이 사랑하는 가족들을 데리고 사는 이 땅이, 이 대한민국이 존재할 수 있었겠는가 하는 생각을 합니다." (1989년 5월)

그러나 박근혜는 2012년 새누리당 대선 후보 경선 토론에서 5.16에 대한 비판을 계속 제기받자 다음과 같이 말을 바꾼다.

"5.16 같은 경우는 (박정희 전 대통령이) '불행한 군인이 없으면 좋겠다'고 말했듯, 그것이 어떤 정상적인 것은 아니지 않습니까. 그런 상황에서 불행한 선택을 할 수밖에 없었다는 걸 아버지 스스로도 인정하신 거니까⋯. 그런데 역사라는 걸 평가를 할 때 시간이 필요한 게 아니겠습니까." (2012년)

더 나아가 그해 9월 24일 기자회견에서는 5.16이 헌법 가치를 훼손했다는 점까지 인정한다.

"5.16, 유신, 민혁당(인혁당의 오발) 사건 등은 헌법 가치가 훼손되고 대한민국의 정치 발전을 지연시키는 결과를 가져왔다." (2012년)

대통령이 된 박근혜에게 5.16은 다시 어떤 것일까? 물론 대부분의 국민은 그 답을 알고 있다. 박근혜는 더 이상 자기 입으로 5.16과 유신에 대한 평가를 이야기하지 않는다. 제왕적 대통령은 설명하지 않는다. 교과서를 바꾸고 박정희 기념관을 세우고 박정희 우표를 바꾸고 그리하여

'우매한 국민의 인식'을 바꿀 뿐이다.

살펴봤듯이 박근혜 언어의 특징인 피노키오 공주식 발언은 당장에는 표가 안 나게 몸통을 가린 듯 보이지만 임기응변식 대응 화법이기 때문에 약간의 세월이 흐르면 전에 했던 말과 앞뒤가 맞지 않는다. 조금만 더 차분하게, 사실의 잣대로 재 보면 어렵지 않게 진실을 짐작할 수 있는 것들이 한두 가지가 아니다.

그러나 박근혜가 거짓의 언어로 정치인으로 내내 성공가도를 달리는 동안, 그리고 결국에는 대통령의 자리에 오르기까지, 우리는 그런 그녀에게서 거짓말할 때마다 늘어나는 피노키오의 코를 찾아보려는 생각을 하지 않았다. '설마'에서 그냥 물러서곤 했다. 지나친 관대함은 우매함으로 이어진다.

'대가리'는 동물의 머리를 뜻하는 어엿한 중립적 표준어다. 비하하는 말이 아니다.[55] 그러므로 이제 우리는 '꿩은 머리만 풀에 감춘다.'라는 속담에 등장하는 꿩 머리의 올바른 제 이름을 찾아 줘야 한다. 꿩 머리가 아니라 '꿩 대가리'다. 꿩은 조류이므로 결국 '새 대가리'다. 마음에 안 드는 어떤 정치인들에게 이런 별칭을 붙이고 싶은 생각이 들 것이다. 그러나 그 이전에 먼저 우리 자신이 새 대가리가 되어서는 안 될 것이다. 다시 언급하지만, 한 번 속는 것은 속이는 놈의 잘못이지만 두 번 속으면 속는 사람도 잘못이기 때문이다.

---

55)　　　다만, 사람의 머리를 이를 때는 속된 말, 곧 속어적 표현이 된다.

5) 유체이탈 어법

사과할 줄 모르는 대통령의 마음속

다섯 번째 박근혜 어법은 수시로 온 국민을 허탈하게 만들곤 했던 유체이탈 어법[56]이다. 주로 책임 회피형 면피용 어법이다. 2015년 6월 16일, 메르스 사태 때 초기 대응 미비로 온 나라가 쑥밭이 된 뒤에 나온 다음과 같은 말이 대표적이다. 당시 국민은 정부의 미숙한 대응, 정보 비공개와 이러한 결과를 낳은 대통령의 총체적 지도력에 대해 분노가 들끓고 있었다.

> "정부는 더욱 적극적으로 선도적으로 정보를 공개하고 심각한 것은 빨리 국민께 알려 나갔으면 한다. 정보를 공유하는 게 중요하다. 선도적으로 공개를 많이 해 '정부에서 나오는 것이 팩트다' 이렇게 국민이 믿을 수 있도록 해야 한다. 전국의 모든 부모님들이 불안한 마음이 있기 때문에 정부와 즉각 대응팀 등에서 '이렇게 하고 있고 학교는 이렇게 하고 있다'는 것을 더 투명하게, 즉시 알릴 수 있는 체계를 보강했으면 한다. 확실하게 알면 불안

---

[56]　이 유체이탈 어법을 최초로 명명한 이는 김어준이다. 처음에는, 이명박의 대표적인 문제적 발언, '본의 아니게 사저 문제로 많은 사람들에게 걱정을 끼치게 되어 대단히 안타깝게 생각한다'(나랏돈으로 구입한 내곡동 사저가 문제가 되었을 때, 사과랍시고 한 말)나 '우리는 도덕적으로 완벽한 정권'과 같이 어처구니없는 발언을 했을 때, 제 정신을 빼놓고 하는 말이라는 단순한 뜻으로 썼다. 참고로, 여기서 쓰인 '유체(幽體)'나 '유체이탈(幽體離脫, Out-of-Body Experience, OOBE)'은 임사체험(臨死體驗, Near-Death Experience)에서 쓰이는 전문용어인데, 아직 표준국어대사전에는 오르지 못한 낱말이다. 즉, 현재로서는 비표준어에 속한다. 국립국어원의 임무 해태에 속한다.

이 덜할 수 있다. 모르면 불안이 더 클 수가 있다."

박근혜는 자신의 정부를 '박근혜 정부'로 이름지었다. 여러 안 중에서 직접 최종 선택한 문패다. 박근혜는 그 정부의 수장, 즉 총책임자다. 그 '정부'는 환자 발생 18일 만에야 환자가 발생하거나 거쳐 간 병원 명단을 공개했다. 그럼에도 위의 표현을 보면 메르스 대책을 내놓아야 하는 것은 그녀가 총책임자로 있는 정부가 아니라, 또 다른 정부의 할 일로 보인다. 더구나 어법을 자세히 들여다보면, '나가야 한다'거나 '나가겠다'가 아니라 '나갔으면 한다'이다. 더욱 확실하게 제3자적 입장을 취하고 있다.[57]

결국 국민에게 혼나야 할 정부는, 더욱 확실하게, 그녀의 정부가 아닌 게 된다. 박근혜는 '박근혜 정부'의 허울뿐인 수장[58]이었거나, 수고는 하나도 하지 않은 채 숟가락 하나만 들고 밥상에 달려드는 무뢰배와 진배 없음을 자백한 셈이다.

---

57)　　　　이러한 총체적인 발 빼기 식 책임 회피에 대해 강인규는 '범죄'라고까지 했다. "국민들이 메르스와 싸우며 깨닫게 된 사실이 있다. 그것은 비윤리적인 정부가 결코 유능할 수 없다는 사실이다. 사람 목숨을 경시하는 것만큼 비윤리적인 것은 없다. 정부가 국민의 안전을 책임질 의무를 진다는 점에서 메르스 사태를 통해 드러난 한국 정부의 무지와 무책임은 '무능'보다 '범죄'에 가깝다."

58)　　　　허울뿐인 수장일 수도 있는 것이 메르스 확진 환자 발생일은 2015년 5월 20일인데, 확진 후 6일 만에야 대통령한테 첫 보고가 됐다. 환자 수에 대해 대통령이 처음으로 밝힌 것은 13일이 지난 6월1일 수석비서관회의. 그나마도 대통령은 15명이라 했지만, 그날 아침 보건 당국이 밝힌 환자 수는 18명이었다. 대통령이 메르스 상황을 제대로 장악하지도 파악하지도 못하고 있었음을 여실히 드러냈다.

박근혜 대통령이 자신의 책임을 아래로 전가하는 것은 버릇에 가깝다. 비난의 화살 앞에서 당당히 맞서지 않고, 그 자리에 아랫것들을 '화살받이'로 내세운다. 자신은 얼른 한 발을 빼고서, 수하들을 대신 밀어 넣는다. 입은 적극적인데, 행동은 비겁하다. '적극적'이라는 단어는 '활성화' 못지않게 박근혜가 애용하는 단어이다. 일례로 2014년 유엔 총회장 연설에서는 적극적이라는 표현을 8번이나 썼다. 그처럼 적극적이란 말을 내세우지만, 정작 자신이 '적극적'인 경우는 좀처럼 없다.

대통령 박근혜는 잘못된 결과나 불평 사항은 모두 타인에게 미루거나 떠넘긴다. 참모나 장관들이 편리한 으뜸 타깃이고, 국회 역시 만만한 대상이다. 박근혜 정부의 바닥 경제 성적은 모두 (무조건) 국회 때문이다. 귀찮고 힘든 일이야 아랫것들이 해야 할 일이고, 혼나는 일 역시 그 자신의 일은 결코 될 수도 없고 되어서도 안 된다. 자신은 평생 공주로 살아온 사람이고, 영매의 수준에 올라 있는, 성분이 다른 사람이므로. 그처럼 여러모로 '급이 다른 사람'이 어찌 그런 잔챙이 실무에 팔을 걷어붙일 수 있겠는가. 또한 실무에 몸담지 않은 자신이 어찌, 비난과 손가락질의 대상이 될 수 있단 말인가.

책임질 일에서 자신을 빼내는 유체이탈의 싹수는 대선 후보 TV 토론회에서 이미 보이기 시작했다. 이명박 정권의 과오가 열거되고 이 기간 동안 그녀가 집권당의 중추적 인물로 활동한 책임을 꼬집는 질문이 나오자, 박근혜는 거두절미하고 "그래서 대통령 하겠다는 거 아니에요?" 했다. 동문서답도 그런 동문서답이 없었다.

문재인 "그러나 이명박 정부가 그 오랜 성과들을 단숨에 다 까먹어 버린 것

아닙니까. 그럴 때 박근혜 후보님은 뭘 하셨습니까?"

박근혜 "그래서 대통령 될라고 하는 거 아니에요, 지금 제가."

—2012년 12월 16일, 3차 대선 후보 TV토론

비슷한 질문마다 계속 꼬리를 잘랐다. "그래서 제가 이번에 대통령으로 되면 할 겁니다." 등으로 같은 식의 대답을 세 번이나 연발했다.

박근혜는 이명박 정부 시절 유럽 지역 특사로도 나갔고, 한나라당의 비상대책위원장(2011년 12월~2012년 5월)으로도 활동했다. 그처럼 집권 여당의 핵심이었으면 우리 현대사의 흑역사로 기록될 이명박 정부의 과오와 실책 앞에서 마땅히 '국정의 일익에 잠시라도 참여했던 사람으로서, 제대로 하지 못해서, 도움이 되지 못해서 죄송하게 생각합니다.'라고 했어야 한다.

사과는 없다

박근혜는 사과를 모르는 사람이다.[59] 책임지려는 태도가 갖춰져 있지 않고, 책임 의식 자체가 부족한 데다가 책임질 사안이 무엇인지 맥락을 파악하지 못하는 경우가 종종 있다.

20대 총선 후 2주 만에 갖는 편집·보도국장들과의 만남에서의 일이다. '선거 패배는 궁극적으로는 대통령의 국정운영 방식에 대한 심판'이라는 견해에 대한 박 대통령의 생각을 묻자(조선일보), 박 대통령은 '소모적인 거대 양당체제에 대한 심판이다. 3당 체제가 돼서 협치를 잘하라는 민심'이라는 엉뚱한 말로 답한다. 그러자 《한겨레》 측에서 친절하게 다시 질문 내용을 해설한다. '여태껏 새누리당만 찍어 왔던 분들도 상당 부분 새누리당을 외면했는데 그 이유를 지금 전체 여권의 국정운영 방식에 대해서, 대통령님의 운영 방식에 대해서도 이유를 들고 있다. 연금 문제, 메르스 문제, 세월호 문제, 다 실망했는데 공천까지 실망했다'면서. 이에 대한 대답은 다음과 같았다.

> "20대 국회에서 국민들이 바라는 가장 중요한 것은 좀 민생 살리고 일자리 좀 많이 만들고 그렇게 해서 다 좀 협력을 해서 그렇게 우리 삶이 좀 나아지게 해 달라는 게 민의 아니겠는가."

박 대통령이 유일하게 자신의 책임을 인정한 것은 세월호 참사 관련 대국민 담화 때였다. 이번 사고에 대처하지 못한 최종 책임은 '대통령인 저에게 있다'면서. 그것도 국민의 비판이 극도로 커지자 참사 후 34일 만에 겨우 꺼냈다.

---

59)　　박근혜는 사과 자체를 자존심을 꺾는 일, 체면 깎이는 일로 단순하게 생각하는 듯하다. 즉, 어떤 하기 싫은 행위로만 여기면서 진정한 성찰이 뒤따르지 않기 때문에 사과를 해도 그 진정성에서 의심을 받는다. 대선 후보 시절 DJ를 찾아가 사과하고, 과거사에 대해 사과하고, 전태일 동생을 찾아가 사과를 하겠다고 하는 등의 행태를 보인 것을 김어준은 '정치적으로 진화된 제스처'로 보았다(『닥치고 정치』, 푸른숲, 2011). 시대적 성찰은 생략한 '표 관리' 차원의 행사일 뿐이라는 것이다. 조갑제 역시 박근혜의 사과에서 진정성 부재를 가장 크게 문제 삼았다.

유체이탈의 다양한 쓸모

박 대통령이 애용하는 이 유체이탈 어법은 책임 전가, 회피용 외에 논란 희석용으로도 쓰이고, 물귀신 작전에도 동원되는 등 쓸모가 다양하다.

2015년 4월 23일 이완구 국무총리가 사의를 표하자, 박 대통령은 '매우 안타깝고, 총리의 고뇌를 느낀다'고 했다. 얼핏 들으면 총리 사임이 매우 안타까운 일이라는 느낌이 든다. 하지만, 좀 더 자세히 들여다보면 3000만 원을 받았다는 의혹을 받고서 물러나는 총리의 고뇌는 느끼지만, 2년 만에 5명의 총리나 총리 후보가 물러나는 사태를 대하는 국민에겐 아무런 미안함도 느끼지 못한다는 뜻으로도 읽힌다. 총리의 사임은 전적으로 자신의 책임과는 무관하다는 태도다. 누가 그런 총리를 그 자리에 앉혔는지에 대해서는, 그 근본적인 원인 제공자가 자신이라는 생각은 눈곱만치도 들어가 있지 않다.

말만 유체이탈로 회피하는 것이 아니다. 국내 문제가 시끄러울 때마다 도피 외교를 떠나는 등 실제로 대통령의 몸도 책임 현장과 대한민국에서 이탈하곤 했다.

취임 초 이중 국적과 CIA(미 중앙정보국) 자문 등의 논란으로 김종훈 미래창조과학부 장관 후보자가 사퇴했을 때도, 비뚤어진 역사관 문제로 문창극 총리 후보자가 사퇴했을 때도, '안타깝다'고만 했다. '미안합니다'나 '제 책임입니다'라는 간단한 사과 한마디는 관계 소통에서 돈 한 푼 안 들면서도 가장 확실한 윤활유다. 대통령이 사과한다고 해서 사람 값이 떨어지는 것, 절대로 아니다. 되레 올라간다.

오바마 대통령 초임 시절, 그의 정치적 대부였던 톰 대슐 보건장관 내

정자의 탈세 스캔들이 터졌을 때다. 그는 직접 카메라 앞에 나서서 이렇게 말했다

> "내 생각에는 내가 망쳤고, 모든 책임은 저에게 있습니다. 저는 이 일에 책임질 각오가 되어 있고, 다시는 이런 일이 일어나지 않도록 하겠습니다."

이런 솔직하고 인간적인 태도는 오바마의 재선에 크게 도움이 되었다. 오바마는 실수를 했을 경우 그 상대가 단 한 사람의 개인이라도 직접 사과한다. 2013년 4월 오바마는 한 기금 모임 행사에 함께 참석한 캘리포니아 주 검찰총장 카말라 해리스를 가리키면서 "그녀는 똑똑하고 헌신적이면서 강인하고 모두가 원하는 그런 검찰총장이다. 그녀는 전국에서 가장 외모가 훌륭한 검찰총장(the best-looking attorney general in the country)이다."라고 칭찬했다. 이 발언은 SNS를 통해 삽시간에 퍼져나갔고, 여성의 능력에 대한 판단을 외모 중심으로 해서는 안 된다면서 엄청난 비난이 쏟아졌다. 그러자 오바마는 해리스 검찰총장에게 직접 전화를 걸어 사과했고, 공개 사과도 했다.

20대 총선 이후 대통령이 유체이탈 화법으로 책임을 피해 가자 핵심 보수층에서조차도 야유와 질타가 터져 나왔다. 사태가 심각하다고 느꼈는지 총선 닷새 후에야 다음과 같은 대통령 발언이 나왔다.

> "이번 선거 결과는 국민의 <u>민의가 무엇이었는가를 생각하는 계기가 됐다고 생각합니다.</u> 앞으로 국민의 민의를 겸허히 받들어서 국정의 최우선 순위를 민생에 두고 사명감으로 대한민국의 경제발전과 경제혁신 3개년 계획을 마

무리하도록 하는 데 혼신의 노력을 다하고자 합니다."

—2016년 4월 18일, 수석비서관회의 모두 발언

자기 책임에 대해서는 여전히 한마디도 없으나 민의를 생각이라도 해 봤다니 그나마 진일보라고 봐줄 수도 있다. 그런데 밑줄 그은 부분을 유심히 보자. '민의가 무엇이었는지 생각하는' 사람은 박 대통령일 수도 있고 회의에 참석한 비서관들일 수도 있다. 생각하는 사람이 누군지도 분명하지 않다. 참 어렵다. 아니, 비겁하고 치졸하면서 바보 같은 짓이다.

대리 사과와 물귀신 사과

그토록 사과를 싫어하는 대통령은, 피치 못할 때면 대리인을 종종 내세운다. 2013년 3월, 새 정부의 장·차관급 후보로 지명된 인사 7명이 줄줄이 낙마했다. 그럼에도 인사권자인 박근혜 대통령은 사과하지 않았다. 허태열 당시 인사위원장 겸 비서실장이 사과했는데, 그것도 비서실장 명의의 사과문을 김행 대변인이 대독하는 이중 대리 방식이었다.

2013년 5월, 방미 중 윤창중 청와대 당시 대변인이 성추행 관련 대형 사고를 쳤다. 사과를 한 사람은 참모진이었지만, 도리어 국민의 반발을 더 키웠다. 비판이 커지자 허태열 당시 비서실장이 다시 나서서 사과해야 했다.

이남기 "홍보수석으로서 제 소속실 사람이 부적절한 행동을 한 것에 대해서 대단히 실망스럽고 죄송스럽습니다. 국민 여러분과 대통령께 진심으로 사과드립니다." (2013. 5. 10.)

허태열 "대통령 방미 중 발생한 불미스러운 일로 국민들에게 심려 끼친 점
에 대해 입이 열 개라도 할 말이 없습니다. 죄송합니다." (2013. 5. 11.)

읽어 보면 알 수 있듯이 이남기 수석의 사과가 반발을 키운 이유는 간
단하다. 그런 부끄러운 일로 국민에게 사과하는 건 당연하다. 그리고, 그
사과를 해야 할 사람은 인사권자로서 최종 책임을 져야 할 대통령이다.
그런데, 도리어 대통령에게 사과를 한다? 국민은 인사권자의 책임 통감
과 사과를 요구했다. 여론에 등 떠밀린 박 대통령은 두 번의 대리 사과를
거쳐 자신이 직접 입장을 표명할 수밖에 없었는데, 그 형식과 내용이 기
발했다. 수석비서관회의를 통한 간접 사과였고, 정작 책임은 자신이 아
닌 참모진들에게 돌리는 것도 잊지 않았다. 그 순간에도 대통령은 유체
이탈 묘기를 선 보였다.

"공직자로서 있어서는 안 되는 불미스러운 일 발생해서 국민 여러분들께
큰 실망을 끼쳐드린 데 대해 송구스럽게 생각합니다. 앞으로 이런 일이 생
기면 관련 수석들도 모두 책임져야 할 것입니다."

─2013년 5월 13일, 수석비서관회의

절대로 혼자서 책임지지는 못하겠고 꼭 누군가를 끌고 들어가야 하는
물귀신형 유체이탈은 이후로도 종종 반복된다. 304명의 희생자를 낸 세
월호 참사가 발생해 정부 책임에 대한 목소리가 온 나라를 메웠을 때 박
대통령은 마지못해 진도체육관에 내려가 이렇게 말한다.

"사고의 원인을 철저히 조사하고 원인 규명하겠습니다. 만약에 지금 오늘 여러분들과 얘기한 게 지켜지지 않으면 여기 있는 사람 다 책임지고 물러나야 됩니다."

—2014년 4월 17일, 진도체육관

'여기 있는 사람 다' 책임져야 한다고 말했지만 당시 TV 뉴스 화면을 보면 대통령의 손짓은 주변의 참모진만 가리키고 있었다. 끝까지 박 대통령의 손가락은 자신의 가슴 쪽을 향하지 않았다.

동문서답과 물타기

박 대통령은 자신에게 직접적으로 화살이 겨냥된 사안에 대해서는 물타기 작전으로 빠져나간다. 그렇게 해서 문제의 본질을 희석시킨다. 자신의 문제가 아니라 원래부터 그랬던 고질적인 문제로 변질시킨다. 박근혜에게 흔히 보이는 엉터리 동문서답이기도 한데, 그럴 때도 이 유체이탈 어법이 요긴하게 쓰인다.

대통령 당선 무효[60]까지 거론될 정도로 중대한 사안이었던 국정원의 대선 개입 의혹[61]에 대해서, 박 대통령은 사과 대신 국정원은 과거부터 논쟁의 대상이라면서 본질을 흐렸다. 자신과 관련된 문제의 심각성을 외면한 채 국정원을 희생물[62]로 삼는 동문서답으로 피해 갔다.

"과거 정권부터 국정원은 많은 논쟁의 대상이 돼 왔습니다. 저는 이번 기회에 국정원도 새롭게 거듭나야 한다고 생각합니다."

—2013년 7월 8일, 수석비서관회의

전형적인 물타기다. 과거의 국정원 문제를 언급하면서 자신의 문제인 대선 개입에 대해서는 '이번 기회'라는 말로 뭉뚱그리고 넘어간다. 2015년 4월에 터진 성완종 리스트 파문 때도 마찬가지였다. 핵심 측근 7명이 거론된 대형 사건이었고 그것도 박근혜 후보 대선 자금용으로 전달했다고 성완종 자신이 인터뷰를 통해 밝혔음에도, 박 대통령은 사과나 책임 있는 발언 대신 '원래부터 있었던 문제'인 듯 물타기로 초점을 흐렸다. 비리를 반드시 '밝혀야 한다'거나 '제가 밝히겠다'도 아니고, '밝힐 필요

---

60)　　리서치뷰가 실시한 여론 조사에 의하면, 국정원 대선 개입과 관련하여 경찰이 사실대로 발표했을 경우 박근혜 후보를 찍었던 투표층의 8.3%는 문재인 후보를 찍었을 것이라고 응답했다. 이러한 결과를 두 후보의 최종 득표율에 반영하면 박근혜 후보는 51.55→47.27%, 문재인 후보는 48.02%→52.3%가 된다.

61)　　이와 관련하여, 원세훈 전 국정원장이 2심에서 징역 3년형을 선고 받았지만, 대법에서 파기 환송됐다(2015.7.16.). 이를 두고 선거법 위반을 무죄로 판결했다고 해석하는 경우도 있는데, 그건 전적으로 환송 취지의 핵심을 잘 모르고 하는 소리다. 증거로 제출한 이메일 내용이 불법적인 것이라 하더라도 이메일 발송자를 특정해야 증거 능력이 인정된다는 취지였다. 즉, 700개가 넘는 계정의 소유자 인적 사항(실명, 주소)을 모두 밝히라는 논지. 현재, 증거 능력이 인정되려면 실명과 주소는 필수 사항이기 때문이다. 인터넷 시대에 적용하기 어려운 법과 현실의 괴리다. 검찰이 모든 계정의 서버 검색과 IP 추적을 하면, 이 요건을 충족시킬 수는 있다. 시간이 걸리겠지만.

62)　　이 사건과 관련하여 희생양이 되었던 사람으로는, 자청하여 직격탄을 맞은 권은희 당시 수서경찰서 수사과장, 말 폭탄으로 저격한 표창원 경찰대 교수가 있다. 이 둘은 도리어 국민적 관심 대상으로 떠올라 금의환향했다. 반면 손에 오물까지 묻히며 수고했던 원세훈 당시 국정원장은 그 뒤 '똥바가지를 썼다'고 할 정도로 옥살이를 했고, 잽싸게 발표 시기를 앞당긴 김용판 당시 서울경찰청장은 청문회 선서까지 거부하며 끝까지 충성했지만 20대 공천에서 제외됐다. 한번 써먹은 사람을 챙기지 않는 박근혜 스타일이다.

가 있다고 생각한다'면서 한 발을 빼고, 자신과는 무관하다는 걸 은연중에 강조했다.

> "이번 기회에 우리 정치에서, 과거부터 현재까지 문제가 있는 부분은 정치 개혁 차원에서 한번 완전히 밝힐 필요가 있다고 생각합니다."
>
> —2015년 4월 15일, 긴급현안점검회의

우리말에 '털어내다'와 '떨어내다'가 있다. 그 차이는 철저함에 있다. 완전히 떨어져 나오게 하면 '떨어내다'이고, 흔들거나 쳐내면 '털어내다'이다. 그래서 이불은 털고, 밤나무의 밤은 떤다. 재떨이는 확실하게 떨어낸 담뱃재를 처리하는 것이므로 '재털이'라 쓰지 않고 '재떨이'라 쓴다. 털어내는 시늉만 하다 보면 재떨이만도 못한 사람이 된다.

외국 언론도 주목한 유체이탈 어법

> "선장과 일부 승무원들의 행위는 상식적으로 도저히 납득할 수 없고, 용납될 수 없는 살인과도 같은 행위였습니다. 이번 사건을 보면서 저뿐 아니라 국민들께서 경악과 분노로 가슴에 멍울이 지고 있습니다."
>
> —2014년 4월 21일, 수석비서관회의

박 대통령의 발언을 두고 외국 언론들이 먼저 들고 일어나 "대통령이 먼저 내린 세월호 판결: 살인"(《월스트리트저널》), "선박 사고는 끔찍한 일이지만 살인은 아니다"(《가디언》) 등의 제목을 달았다. 이게 과연 절대적 공인이자 행정부의 최종 책임자인 대통령이 하기에 적합한 말이었을까?

이러한 발언은 결국 박 대통령 대신에 세월호 선장과 승무원들을 법정에 세우려는 고도의 유체이탈 어법에 속한다. 세월호 참사는 중고선박 수리 및 선급 부여, 과적 화물 관리 및 단속, 초기 구난 시스템의 문제, 총체적인 늑장 대응, VIP 보고용 사진부터 최우선으로 올리라는 식의 청와대의 엉뚱한 지휘 등등 총체적 부실과 제도적 빈틈, 거기에 나사 빠진 공무원들의 행태까지 보태져 이뤄진 '구조적 재앙'이었다. 박근혜호의 선장인 박 대통령은 국민 법정에 자진 출두는커녕 '대통령에 의한 사전 판결'이라는 초법적 방식으로 세월호 선장과 승무원들을 내세우고 자신은 빠져나갔다.

앞에 언급한 《가디언》은 기사에서 다음과 같이 지적했다.

> 서양국가에서 의심할 여지가 없는 국가적 비극에 이렇게 늑장 대응을 하고도 신용과 지위를 온전히 유지할 수 있는 국가 지도자는 결코 없을 것이다. (…) 박 대통령이 '살인'이라는 두드러진 단어를 사용함으로써 늦어버린 타이밍을 수사의 강도로 만회하려고 한다.

세월호 사건 발발 후 책임 희석용으로 희생양을 내세우려는 박 대통령의 노력은 바지런했다. 4월 21일 발언으로 선장과 승무원을 목표물로 삼아 검찰에 사실상 수사 가이드라인을 제시한 것 외에도 6월 말까지 한 달반 내내 이런 행위는 집요하게 계속되었다.

'유병언 일가의 이런 행동은 우리 사회에 대한 도전' (2014. 5. 27. 국무회의)

'세월호 사고의 주요 피의자인 유병언 일가' (2014. 6. 2. 수석비서관회의)

'세월호 사고는 유병언 일가가 사익을 추구하다 낸 참사' (2014. 6. 10. 국무회의)

'무엇보다 유병언에 대해서 끝까지 추적해서…' (2014. 6. 30. 수석비서관회의)

박 대통령의 끈질긴 선제적 공격과 수사 가이드라인 덕분에 기소된 정부 측 고위관계자는 단 1명도 없었다. 검찰은 세월호 참사와 관련해 205명을 기소했지만, '살인'죄를 적용한 것은 이준석 선장 단 한 명뿐이었다. 이 또한 대통령의 가이드라인에 준하는 것이었다. 검찰이 기소한 사람들은 주로 해경 말단 직원들이었다. 법원도 이러한 수사와 기소 결과가 어이가 없었는지 세월호 참사는 구조 의무 불이행, 구조 지연·혼선 등 부실 구조가 주된 원인이고 구조 당국의 책임이 크다고 판시할 정도였다.

그러한 '사전 판결'에 손속이 붙었는지, 그 뒤에도 박 대통령은 검찰이 수사하고 있는 사안에 가이드라인을 제시하는 발언을 계속한다. 정윤회 문건 파동이 벌어졌을 때의 다음 발언을 보자.

"찌라시에나 나오는 그런 얘기들에 이 나라 전체가 흔들린다는 것은 정말 대한민국이 부끄러운 일이라고 생각합니다."

—2014년 12월 7일, 여당 지도부와 오찬

한 달 뒤 검찰의 수사 결과 발표 내용이 나왔다. 아니나 다를까, 박 대통령이 이미 설정한 대로, 정윤회의 인사 개입은 확인할 수 없고 문건 내용은 풍문을 짜깁기해 만든 근거 없는 것이라는 결론이었다. 결국, 희생

양으로 뽑힌 조응천[63] 전 청와대공직기강비서관 등 문건 유출자로 지목된 3명만 기소하는 것으로 끝이 났다. 유체는 이탈하되, 검찰은 뜻대로 지휘하고야 마는 신묘한 솜씨가 아닐 수 없다.

6) 전화통 싸움닭 어법 _____
고상한 정치인의 속물성

"한국말 못 알아들으세요?"

— 2011년 1월 23일, 국회 헌정기념관 불우아동 후원 바자회에서 기자의 질문에[64]

"병 걸리셨어요?"

— 2011년 9월 7일, 인천고용센터 방문 도중 기자가 '안철수의 지지율'에 관해 질문하자

"네거티브에 시달려 멘붕 올 지경"

— 2012년 8월 6일, 새누리당 제18대 대선 경선 후보 서울지역 합동연설회에서

---

63)　　조응천은 대전지검 서산지청장을 거친 검사 출신. 20대 국회의원 선거에 더불어민주당 후보로 영입되어 당선했다. 이때 함께 지목되어 희생양이 된 박관천 경정(공직기강비서관실 행정관)은 검찰 조사에서 우리나라 권력 서열이 '1위 최순실, 2위 정윤회, 3위 박근혜'라는 뜻밖의 진실을 발설했고, 박 대통령은 청와대 문서 유출은 '국기 문란'이라는 말로, 엄중 처벌하라는 가이드라인을 제시했다. 그럼에도, 박 경정은 2심에서 집행유예로 풀려났다.

64)　　행사 후 한 기자가 "복지를 돈으로만 보지 말고 사회적 관심이 중요하다고 했는데, 무슨 의미냐"고 묻자, 즉답을 피하며 이와 같이 말했다. 기타 정치권 현안에 관한 기자들의 질문에도 "오늘 행사에는 관심도 없고, 다른 질문만 한다."라며 침묵했다.

"과거에 묻혀 사시네요."

—2012년 8월 8일, 새누리당 경선 토론회에서 임태희 후보가 5.16에 대한 견해를 묻자

위의 인용은 외부로 잘 드러나지는 않았지만, 사실 박근혜가 자주 쓰는 근혜체의 민낯이다. 괄호 속의 설명을 감추고 보면 저잣거리에서 싸움이라도 벌어진 듯한 경솔, 천박하고 공격적인 말투다.

이런 말투는 대본 없이 발언할 때, 즉석에서 벌어진 상황에서 이야기를 할 때, 고상한 체 하기도 어려울 만큼 짜증이 치밀어오를 때, 흔히 나타난다. '지금 저하고 싸움하시는 거예요?' '그런 걸 제가 일일이 다 알려줘야 합니까?' 등이 이에 속한다.

이런 싸움닭 같은 말본새는 고상한 공주님, 패션 하나에까지도 몹시 신경을 쓰는 품위 있는 정치가의 이미지와는 너무나 판이한, 뜻밖의 모습이다.

사실 알고 보면 박근혜는 '전화통 아줌마'다. 대통령 집무조차 본관으로의 출근을 미룬 채 주로 관저에서[65] 전화통을 붙들고 본다. 비서나 장관들과도 대개는 전화로 묻고 지시한다. TV 화면에 등장하는 본관 집무

---

65) 청와대에는 대통령 집무실이 세 군데 있다. 본관, 관저(대통령 가족들의 거처), 비서동에. 비서동은 본관과 500여 미터 이상 떨어져 있어서 본관으로 드나들기 불편한 것을 감안하여, 비서진들과 직접 대화하길 좋아한 노무현 대통령이 그곳에도 집무실을 만들었다. 박 대통령은 이 비서동 집무실에 단 한 번도 들른 적이 없다. 늘 본관으로 출근했던 이명박 대통령은 회사원 시절 버릇대로 아침 7시면 출근하곤 해서, 주변 사람들이 무척 애를 먹었다. 편의상 관저 집무실이라고 하지만 이곳은 대통령이 본관에 출근하기 전이나 퇴근 후에 관저에서 급한 업무를 잠시 처리하는 용도일 뿐, 정식 집무실은 아니다.

실에서의 모습은 대체로 홍보용이다. 박근혜 정부에서 장관에 오른 사람들 중 청와대에 들어가 대통령과 독대하거나 대면 보고를 한 이들은 한 손가락으로도 남고, 수석 비서관들 중에서도 박 대통령을 독대한 사람들은 아주 아주 드물다.

이와 같은 박 대통령의 불통 버릇과 관련하여, 정윤회의 딸 사건[66]을 제대로 깔끔하게 처리하지 못했다 하여 목이 잘린 유진룡 전 문체부장관의 증언은 박근혜 정부가 사적 업무를 처리하는 소굴임을 입증한다. 그는 장관 재임 중 대통령을 한 번도 독대하지 못했다. 그런데 장관도 만나주지 않던 대통령은 정윤회 딸 사건이 언론에 보도되자 득달같이 담당 과장과 국장을 청와대로 불러서 낱낱이 지시를 하고, 사후 결과까지도 직접 챙겼다. 그 뒤, 중립적으로 객관적인 보고를 한 그 두 공무원은 박 대통령에 의해 직접 '나쁜 사람들'로 찍혀 한직으로 좌천되었다가 끝내는 옷을 벗어야 했다.

함께 국정을 꾸려 나가야 할 여당 대표 김무성과도 이완구 총리 건으로 다급해졌을 때, 딱 한 번 40분 독대를 한 것이 전부다. 누구와 함께 있었느냐고 뒷말이 무성한 세월호 사건 때의 7시간 공백. 그 위중한 순간에도 대체로 전화로만 사건 보고를 받았다. 그 바람에 김기춘 비서실장은

---

66)　마사회 소속 선수들만 사용할 수 있는 과천 201호 마방에 정윤회 딸의 말 3필을 입소시키고 월 관리비 150만 원도 면제하는 등 특별대우한 건과, 2013년 4월 경북 상주에서 개최한 전국승마대회에서 정유라가 2등을 하자 이례적으로 경찰이 즉시 투입되어 심판들을 조사하고 순위가 변동되었던 사건. 이 사건으로 도리어 불똥이 체육단체로 튀고, 담당 국·과장이 좌천되고, 장관 물갈이로 이어졌다.

대면 소통보다 전화 대화를 선호하는 박 대통령. 이런 습관은 오랫동안 배양된 것으로, 국정 운영과 통치 스타일에도 큰 영향을 미치고 있다. 사진은 2012년 12월 대통령 선거에서 당선한 뒤 오바마 미국 대통령과 통화하고 있는 모습.

나중에 국회에 출석해서 그 시각에 대통령이 어디 있었는지 모른다고 답할 수밖에 없었다. 대통령의 소재를 파악하는 것은 (군대의 수석부관들이 그렇듯) 비서실장의 기본 중의 기본에 속하는 일상적 업무이다. 비서실장이 대통령의 소재에 대해 아는 바가 없다는 것은 기상천외의 일이다.

박 대통령은 걸핏하면 경제 상황과 민생 위기를 언급하지만 역대 경제수석이 독대나 대면 보고 한 번 한 적 없고, 정국이 불안할수록 역할이 중요한 정무수석들조차도 전화 통화를 한 게 전부일 정도로 정상적인 공무로는 사람 만나기를 기피한다.

이 독대 기피 습관은 박 대통령의 열등한 사회화 과정이 초래한 여러 부작용 중 하나이다. 청소년기, 청년기의 성장 과정에서 정상적인 또래 문화를 겪지 못한 탓에, 박근혜는 화법(speech)의 기본에 속하는 논리적 토론(debate)이나 수평적 토의(discussion) 훈련 기회가 매우 부족하다. 사람과 마주하고 면전에서 논리적 화법을 구사하거나, 편하게 대화를 주고받지 못하는 것이다. 또 전문적인 정책 내용을 가지고 장관이나 관련 담당자들과 논의할 수준이 아니다 보니 더더욱 대면 보고를 기피하고 서면 보고에 의존한다. 그리고 이는 뒤에 다룰 대인기피증과도 이어진다.

책은 피하고 TV는 즐기고

앞에서 근혜체의 첫 번째로 오발탄 유형을 들면서, 그 원인은 무지이고 체계적 독서나 뉴스 정독조차 부족하기 때문이라는 설명을 한 바 있다. 그렇다면 박근혜는 대체 무엇을 하며 시간을 보냈기에 고상한 공주님의 외양에도 불구하고 '전화통 싸움닭'이 된 것일까?

박근혜는 잦은 해외 순방을 제외하면, 역대 어느 대통령보다 업무량이 적은 것으로 보인다. 일하는 시간 자체가 절대적으로 적은 대통령은 대체 무엇을 하며 시간을 보낼까? 게다가 박근혜는 정치에 입문하기 전에는 오랜 기간 주기적으로 외부와 담을 쌓고 칩거하며 지냈다. 최태민 일가를 제외하면 가까이 교류하는 인사나 친지들도 없었다. 동생들도 발을 들이지 않을 정도였으니. 홀로 지낸 이 긴 시간에 무엇을 했기에 퍼스트레이디 출신의 정치인이 그토록 지식의 빈곤을 드러낼까?

일단 TV 시청을 매우 즐긴 것은 확실하다. 『박근혜 일기』에 수록된 일기가 시작된 날은 1974년 9월 14일이다. 마지막 날짜는 2012년 6월 23일. 거의 40년 가까운 세월의 기록을 담은 이 책에서 박근혜가 어떤 책을 읽은 사실을 언급한 경우는 단 네 번밖에 나오지 않는다. 육영수가 썼다는 수필 「나의 조각된 신념」, 역사서 『열국지』와 불교서 『인간 석가』,

『보리행경』이다. 제목을 적지 않더라도 독서 경험이나 책을 읽으며 사고의 지평을 넓힌 이야기들이 좀 있어야 할 텐데 그마저 드물다. 기타로는 간혹 잡지를 읽은 이야기가 나오는 정도. 근화봉사단 기관지 《근화보》를 읽었다는 사실은 종종 기록하고 있다. 얼마 되지 않는 독서마저도 철저히 자기지향적, 공주적인 독서다.

물론 읽은 책을 다 일기에 쓰는 것도 아닐 터이고 『박근혜 일기』 자체가 선별과 편집을 거친 것임을 감안해야 한다. 그렇더라도 정치를 꿈꾸고 역사 무대에 등장하여 '왜곡된 (아버지의) 역사를 바로잡겠다'고 작심한 인물의 세상 공부 치고는 목록이 지나치게 조촐하다.

반면 TV는 무척 즐겨 봤다. 같은 책에 TV 시청과 관련된 언급은 상당히 많다. 몇 가지 살펴보면 다음과 같다.

- 오늘 TV에서 집게벌레의 생태에 관한 프로그램을 보았다. (1989년 7월 10일)
- 평범하게 산다 해도 행과 불행은 있기 마련이겠으나, 평범한 인생이 부럽기만 하다. TV를 통해서도 평범한 사람들의 생활 모습을 보면 마음까지 편안해진다. (1989년 11월 29일)
- 〈중국어 회화〉, 〈서반아어 회화〉, 〈The Sadrina Project〉 등 저녁 때 보는 TV 프로그램의 등장인물들이 부러울 때가 많다. (1989년 12월 1일)
- TV 프로그램인 〈동물의 세계〉는 나에게 푸근한 위로를 준다. (…) 오늘 저녁 본 코알라의 여러 가지 생태는 참 재미있었고 한때나마 인간 세계를, 만사를 잊게 하였다. (1990년 1월 8일)

- 〈동물의 세계〉는 내가 가장 좋아하는 프로그램이다. 뭔가 인간 세상을 잊게 해주는 순간이라 더욱 그렇다. (1990년 5월 25일)
- 사할린 교포들이 고국 방문을 마치고 다시 떠나며 공항에서 가족, 친척들과 서로 눈물을 흘리는 장면을 TV에서 보았다. (1990년 3월 1일)
- 오늘 본 드라마는 인간 세상에 있어 증오의 역학을 보여 줬다. (1990년 5월 7일)
- 요즘 KBS에서 방영하는 〈세계의 어린이〉라는 프로그램을 보면서 내가 추구하던 행복, 삶이 사실 바로 저러한 것들이었다고 새삼 깨닫게 된다. (1990년 5월 9일)
- 어제 〈세계의 어린이〉 프로그램에 등장한 터키 소녀의 말이 인상에 남는다. (1990년 5월 16일)
- 어제 드라마에서도 보니 이제 3개월밖에 살지 못하게 되었다는 주인공에게 남편도, 시어머니도 모두가 잘 대해 준다. (1990년 10월 14일)

주 시청 TV 프로그램은 드라마, 교육방송(외국어 회화), 동물 다큐멘터리, 어린이 프로그램 등으로 보인다. 동물 다큐멘터리와 어린이 프로그램을 자주 시청하는 사실에서는 심리적 퇴행성도 느껴진다. 뉴스도 대부분 TV 시청을 통해 접한 것으로 보인다. 지상파 TV 낮방송이 허용(2005년)되기 전까지 어린이 프로그램과 동물 다큐멘터리는 대개 저녁 6시 전후에 편성되고 일일드라마가 8시 대, 뉴스 9시, 미니시리즈나 대하드라마 등이 10시 대 이후 심야에 편성되었다. 여기에 외국어 회화 방송까지, 이렇게 보면 박근혜는 저녁 방송 시작해서 방송을 마치는 애국가 화면이

나올 때까지 TV를 끼고 살았던 것으로 추정할 수 있다.

드라마와 싸이월드로 세상과 접속하다

박 대통령이 TV 드라마를 즐겨본 것은, 어린 시절부터 형성된 습관이다. 육영수는 청와대 시절 아이들이 바깥세상과 절연되어 자라는 게 안쓰러운 데다, 가족 간의 자연스러운 대화를 위해서 당시 인기 드라마가 방영될 시간이면 아이들을 불러 함께 시청했다.

당시의 드라마는 오늘날의 그렇고 그런 '막장 드라마'와는 무척 다르기도 했다. 온 가족이 모여서 함께 봐도 될, 그야말로 홈드라마였다. 일일 연속극의 문을 연 〈아씨〉나 방송 시각이면 도로가 한산해질 정도였던 〈여로〉(1972) 등이 대표적인데, 온 국민을 TV 앞으로 불러 모았다. 특히 1970년 3월 2일부터 1971년 1월 9일까지 252회에 걸쳐 동양텔레비전 (TBC)에서 방영된 〈아씨〉는 육영수가 하루도 빼놓지 않고 본 드라마다. 1930년대부터 1950년대에 이르는 30년간을 배경으로 한 작품인데, 양반 댁에 시집온 아씨가 남편의 외도와 냉대 속에서도 인내와 순종만이 여자의 부덕으로 알고 시부모를 봉양하고 지아비를 섬기지만, 남편이 객지에서 죽고 섬기던 시부모도 돌아가신 뒤 혼자서 쓸쓸히 여생을 보내는 내용이었다. 육영수는 어쩌면 그 안에서 자신의 모습 일부를 읽어 내며 곰 감하고 위안을 삼았을지도 모를 일이다.

이러한 모친의 영향으로 박근혜는 일찍부터 TV 드라마와 친해졌다. 앞에 언급한 일기에서도 인간 관계의 상당 부분을 드라마를 통해 유추하고 해석하고 있음을 알 수 있다. 박근혜가 홀로 지내던 시기에 자주 찾았던 최순실과의 교유란 것도 드라마를 함께 보면서 편하게 수다를 떠는 것이 대종이었을 것으로 짐작된다.

박근혜의 저작들을 살펴보면 지적인 내용은 드물고 주로 일상적 심정이나 풍정들이 독설이나 비판, 회한, 좌절감 등의 옷을 입고 나온다. 드라마에서 사용될 법한 낱말들도 흔하다. 드라마는 박근혜가 말을 훈련하는 교과서 역할을 상당 부분 수행했다.

한편 박근혜가 대통령이 된 후에도 사용한 '멘붕, 찌라시' 따위의 말은 인터넷 세상에서 널리 쓰이는 말이다. 국어사전에는 속된 말인 속어까지도 표제어로 오르는데, 멘붕이나 찌라시는 그런 속어에도 끼지 못하는 은어[67]다. 표준어[68]가 아님은 두말할 것도 없다. 모두 일반적인 교양인의 언어, 그것도 대통령의 입에서 공적인 자리에서 쓰일 만한 말들은 아니다. TV 못지않게 인터넷도 박근혜의 언어에 적잖은 영향을 끼쳤다.

박근혜는 정치인 시절에도 웹 서핑에 많은 시간을 보낸다는 사실이 익히 알려졌다. 대통령 취임 후, 본관에 출근하는 대신 관저에 주로 머무

---

67)   국어학적으로는 '멘붕', '찌라시' 둘 다 은어다. 즉 어떤 계층/부류의 사람들이 다른 사람들이 알아듣지 못하도록 자기네 구성원끼리 빈번하게 사용하는 말이다. 그나마 '찌라시'가 은어에서 벗어나 외래어로 인정되려면 '지라시'로 표기되어야 한다. 이 역시 나아가 '낱장 광고', '선전지'로 순화되어야 할 말이다.

68)   표준어에 속하지 않는 것으로는 ①특정 계층/부류에서만 쓰이는 말인 은어, ② 지역적으로 한정되어 있는 사투리(방언), ③그리고 현재 쓰이지 않는 옛말(고어) 등이 대표적이다. '속어(통속적으로 쓰는 저속한 말)'도 표준어에 속하지만, '공용어(公用語. 한 나라 안에서 공식적으로 쓰는 언어나 국제회의나 기구에서 공식적으로 쓰는 언어)'로서는 제한적이다.

는 버릇도 어쩌면 아랫사람들 눈에 띄지 않게 인터넷 서핑을 하고 TV를 시청하는 게 편해서였을 가능성도 상당하다. 골머리 아픈 국정에서 떠나 있기에는 그 이상이 없으니까. 직장에서 윗사람에게 잔소리를 먹고 돌아온 직원들이 곧장 인터넷 커뮤니티에 접속하듯이 말이다.

> "어버이연합에 대해서는 제가 아는 것은 보도에, 또 인터넷에 올라와서 어버이연합이 어떻게 했다 어디 가서 어떤 것을 했다 그런 것 아는 정도다. 시민단체가 하는데 대통령이 이렇다 저렇다 하고 평가하는 것도 바람직하지 않다."
>
> —2016년 4월 26일, 언론사 편집·보도국장 청와대 초청 오찬

어버이연합 시위를 청와대가 지시했다는 의혹에 대해 답한답시고 나온 말인데, 이 발언을 보면 대통령은 현안의 상당 부분을 인터넷을 통해 파악하는 모양이다. 다른 일도 아니고 국정 현안을 '인터넷에 올라와서' 안다고 말하는 대통령이라니….

박근혜는 싸이월드 홈페이지 관리도 아주 열심히 했다. 2004년 유명 정치인 중에서 제일 처음으로 싸이월드 미니홈피를 개설한 것도 박근혜였다. 미니홈피 개설 이후에는 주로 홈피의 다이어리에 일기를 적으며 열심히 관리한 덕분에 대선을 앞둔 2012년 8월에는 미니홈피 방문자 기록이 1116만 명이 넘었다.

독서나 대화를 기피하고 드라마나 인터넷 서핑에 열중한 것은 박근혜의 정신세계가 지적·논리적 세계와 거리가 멀어진 주요 이유 중 하나이다. 드라마 시청이나 인터넷 서핑은 일방통행식 수동적 교류다. 적극적

박근혜 싸이월드 미니홈피. 대통령에 당선된 이후 모든 자료를 공개하지 않고 있다.

대응책을 마련하려 들 필요도 없고, 깊이 사고할 필요도 없다. 쌍방 교류
가 아니니, 주의해서 듣고 봐야 할 이유도 없다. 잘 들어서 제대로 이해
하는 사람(good listener)이 되려는 훈련 자체가 생략된다. 특히 TV 화면
을 통해서 전달되는 것들은 라디오나 신문에 비해서 정보의 양도 적지만
비논리적이고 감정적일 때가 많다.

현대 미디어 이론의 기초자로 평가되는 캐나다의 미디어 비평가 마셜
매클루언은 전화와 TV, 만화 등을 쿨 미디어(cool media)라 하고 신문과
라디오를 그에 대칭되는 핫 미디어(hot media)로 분류했다. 핫 미디어는
구체적인 정보 묶음을 전달하기 위해 조직되며 정보 전달량이 많고 논리
적이다. 반면 쿨 미디어는 직관적이고 감성적이다. 정보량과 논리성은
상대적으로 떨어진다. 박근혜가 주로 애용한 것이 모두 쿨 미디어라는
점은 그의 성격이나 자질, 지식과 사고체계 형성에 적지않은 영향을 주
었을 것이다.

이들 쿨 미디어는 박근혜의 언어생활에도 큰 영향을 미쳤을 것이다. 이들 매체에서 쓰이는 언어는 정치적이거나 공식적 무대에 어울리는 것들이 아니다. 특히 인터넷 언어는 속어와 단편적 감정의 발산이 가득하다. 무엇보다 박근혜가 즐겨본 드라마는 속성상 보편적인 서민들의 일상과 삶에 대한 통찰보다는 자극적이고 대결적인 스토리 전개가 우위를 차지한다. 차분함이나 논리정연함, 맥락과 구조의 이해라는 면과는 어울리지 않는다.

박 대통령이 대표 시절이나 후보 시절 내내, 상대방의 말귀를 제대로 알아듣지 못하는 경우는 아주 잦았다. 특히 요지가 뭔지 파악하지 못하고 헤매는 일이 잦았다. 심지어 대통령 시절에도, 외국 원수나 국빈급들과의 대화에서 동문서답을 하는 일은 흔했다. 이 사실을 물론 당사자도 안다. 그럴수록 박근혜는 자신의 그런 모습을 면전에서 상대방에게 노출하기가 싫었으리라. 이런 열등감은 그녀의 독대 기피를 더욱 부추겼을 것이다.

전화통 붙들고 버럭

상대방 앞에서 무슨 말을 해야 할 때 박근혜는 메모지나 원고가 없으면 무척 불안해한다. 허둥거리고 버벅댄다. 그 때문에 상대방이 보이지 않는 전화 대화를 선호한다. 보이지 않는 상대방에게는 그만큼 신경이 덜 쓰인다. 대화에 필요한 것들을 사전에 미리 적어 놓거나 준비한 상태에서 그런 것들을 상대방이 눈치챌 일 없이 편하게 말할 수 있다. 논리적 대화에서 박근혜는 항상 밀릴 수밖에 없지만 전화통 앞에서만큼은 대화의 주도권을 빼앗기는 일도 없고, 설명이나 지시를 논리적으로 할 필요도 없다. 만일 상대가 논리적으로 따져 물으려 들면, 중도에서 자르고 들거나 윽박지르면 된다.

그 때문에, 우아하고 고상한 모습을 선보이려 항시 노력한 박 대통령이지만 전화통 앞에서는 아주 용감해진다. 화도 잘 내고 소리도 잘 지른다. 정몽준은 자서전에서 합의 사항을 부정하면서 도리어 적반하장 격으로 화를 내는 박 전 대표의 목소리가 하도 커서 전화기 밖으로 새어나오는 바람에 같은 방에 있던 의원들이 걱정스러운 얼굴로 쳐다보았던 일화를 소개할 정도다.

이렇게 박근혜에게 제격인 것 같은 '전화통 싸움닭 화법'의 최대 단점은, 익숙해지다 보면 평소에도 이러한 말투가 자신도 모르게 튀어나와 스타일을 구긴다는 점이다. 평상시 이런 말투가 튀어 나올 때는 대부분 상대방이 거슬릴 때다. 감히 이 공주님의 심기를 건드려? 하는 마음이 일기가 무섭게, 참지 못하고 즉답으로 응수할 때는 어김없이 전화통 싸움닭의 말투가 튀어 나온다. '병 걸리셨어요?', '한국말 못 알아들으세요?' 따위가 그 대표적인 사례에 든다.

이런 어투가 노출될수록 박근혜의 이미지는 공주님에서 급전직하한다. 또한 이런 즉각적 받아치기를 해대는 순간 박근혜는 유머를 구사할 줄 모르는 재미없는 사람, 마음의 여유가 없는 쪼잔한 사람으로 평가된다.

발끈하는 성격에 유머는 무리

박근혜의 유머 감각에 대해서는 주변 사람들이 대부분 '썰렁하다'는 데
이견이 없다.

> "박 전 대표의 개그는 유머도 위트도 아닙니다. 상황에 맞는 유머가 아니라
> 그 유머에 상황이 맞춰져야 하는 거죠. 모두가 웃는 게 아니라 항상 웃을 준
> 비를 하고 있는 것이고, 폭소가 '파아' 하고 터지는 게 아니라 터져 줘야 한
> 다는 압박이 있는 겁니다. 자신의 힘에 도취되어선 안돼요."

2011년 2월 8일자 《경향신문》에 실린 한 친이계 중진 의원의 평가다.
과연 그런지 직접 박근혜식 유머를 한번 들어보자.

> "식인종들이 어떤 사람을 잡아왔다. 맛 좀 봐야겠다며 다리 하나를 뜯었다.
> 아무리 씹고 뜯어도 맛이 하나도 없었다. 왜 그랬을까요? (잠깐 뜸을 들인
> 뒤 대통령 스스로 대답) 그 다리가 의족이었답니다."
>
> —2013년 12월 19일, 새누리당 지도부 초청 청와대 만찬

만찬장에 참여한 사람들의 표정이 어땠을지 궁금하다. 박근혜의 이러
한 썰렁 개그는 의식 '강박'과도 연결되고 자신의 결함을 인정할 줄 모르
는 공주병과도 관계가 있다.

이번에는 이런 썰렁 개그와 차원이 다른 실제 정치인의 유머 사례다.
2008년 미국 대선 당시 공화당 상원의원 존 매케인 후보 진영이 민주당

의 버락 오바마 후보가 사상적으로 질이 좋지 않은 인사들과 어울린 적이 있는 사상이 의심스러운 후보라고 맹폭하자 오바마는 이렇게 응수했다.

> "질이 좋지 않은 사람들과 한때 어울렸다는 점을 부인하지는 않겠습니다. 그 시절이 바로 제가 연방 상원의원이었을 때입니다."

어떤가. 격조 높은 유머는 대개 자신의 결함을 인정하고 주위 인식이나 상대방의 공격을 수긍하면서도 재치 있게 반전을 꾀할 때 나온다. 불편한 심기를 한 수 높은 기지로 유머화하여 주변 공기와 분위기를 대번에 따뜻하게 만드는 것이다. '레이저 광선'을 쏘아대며 발끈하는 사람에게 유머는 어울리는 옷이 아니다.

감염된 언어는 행동으로 전이된다

사실 박 대통령은 '펄펄 뛸 정도로' 화도 잘 낸다. 책상을 탕탕 치는 것도 포함해서. 다음과 같은 격한 발언이 괜히 나온 것이 아니다.

> "쓸 데 없는 규제는 아주 <u>우리의 원수라고 생각을 하고</u>, 우리 몸에 있는 <u>우리 몸을 자꾸 죽여 가는 암덩어리라고 생각을 해서</u> (…) 우리가 <u>쳐부술 원수</u>라고 생각을 하고 우리 몸에 제거하지 않으면 우리 몸이 죽는다는 암덩어리로 생각을 하고 규제를 반드시 아주 <u>겉핥기식이 아니라 확확 들어내는 데</u>에 모든 역량을 집중했으면, 그렇게 생각을 합니다."

싸움닭에 가까운 난폭한 언어는 대통령 당선 이후에 특히 자주 노출되었다. 더 이상 표를 위해 국민을 의식할 필요가 없기 때문일 것이다.

"이번에 해내지 못하면 시한폭탄이 터질 수밖에 없다." (2015. 5. 12. 국무회의)

"당선된 후에 신뢰를 어기는 배신의 정치는 결국 패권주의와 줄 세우기 정치를 양산하는 것으로 반드시 선거에서 국민께서 심판을 해주셔야 할 것이다." (2015. 6. 25. 국무회의)

"교육감들이 아이들을 볼모로 잡고 사실을 왜곡하고 정치적 공격의 수단으로 사용하고 있다. (…) 교육청이 이렇게 정치적이고 비교육적인 이런 행동을 아이들을 상대로 하면 안 된다." (2016. 1. 13. 누리과정 관련 대국민담화 기자회견장에서)

"특히 복면 시위는 못 하도록 해야 할 것입니다. IS도 그렇게 지금 하고 있지 않습니까, 얼굴을 감추고서." (2015. 11. 24. 긴급 국무회의)

두 번째 예문은 여당 국회의원이자 원내대표인 유승민 의원을 향한 것이고 세 번째는 교육감들을 인질범에 비유했으며, 네 번째는 시위를 한 자국 국민을 IS와 동일시하고 있다. 정치 선진국에서라면 난리가 났을 발언들이다. 독하고 분노를 부추기고 상대방을 겁박하는 이런 말들은 앞에서 본 군왕의 어법과도 속성이 거의 유사하다. 품격이 너무 낮고 치졸하여 차마 군왕이나 공주의 어법으로 분류하기가 어려울 뿐이다.

교양미를 기본으로 장착한 고상한 공주님의 이미지를 바탕으로 삼고, 진흙탕 싸움판 정치꾼들과는 뭔가 다른 듯한 이미지로 국민에게 어필했던 사람의 모습이라고 하기에는 어처구니가 없다.

박근혜의 저렴한 언어들이 갑자기 튀어나온 건 아니다. 2004년 8월 박 전 대표가 정수장학회 이사장직을 유지하고 있다는 사실이 알려지면서 당 안팎에서 논란이 계속되고 있을 때다. 이재오가 점잖게 "한나라당이 과거 박정희 대통령의 공을 내세워 5·16 군사 쿠데타나 유신 독재의 반민주·반인권성을 덮으려 해서는 안 되며, 박 대표는 잘못된 것을 겸손히 사과해야 한다."라고 하자, 박근혜는 "박정희 전 대통령이 역사에 죄가 많은 대통령이라고 생각하면, 왜 지난 선거(총선) 때 도와달라고 했느냐"라면서, '치사하고 비겁하다'고 받아쳤다.

사실 박근혜의 이러한 저급한 표현은 그 뿌리가 깊다. 39세 때인 1990년 5월 15일의 일기에는, 독재를 규탄하는 젊은 세대에 분개하면서 이런 표현까지도 쓴다.

어이가 없을 지경이었다. 화염병을 던지며 반항하고, <u>선배 알기를 개떡만도</u> <u>못하게 생각하고</u>, 도덕, 질서, 가치관 등을 온통 뒤죽박죽으로 뒤집어놓은 (…)

최태민과 더불어 근화봉사단을 조직하고 '인생 최고의 해'를 보내던 무렵이다. 드라마 외에 진심을 열어 놓고 가장 많이 소통한 상대가 최태민일 수밖에 없는데, 박근혜의 이런 어투에 최태민의 영향은 없었을까? 학력이 보통학교 졸업이 전부인 최태민은 일제시대에는 최도원이라는 이름으로 황해도경에서 순사 노릇을 했고 해방 후 주로 사람 뒤를 캐면서 그걸 빌미삼아 심심찮게 주머니를 챙기던 정보과 사찰주임 출신이다. 앞에서도 말했듯이 최태민은 사람을 포섭하고 장악하는 데 특출난 재주가 있었다. 위의 인용문에는 한편으로 사찰 대상을 '개떡만도 못하게' 보는 최태민의 시각과 거칠 것 없는 걸쩍한 입담의 그림자가 어른거린다.

언어는 말을 섞는 사람 간에 쉽게 전염된다. 사람은 자신도 모르게 오래 가까이한 사람의 생각을 그가 상용하는 언어를 통해 전수받기 마련이다. 물드는 것이다. 어법은 물론이고 낱말과 어투, 그리고 사고방식과 시선까지도 물든다. 어울린 시간이 길고 즐거운 기억들일수록 그 침투는 더욱 강렬하고 효과적이다. 밖에서 깡패와 오래 어울린 아이들은 자신도 모르게 집에서도 깡패들의 언어를 일상적으로 내뱉게 된다.

여기서 한 발 더 나아가면 행동 습관까지도 답습하게 된다. 언어 → 사고 → 태도 → 습관 → 행동으로 정형화되어 있다시피 한 수많은 학설들도 이를 뒷받침한다. 언어심리학의 또 다른 이름인 인지심리학에서도 언어가 행동을 위한 수단 – 목적의 확보에 일익을 담당하고 있음을 인정한다. [69]

최태민과 박근혜의 오랜 관계에서도 그와 비슷한 정황이 읽힌다. 최태

---

69)　　자극(S)-반응(R) 관계에서, 생활체에게서 생기는 인지의 변화를 중시하는 톨먼(E. C. Tolman) 등의 인지설이 그 좋은 예다. 그 뒤 이 학설의 단점을 보완한 이론들이 많이 나왔다.

민이 박근혜의 행동에까지 영향을 미치고 그것이 버릇으로 굳어진 것으로 추정되는 대목들이 아주 많다. 그 한 가지 예로 신상 정보 은닉, 삭제와 폐기 습관이 있다. 일제 순사와 사찰주임 경력에 이어 도피와 수배 경험까지 보태진 탓인지, 최태민에게는 신상 정보를 철저히 감추는 것이 체질화되어 있었다. 그리고 이런 행태는 박근혜에게도 그대로 전수되었다. 최태민의 직계 또한 예외가 아니다. 그들의 숱한 개명이나 가명 사용 버릇도 이러한 기밀 유지 습관의 연장이다.

육영재단 홈페이지에 들어가 보면 최태민은 물론 그와 함께 움직였던 당시의 이사장 행적 자료들이 하나도 보이지 않는다. 현재의 이사장에 관한 자료도 공중분해 상태다.[70] 이 나라의 모든 검색 자료 어디에도 현 이사장 조수연에 관한 자료는 없다. 박근혜가 32년간이나 이사장으로 재직했던 한국문화재단은 웹사이트상에 흔적조차 남아 있지 않다. 온라인상의 용어로 말하자면 완전 '폭파'되었다.

최태민 사후에 맡은 정수장학회와 영남대재단 이사장직 시절에도 이런 정황은 죽 이어진다. 어디서도 박근혜 이름 석 자가 보이지 않는다. 대부분의 단체에서 기록을 유지하기 마련인 '역대 이사장' 란조차 아예 빼 버렸다. 영남대는 물론이고 재단 홈페이지조차도 그렇다. 다른 사립대학들과는 천양지차다. 심지어 대통령이 된 후에는 선거운동 수단의 하

---

70)　　　육영재단의 현 이사장은 박근령 이후(2009.4~)에 재직해 온 조수연이다. 전 한국스포츠산업협회 회장 출신인데, 현 이사장에 관한 자료 역시 전혀 노출된 게 없다. 완벽하게 '비밀'이다. 일반적인 인명 검색에서조차도 철저히 그 자료가 엄폐되어 있다.

나로 활용했던 싸이월드 미니홈피 내용도 전부 깨끗이 삭제했다. 그 정도로 박근혜 역시 완벽하게 신상 관련 정보들을 정리한다.

최태민의 사위였던 정윤회도 최순실과 이혼할 당시 유일한 이혼 조건이 '결혼 생활 중에 알게 된 것들에 내한 철저한 비밀 유지'였다. 그처럼 일반인들은 전혀 상상할 수도 없는 수준으로 철저한 기밀 보안이 생활화되어 있다. 좀처럼 속내를 드러내지 않는 박근혜 대통령의 성정과 말투의 뿌리가 어디에서 비롯된 것인지 짐작하는 데에도 도움이 된다.

오염된 물을 마시면 몸이 오염되듯이, 오염된 언어를 오래 사용하면 정신이 오염된다. 오염된 정신은 오염된 행동으로 이어진다. 당사자도 자각하지 못하는 사이에.

실전 근혜체
고급 활용법

많은 사람들에게 갑갑함을 선사하고 대한민국을 혼돈에 빠트린 근혜체, 즉 박근혜 어법은 실전에서는 종종 지금까지 살펴본 여섯 가지 유형이 이중 삼중으로 복합된 형태로 나타난다. 각각으로도 괴이한데, 그 조합이라니. 이제 독자 여러분은 상당한 인내심을 지니셔야 한다.

박근혜는 가히 우리말 파괴자라 할 수 있다. 그나마 단문은 그런대로 뜻이 통하지만, 문장이 조금만 길어지면 그 의미를 제대로 알기는 지극히 어렵다. 박근혜 식 활도체[71]란 말도 나왔다.

중문 복문 형식이 아무렇지도 않게 뒤섞여 배치되고 문장이 길어질수록 문장 구성의 집중력이 떨어져서다. 이는 만연체 문장이 지니고 있는 기본적인 위험성이다. 따라서 화술에 자신이 없는 사람일수록 문장을 짧게 짧게 끊어서 말을 해야 한다. 물론 글도 마찬가지다. 그런데 박근혜는 말을 못하면서도 만연체를 선호한다. 만연체 문장을 선호하는 이들은 대체로 과시적, 권위적, 보수적 성향을 보이며, 행동보다는 사고에 치중하는 경향이 있어, 의사결정이 모호하거나 느린 편이다.

사고장애에서 오는 지리멸렬과 우원증

박근혜의 길게 늘어지는 문장에서는 후발 문장(낱말)이 선발 문장(낱말)을 제대로 챙겨 주는 일이 버겁다. 결국 대개 주어와 술어의 불일치가 일어난다.

이를 좀더 학술적, 전문적으로 파고들어가 보면 심리학 또는 정신의학에서 말하는 사고 장애(disorder of thought)의 일종이다. 사고 장애에는 연상(聯想)이 끊임없이 비약하여 사고의 목표를 정할 수 없는 관념 분일(觀念奔逸), 생각하는 진도가 늦고 착상(着想) 능력의 결핍, 결단의 지체 등이 나타나는 사고 억제, 그리고 사고의 연관성을 잃어버리게 되는 멸

---

71)　왈도체란 한 문장 내에서 여러 가지 어절 또는 단어가 부자연스럽게 또는 어법에 맞지 않게 조합된 문장을 뜻한다. '마이트 앤 매직 6'라는 게임이 1998년 6월 한국에서 출시될 때 엉뚱하고 잘못된 한글 자막이 주목을 받으면서 유행하게 되었다. 대표적인 사례로 "Hello there! Mighty fine morning. If you ask me, I'm Waldo."를 "안녕하신가/ 강하고 좋은 아침. 만일 내게 물어보면 나는 왈도." 하는 식으로 번역했다. 매끄러운 번역은 '안녕, 정말 상쾌한 아침이군! 나는 왈도라고 하네.' 정도. 이처럼 본래는 오역을 넘어 맥락을 알 수 없을 정도로 엉망으로 번역된 문장이나 어절을 왈도체라 했으나 나중에는 번역과 무관하게 어투 자체가 앞뒤 맥락이 제대로 연결되지 않는 어색한 번역 투 우리말 어법도 인터넷상에서 왈도체라 불렸다. 〈개그콘서트〉의 '두캅스', 'LA 쓰리랑'과 같은 코너에서 부분적으로 유사 어법을 채택하기도 하였다.

렬(滅裂) 등 여러 유형이 있는데 박근혜에게 특히 자주 나타나는 것은 지리멸렬(支離滅裂. incoherence)과 우원증(迂遠症. circumstantiality)이라 할 수 있다.

지리멸렬은 우리가 일상에서도 자주 쓰는 말이다. '영화가 도입부는 좋았는데 뒤로 갈수록 지리멸렬해져서 갈피가 안 잡혀.' 같은 식으로. 이는 생각할 때에 관념의 결부를 잃어 생각이 정리가 잘 안 되는 경우이다. 한마디로 말해서 계속 떠들긴 하는데 '내가 무슨 말을 하려고 이 얘기를 시작했더라…?' 상태가 되어 버리는 것이다.

우원증은 주제의 핵심에 효과적으로 접근하지 못하고 곁가지를 치면서 한참씩 도는 경우이다. 발화나 문장 구성에는 큰 문제가 없으나 불필요한 문구를 만들어 내어 덧붙이거나 반복한다. 지리멸렬과 차이점이라면, 어떻게든 원주제로 돌아오기는 한다는 점이랄까.

알기 쉽게 정리하자면, 말을 시작해서 제대로 끝맺지 못하면 지리멸렬, 산 넘고 물 건너서라도 어떻게 간신히 끝을 맺으면 우원증이라고 보면 될 것이다. 예를 들어 위안부 협상과 관련한 대통령의 다음 발언은 지리멸렬이라고 할 수 있다.

"한 분이라도 더 살아계실 때 이 문제를 해결을 해서 일본의 사과도 받아내고, 또 그분들께 도움도 지원해 드리고 이렇게 되어야 되지 않느냐 해 가지고 지난번에 어렵게 어렵게, 그것도 보통 〔웃음〕 협상이 정말 난항, 그렇게 힘든 협상도 아마 드물 겁니다."

왜 협상을 하게 되었는지 이유를 설명하기 시작해서, 협상이 힘들었다는 투정으로 끝나 원래의 취지를 잃어버렸다.

한편 세월호 유족과의 면담에서 나온 다음 발언은 우원증의 대표적 사례이다. 유가족 의견을 잘 반영해 달라는 요지의 질문에 대한 답이 간신히 돌아왔다.

> "그런데 이것이 지금 특검도 해야 되고, 국정조사하고 특별법도 만들고, 부정부패를 아주 원천 방지할 수 있는 공직자윤리법도 국회에서 그동안 통과를 안 해 줬던 부패방지법 이런 것도 다 이번에 통과가 돼서 그런 기반을 닦아 놓고, 그다음에 이걸 해 나가는 과정에 있어서 투명하게 그 결과를 유족 여러분한테 공개를 하고, 거기에 대해서 유족 여러분이 이 점은 좀 부족하다든지 이건 어떻게 된 건지 그런 게 있으실 겁니다. 그런 거는 항상 어떤 통로를 통해서 계속 여러분들의 의견을 수렴해서 조사하는 과정이라든가 이걸 집행하는 과정에서 그 의견이 항상 반영이 될 수 있도록 그렇게 해 나가겠습니다."

대통령의 말을 해석하느라 국민이나 언론이 그토록 고생한 건 다 이유가 있다. 기본적으로 사고 장애가 있는 언어이기 때문이다.

일단 늘이고 보는 불필요한 수식들

지리멸렬, 우원증 같은 사고 장애의 결과물이 '연상지체'다. 한마디로 다음 단계로 생각이 빨리빨리 건너가지 못하는 것이다. 일단 말은 시작했고 다음 말로 건너가야 하는데 얼른 생각이 안 나면 어떻게 해야 할까? 그렇다. 생각이 날 때까지 앞말을 붙잡고 늘이는 것이 대처법이다.

연상지체에 따라붙는 달갑잖은 부산물이 '늘이기'이다. 근혜체에서는 항상 한 어절의 말이 두 어절 이상으로 늘어난다. 그래서 '생각하고'가 아니라 '생각을 하고'가 되고 때로는 '생각을 해 갖고는'으로 더 늘어나기도 한다.

이 말 늘이기는 연세가 지긋하신 분들이 구어체에서 흔히 사용하던 어투다. 문어체로 '그리해서는'이 구어체로는 '그리해 갖고설랑은'으로 늘어지는 식이다. 이는 또한 예전에 한자어를 많이 사용하던 시절의 잔재이기도 하다. 예를 들자면, 요즘은 서술이나 행위성 명사에 동사를 만드는 접사 '하다'를 붙이면 간단하게 동사가 된다. 이를테면 '진술/생각/작명/명명/건축'이라는 명사에 '하다'가 결합되면 '진술하다/생각하다/작명하다/명명하다/건축하다'라는 동사가 되는 것처럼.

하지만, 예전에 한문 투의 표현을 우리말로 바꿀 때는 그처럼 편리하게 직행하는 대신에 '~를 하다' 꼴을 썼다. 예를 들어 학교 건물을 지을 때 요즘 같으면 '학교 건물을 건축하다'라고 하지만 예전에는 '학교 건물 건축을 하다'로 말했다. 한문에는 '학교 건물 건축'과 같은 명사구나 절 다음에 술어가 배치되는 경우가 아주 흔했다. 근혜체에는 이처럼 낡은 티가 나는 것들이 많이 사용되고 있는데, 이는 박 대통령이 연령으로도 할머니라서 그렇기도 하지만, 연상지체 때문에 어쩔 수 없이 말을 늘여야 하다 보니 더욱 이런 어법이 굳어진 것이다. 보편적인 사람들과 어울려 평상적인 사회화를 겪으면서 대화해 왔다면, 이렇게까지 증상이 심하지는 않았을 것이나, 이미 강조했듯이 박근혜의 언어 사회화 과정은 전혀 보편적이지 못했다.

박근혜의 말에서는 조사 또한 부적절한 격(格)으로 사용되거나 임의대로 생략된다. 이를테면 목적격 조사 '을/를'이 들어갈 자리에 주격조사 '이/가' 등이 배치되는 식이다. 뜻이 통할래야 통할 수가 없다. 게다가 '이런, 이렇게, 어떤, 그런, 이, 그'와 같은 습관적인 관형어와 지시어를 불필요하게 끼워 넣기 때문에 문장의 긴장이 수시로 이완되어 집중력을 방해하고 이해에 혼란을 준다. 듣는 이들을 고통스럽게까지 만든다.

다음은 2012년 대통령 후보 시절 외신기자 클럽 기자회견 중 '어떻게 한중 관계를 발전시켜 나갈 것인가?'에 대한 답변이다.

> "지금까지도 우리 한 · 중 관계는 협력적 관계로 <u>이렇게</u> 발전해 왔기 때문에 앞으로도 그렇게 <u>지속이 될</u> <u>것이고</u> 더 업그레이드시켜 나갈 <u>것이다</u> <u>이렇게</u> 생각하고 있습니다."
>
> —2012년 11월 8일, 외신기자 클럽 기자회견

위의 문장에서 두 번씩 나온 '이렇게'는 다 불필요한 군소리다. '지속이 될'도 '지속될'로 말할 수 있다. '것이다 이렇게 생각하고 있습니다'는 '것입니다' 또는 '생각입니다' 정도로 충분하다. 말 늘이기만 하지 않아도 발언은(문장은) 상당히 단촐하고 알아듣기 쉬워진다. 아래와 같이 고쳐 본다.

> 지금까지도 우리 한 · 중 관계는 협력적으로 발전해 왔고 앞으로도 그렇게 지속될 것이고 더 업그레이드시켜 나갈 생각입니다.

우리말 파괴의 현장

근혜체의 '완성형'으로 인용되는 아래 문장을 보자. 이 역시 세월호 유가족 면담 중에 등장한 말이다.

> "제가 말씀을 확실하게 드릴 수 있는 것은 그 희생이 결코 헛되지 않게 대한민국이 다시 태어나게 하는 계기로 만들겠다는 그 각오와 그다음에 여러분들의 그 깊은 마음의 상처는 정말 세월이 해결할 수밖에 없는 정도로 깊은 거지만 그 트라우마나 이런 여러 가지는 그런 진상 규명이 확실하게 되고 그것에 대해서 책임이 소재가 이렇게 돼서 그것이 하나하나 밝혀지면서 투명하게 처리가 된다. 그런 데서부터 여러분들이 조금이라도 뭔가 상처를 위로 받을 수 있다. 그것은 제가 분명히 알겠습니다."
>
> —2015년 5월 16일, 세월호 유가족 면담

근혜체의 원조 격인 이 명문(?)은 숱한 번역본이 생산되어 널리 유포되고 인용되었다. 오죽하면 '박근혜 번역기'가 다 등장했을까.

> "호랑이한테 물려가도 정신을 차리면 된다는 그런 말이 있듯이 우리의 집중을 자꾸 이렇게 분산시키려는 일들이 항상 있을 거다, 으레. 그게 무슨 새삼스러운 것도 아니고, 그런 가운데서도 우리의 핵심 목표는 올해 달성해야 될 것은 이것이다 하는 것을 정신을 차리고 나가면 우리의 에너지를 분산시키는 걸 해낼 수 있다는 마음을 가지셔야 될 거라고 생각한다."
>
> —2015년 5월 12일, 청와대 국무회의

이 인용문은 지금까지 설명한 사고장애로 인한 연상이완 그리고 여섯 가지로 구분한 박근혜 어법의 거의 모든 유형을 한 문장 안에 다 담고 있다. 의욕 있는 분들은 '솔선을 수범하고 인수를 분해하는' 심정으로 분석해 보시기 바란다.

우리말이 이처럼 어려울 수가 있을까. 세종대왕께 송구스러운 마음이 들 정도다. 박 대통령은 그 숱한 거짓말과 국정운영 파행은 논외로 하더라도, 역대 대통령 가운데 우리말의 아름다움과 정갈함을 가장 심하게 파괴한 대통령이라는 오명을 피할 길이 없다.

박근혜식 유머가 썰렁한 이유

정치인 화술의 꽃은 유머

유머는 때로는 백마디 말과 몇 시간의 연설보다 설득력이 높을 수 있다. 아무리 정확한 논리를 구사한다 해도 정치적 반대파의 의견을 바꾸기란 거의 불가능에 가깝지만 유머는 부지불식간에 상대방을 무장해제 시켜 버린다. 그래서 정치인 화술의 꽃은 유머라는 말도 있다.

오바마가 2016년 4월 30일 백악관에서 기자단 연례 만찬을 열었다. 퇴임 전 백악관을 출입하는 기자들과 가진 마지막 만찬이었다. 그날 그의 만찬사는 특이하게도(실은 유쾌하고 맛있게 식사하는 자리에 걸맞게) 처음부터 끝까지 유머로만 채워졌다. 특히, 시사적 인물들에 대한 재미있는 비유가 눈길을 끌며 환호를 이끌어 냈는데, 그중 공화당의 유력 대선 후보로 떠오른 트럼프에 대해 이렇게 말했다.

"공화당 지도부는 트럼프가 외교 경험이 없다고 지적합니다. 하지만 트럼프는 미스 스웨덴, 미스 아르헨티나, 미스 아제르바이잔 등 외국 지도자들과 만나 왔습니다."

이 말에 모든 이들은 박장대소했고 기립 박수를 보냈다. 심지어 친공화당계 기자들까지도. 그 만찬사를 두고《워싱턴포스트》는 이렇게 헤드라인을 뽑았다.

　　"코미디계의 최고사령관(Comedian in Chief),[72] 멋진 공연"

　주위로부터 딱딱하다는 지적을 많이 받았던지, 박근혜도 어느 시점부터 유머를 구사하기 위해 상당히 노력했다. 그런데 그 수준은 자신도 인정했듯이 '썰렁 개그'를 벗어나지 못했다. 아래의 예에서 보듯.

　　"점심 때 못 먹는 것은? 저녁밥과 아침밥"
　　"새우와 고래가 싸우면 누가 이기는지 아세요? 답은 새우. 새우는 깡(새우
　　깡)이고 고래는 밥(고래밥)이니까."

　썰렁한 이유는 그의 유머가 대부분 어디서 들어 본 이야기라서. 즉 누군가 알려 준 것을 억지로 외워서 사용하는 셈이다. 또 분위기를 자연스럽게 휘어잡지 못하기 때문에 초등학생들 수수께끼 문답하듯이 먼저 묻고 스스로 답하는 형식이다. 유머에조차 청중들이 끼어들고 같이 소통할 여지가 별로 없다. 보다 중요한 것은 자신을 내려놓을 줄 모르고, 상황을 받아들이거나 이용할 줄 모른다는 점이다.
　이와 관련, 위기의 순간을 뒤집는 시원한 유머의 사례를 몇 가지 돌아

---

72)　　미국 대통령의 군 통수권자 정식 명칭은 '최고사령관(Commander in Chief)'
이다. 이 말을 살짝 바꾸어 코미디계에서도 최고라는 뜻으로 'Comedian in Chief'로 재치
있게 표현한 것.

보자.

국가보안법을 두고 여야가 첨예하게 맞섰을 때 일이다. 여당인 열린우리당
이 국가보안법 폐지안을 표결 처리하려 하자, 한나라당 의원들이 순식간에
단상을 점거한다. 동시에 의사봉이 감쪽같이 사라졌다. 그때 단상 위에서
남성 의원과 당당히 맞서고 있던 한나라당 송영선 의원에게 누가 빨리 방망
이를 내놓으라고 몰아붙였다.

이에 화가 난 송영선이 허리에 손을 대고 고함을 질렀다.

"나는 태생적으로 방망이가 없어요!"

다그쳤던 여당 의원도, 단상을 점거한 야당 의원도 동시에 폭소를 터뜨렸
다. 결국 그날 열린우리당의 국가보안법 폐지안 강행 작전은 수포로 돌아
갔다.

백악관 기자실. 레이건 대통령이 연단 앞에 섰다. 현안을 설명하기 위한 자
리. 한 기자가 80세에 가까운 노령의 대통령을 집요하게 물고 늘어졌다. 소
통의 달인 레이건도 짜증이 났는가 보다. 회견을 마치고 퇴장하면서 혼잣말
로 "Son of bitch."라고 했다. 그 말이 전파를 타고 미국 전역에 생중계됐
다. 발끈한 백악관 출입기자들이 그 다음날 가슴에 'SOB'가 박힌 티셔츠를
단체로 맞춰 입고 출근했다. '그런 말을 하는 당신이 SOB'라는 심한 뜻을
담고 있었다.

보고를 받은 대통령이 빙긋 웃으면서 기자실에 나타났다. 그리고 말했다.

"기자 여러분, 저의 예산 절감(Save Our Budget) 계획을 이렇게 적극적으
로 지지해 주셔서 대단히 감사합니다."

대통령의 위트 넘치는 코멘트에 기자들도 박장대소했다. 자칫 떨어질 뻔했던 대통령의 지지율도 반등했다.

일본 중의원 본회의장. 전쟁 통에 한쪽 눈을 잃은 의원이 자신의 법안을 설명하고 있었다. 상대 당 의원이 "애꾸 주제에."라고 인신공격을 했다. 그러자 그 의원이 점잖게 맞받아쳤다.
"이 법은 일목요연(一目瞭然)한 법입니다."

이런 유머의 공통점은 자신에 대한 공격에도 불구하고 그것을 멋지게, 외려 한 단계 업그레이드시켜서 돌려주는 방식으로 긴장 관계를 일거에 해소한다는 점이다. 이와 달리, 박근혜의 개그가 성공을 거두지 못하는 것은 자신을 충분히 내려놓거나 완벽하게 희화화하는 것을 원천적으로 거부하기 때문이다.

우리나라에서 현직 대통령을 유머 대상으로 삼아 '씹기' 시작하고 여러 권의 책자 출간으로까지 이어진 것은 YS 때부터이다. YS는 자신을 풍자하는 유머집이 출시되었다는 보고를 듣자 "내가 그리 인기가 있다는 얘기 아이가?"라고 하며 도리어 그 책을 사오라고 시켰다.

유머는 자작품일 때 빛나고, 즉석 유머일 때 더욱 영롱해진다. 기지와 재치, 그리고 인품이 듬뿍 배어 있는 것일수록 감동적이다. 멋진 유머를 듣고 포복절도할 듯이 웃는 이는 더 이상 적군이 아니다. 하지만, 박근혜가 정치에 뛰어든 이후 그의 유머가 청중을 시원하게 웃어젖히게 만든 적은 단 한 번도 없었다.

4장

콤플렉스와
박근혜의 언어

성격의
토양

태음인(太陰人)은 사상체질에서 간이 크고 폐가 작은 사람을 뜻한다. 해
부학적인 크기로가 아니라 기능적인 면에서 하는 해석이다. 태음인은 대
체로 키가 크며 살이 많다. 끈기가 있고 과묵해서 한번 시작한 일은 끝을
본다. 태음인은 내성적이다. 꾸준히 반복하는 일을 잘하는 반면, 새로운
것을 판단하는 직관 기능은 대체로 약하다. 특히 여성의 경우는 모험을
잘 하지 않고 성격 자체가 소심한 부분이 있어서 남에게 잘 드러내지 않
는 편이다.

사소한 것에 집착하면서 작은 일에 감정이 잘 상하고, 고집이 세고 은
근히 사치하며 겁이 많다. 바깥일에 관심이 적고 남의 눈치를 많이 보며,
무슨 일이든 우선 부정적으로 보고 낯선 장소나 낯선 사람을 꺼려한다.
말에 조심성이 많은 편이지만 자기주장은 굉장히 강하다. 다른 여성에
비하여 신체 골격이 비교적 크고, 눈 코 입의 선이 굵고 뚜렷하다. 허리

통이 다소 굵은 사람들이 많고 상체에 비해 하체가 건실한 편이다.

태음인은 항상 고요하게 있으려 하기 때문에 잘 움직이지 않으려는 성향이 있으며, 내부를 잘 지키려 하고 외부에서 이기려 하지 않는다. 몸가짐에도 예의를 갖추고 있어 행동이 가벼워 보이지 않는다. 하지만 항상 겁내는 마음이 있다. 심해지면 정충(怔忡, 심한 정신적 자극을 받거나 심장이 허할 때 가슴이 울렁거리고 불안한 증상)을 야기할 수도 있다.

태음인은 인의예지의 사단(四端) 중에서 '예(禮)'를 우월 기능으로, '인(仁)'을 열등 기능으로 타고났다. 우월 기능인 '예'의 속성은 과거를 세세하게 잘 기억하며, 당연한 도리나 예의를 무척 중시한다. 규범을 주된 잣대로 사용하며, 심할 경우에는 집착에 가깝게도 따진다. 그 때문에 창의적 상상력은 부족한 편이다.

이것이 이제마의 사상체질에서 말하는 태음인의 속성이자 특질이다. 박근혜의 경우와 대부분 일치한다. 박근혜는 혈액형 B형[73]에 키 162센티미터로, 1960년대의 여고생 표준 키 158센티미터에 비하면 작지 않은 키다. 박근혜는 내성적이고 말수가 적지만, 인내심과 지구력은 뛰어난 편이다. 박근령의 말을 빌리면, 시험 때가 되면 책상에서 내려올 줄을 몰랐다. 필기시험이 다 끝났는데도 체육 과목 공부를 하고 있더란다. 고집도 세다. 인내심과 자존심은 고집과 구분하기 쉽지 않다. 자존심에 고집

---

[73]　국가원수의 혈액형은 국가기밀이니 뭐니 하면서 국가기록원 자료에서 삭제하기도 한다. 현재는 공란으로 되어 있다. 예전 기록에 의하면 박정희의 혈액형은 A형이다. 육 여사는 AB형. 근령도 AB형이며, 지만은 A형일 것으로 추측된다. 박근혜 대통령의 B형은 자신이 싸이월드 미니홈피 백문백답에 기록했던 혈액형이기도 하다.

이 결합되면 한 발도 물러서지 않는다. 그리고 대체로 생각이 많다.

이 모든 것이 태음인의 특질과 거의 일치한다. 이러한 체질과 기질, 성격과 소양은 당연히 박근혜의 언어에 반영된다. 말하자면 박근혜의 언어의 나무가 자랄 토양이다.

이번 장에서부터는 박근혜의 내면 세계를 주로 고찰하고자 한다. 한 인간의 심연이 언어에 어떤 영향을 주었는지 알아보기 위함이다. 동양적인 사상체질론을 살펴봤으니 서양에서 발전한 심리적 분석도 간단히 더불어 살펴보기로 하자.

정치가 타입과 거리가 먼 심리 유형

우리나라에서 가장 널리 쓰이는 심리 유형 검사는 MBTI(Myers-Briggs Type Indicator)다. 칼 융의 심리유형론을 근거로 하여 마이어즈(I. Myers)와 브릭스(K.C. Briggs)가 보다 쉽고 일상생활에 유용하게 활용할 수 있도록 고안한 자기 보고식 성격 유형 지표다.

MBTI에서는 인간의 심리 유형을 다음의 네 영역에서 드러나는 상대적 항목들의 조합에 따라 16가지로 나누고, 거기서 도출된 타입을 각 항목의 두문자를 조합하여 표기한다. 태도와 관련되는 외향성(E) ↔ 내향성(I), 인식 과정에서 드러나는 감각형(S) ↔ 직관형(N), 판단 과정에서 보이는 사고형(T) ↔ 감정형(F), 목표와 방향에 작용하는 판단형(J) ↔ 인식형(P).

이러한 MBTI 구분법에 따르면 박근혜는 내향성＋감각형＋감정형＋판단형, 곧 '내향적 감정형(ISFJ)' 타입이다. 이 ISFJ형의 특질은 '임금 뒤편의 권력형'('뒷방 시어미'형)이라 요약된다. 이와 정반대되는 타입은 외향성＋직관형＋사고형＋판단형, 곧 '외향적 사고형(ENTJ)이다.

정치가들의 일반적 유형은 박근혜와는 정반대 타입인 ENTJ형이다. 다시 말해서, 심리 유형으로 보자면 박근혜는 정치와는 영 맞지 않는 사람이다. 그렇기 때문에 박근혜는 정치인이면서도 정치인들과 기질적으로 맞지 않고 자연히 그들과의 만남도 즐기지 않는다.

'정치하기 싫은 사람'의 타입이라는 것과 관련하여, 재미있는 관찰이 하나 있다. 박근혜의 심리를 연산군의 그것과 흡사하다면서, 본래 박근혜는 대통령을 하기 싫어한 사람이었다고 진단하는 심리학자 김태형의 관찰이 그것이다. 그는 박근혜가 대통령이 되고 싶은 마음이 그다지 없었는데, 득표력을 눈여겨본 극우 보수 세력이 일종의 '정치 상품'으로 키웠다고 본다. 극우 보수 세력이 정권 재창출용으로 박근혜라는 카드를 요긴하게 썼고, 또 성공했다는 것이다.

특히 그의 이야기 중 연산군의 심리 상태를 빌려서 표현한 박근혜의 심리, 곧 세상에 대한 불신감 · 정서 불안 · 애정 결핍 · 자신감 결여 · 방어적 태도 · 의존심 · 심한 분노 감정 등은 지금까지 이 책에서 살펴본 박근혜의 어법에 담긴 뿌리들과 상당 부분 일치하거나 근접한다. 좀 긴 편이지만, 재미있는 관찰이므로 해당 부분을 살펴보고 가기로 한다.[74]

---

74)   《프레시안》, "박근혜는 연산군… 대통령 하기 싫다", 2015년 4월 29일자.

박근혜 대통령의 국정 운영 스타일을 보면, '대통령 하기 싫은 사람이 대통령이 된 경우'다. '박근혜'라는 사람은 대통령이 되고 싶거나 대통령 할 생각을 하지 않았을 것이다. 다만, 표를 얻을 힘이 있기 때문에 극우 보수 세력이 일종의 '정치 상품'으로 키웠고 그렇게 대통령까지 됐다고 보인다. 어쨌든 '박근혜' 개인은 하기 싫은 배역을 맡아서 억지로 하고 있는 상황이다.

심리학자가 보기에, 박 대통령은 권력욕이 없으며 사람을 믿지 못하는 성향이 있다. 물론, 권력에 대한 욕망이 어느 정도는 있을 것이다. 무엇보다 아버지인 박정희 전 대통령에 대한 세간의 평가를 자신의 기준으로 바로잡아야 한다고 생각하고 있기 때문이다. 그러나 극우 보수 세력의 설득이 없었다면, 박 대통령은 정치권에 다시 발을 디딜 사람이 아니었다. (…)
또 박 대통령은 주도성이 없다. 자신이 나서서 무언가를 하려고 하거나, 어떤 일이 닥쳤을 때 이를 감당할 뚝심이 없다. 맡은 일을 하기 싫어하는 사람의 전형적인 모습이다. 어려움이 닥치면 회피하고, '이 말 했다 저 말 했다'하며 빠져나갈 궁리만 한다.

『심리학자, 정조의 마음을 분석하다』(역사의아침, 2009)에서 성종의 장남이자 폐비 윤 씨의 아들인 연산군(조선의 10대 왕)의 심리를 분석했는데, 박 대통령의 심리 상태는 연산군과 비슷하다.
연산군은 예닐곱 살 어린 나이에 어머니를 잃었다(1482년 성종 13년 폐비 윤씨 사사(賜死)사건). 이후 그는 생존 위협에 시달리며, 세상에 대한 불신감·정서 불안·애정 결핍·자신감 결여·방어적 태도·의존심·심한 분노 감정 등을 갖게 됐다. 당시 수구 보수 세력인 훈구파는 그런 연산군을 기

어이 왕으로 옹립해 이용했다. 연산군은 기본적으로 사람을 믿지 못하고 의심하는 한편, 자신을 보호해 줄 사람에게 지독히 의존했다. (…)

또 연산군이 할머니인 인수대비와 친인척에게 의존하다 자신의 인생을 망쳤는데, 박 대통령 역시 측근 중에서도 최측근에게만 의존하는 정치를 하고 있다. 지난해 '비선 실세' 의혹에 휘말린 정윤회 씨를 비롯해 청와대 김기춘 전 비서실장, '문고리 권력'으로 불리는 이재만 총무비서관과 안봉근 행정관 등을 제외한 다른 사람은 심리적으로 아예 믿지도 않고, 또 믿을 수도 없다.

박 대통령은 심리적으로 의존 상대가 필요하다. 하지만 사람을 믿지 못하기 때문에 그마저도 극소수다. 그리고 이들 소수는 박근혜를 다룰 줄 아는 사람들이다. 박 대통령 본인도, 심리적으로 굉장히 의존하고 있을 것이다.

박 대통령이 말을 더듬거리는 모습이 TV에 자주 노출된다. 말의 앞뒤가 맞지 않는다. 이 정도면 심각하다. 정서적으로 불안정할 뿐 아니라, 사안을 대하는 태도도 긍정적이지 않다는 신호다. 정서적으로 이미 패닉 상태(공황 상태)에 들어간 것으로 보인다.

아버지 박정희에 대한 이중적 심리

아침에 국회의원을 만나 보려면 여의도의 모 호텔 사우나로 가라는 말이 있다. 그 사우나에 들어서면 매스컴을 통해 낯이 익은 의원들이 도처에 있고 술 냄새가 진동한다. 그것도 대부분 독주 냄새다. 간밤에 술을 드신 의원 나리들께서 숙취를 풀기 위해 열심히들 땀을 흘리고 있다. 우리나라에서 통상적인 출근 시각이 오후인 것도 오직 국회의원들뿐이다. 본회의 개회 시각이 특별한 합의가 없는 한 평일은 오후 두 시인데,[75] 그 또한 이 사우나 행사와 무관하지 않다. 술 냄새를 풍기며 회의장에 들어설 수는 없지 않으냐는 생각을 담아 스스로 정한 출근 시각이다.

그만치 정치인들은 술을 사랑한다. 직설법 대신 은유법과 대유법이 득세하는 정치판에서 술잔을 주고받으며 그 잔 안에 진짜 속내를 담아 은밀히 주고받는 일을 정치의 연장이라고 여기기도 한다. 그러다 보니 온갖 부작용도 잇따른다. 음주와 관련된 갖가지 추태와 소동들이 그것이다.

폭탄주를 주고받던 의원과 현역 군인들 간의 주먹다짐 난투였던 국방위 회식 사건(1986년 3월)이 그 규모와 파장에서 대표적인 것이라면, 기자들 앞에서 보인 추미애의 취중 욕설(2001년 7월) 따위는 가십거리에 불과할 정도로 다양하다. 20대 총선에서 공천 탈락으로 이어졌던 새누리당 윤상현(인천 남을 지역구)의 김무성 욕설 사건도 취중에 벌어진 일이었다.

박근혜는 술을 즐기지 않는다. 태음인은 사상체질 중에서 가장 술을 잘 마시는 축에 든다. '지고 가지는 못해도 먹고는 간다.'라는 말이 어울리는 체질이 태음인이다. 그러나 박근혜는 '딱 한 번 소주 넉 잔까지 마셔 본 게 최대 음주 경험'이라고 말할 정도로 음주 자체가 드물다.

박근혜가 정치인의 필요악처럼 여겨지는 음주를 기피하는 것은 후천적인 이유, 즉 환경적인 영향들 때문으로 보인다. 하나는 어머니 육영수

---

75)　토요일은 오전 10시에 개회한다. 대신 회기 중에는 정회, 산회, 휴회가 선포되기 전에는 몇 날 며칠이고 퇴근 시각이 정해져 있지 않은 특수직이긴 하다.

가 평생 술꾼이었던 남편으로 인하여 겪은 여러 부정적 상황들을 가까이에서 지켜본 데에서 기인한다. 부친에 대한 부정적 콤플렉스 탓이라고나 할까. 그리고 결정적인 것은, 20대 후반~40대 초반에 걸쳐 그녀의 절대적 의존처였던 최태민도 지병 때문에 술을 하지 못했다.

육영수는 풍운아의 아내들이 겪기 마련인 불안을 오래도록 껴안고 지냈다. 남로당 연루 사건에서 간신히 목숨을 건진 뒤 문관으로 강등되어 지내다가 당시 육본 정보국장이던 장도영의 도움으로 어렵게 현직으로 복귀한 박정희는, 항상 말이 없었고 당시 체제와 자신의 처지에 대한 불만을 술에 실어 보냈다. 6.25 전쟁 중임에도 서둘러 육영수와 결혼한 것도 어찌 보면 그러한 외톨이의 외로움을 곁에서 함께하며 위무해 줄 사람이 필요해서일지도 모른다. 그로부터 한참 뒤, 박정희의 마음속 거사 준비에 2~3년이 걸렸고,[76] 사람들이 집으로도 드나들기 시작한 이후로는 그녀도 남편이 무슨 일인가를 크게 꾸미고 있음을 눈치 챘다.

그 후 육영수는 권력가의 아내가 되었지만, 늘 밝게 살 수는 없었다. 당시 가부장적 남편이나 호주가(好酒家) 남편은 아내들이 껴안고 가야 할 숙명이었다. 게다가 박정희는 다른 데에는 철두철미하고 냉엄했지만, 부하들의 여자 문제에 대해서는 '남자의 벨트 아래는 논하지 말라'며 대

---

[76]   실제로 정확하게 거사를 확정지은 것은 87일 전인 1961년 2월 19일이다. 그토록 짧은 준비 기간이었음에도 성공할 수 있었던 것은, 1958년 이후 박정희가 후배들과의 술자리를 빈번하게 갖는 것으로, 수면 하에서 동지 규합을 해 온 덕분이었다. 혁명 직전 해인 1960년 9월의 '16인 하극상 사건'으로 육사 8기생인 JP와 석정선 등이 구속되고 JP가 예편되면서 구체화되었다. (《중앙일보》, "김종필 증언록 '소이부답'", 2015년 3월 9일자)

수룹지 않게 여기던 사람이었다. 충북 옥천의 대부호였던 친정아버지 역시 여러 첩을 통해 여러 자식을 두었다. 육영수는 그런 시대적 한계 앞에 고분고분했으나 남편의 엽색 행각에 무던히도 속을 끓일 수밖에 없었다. 부부 싸움도 잦았다. 육영수는 일반적 가정의 평범한 행복인 원만한 부부생활은 기대하지도 않았다. 속이 상할 때마다 절을 찾았고, 몇몇 말벗들을 청와대로 불러 이야기를 나누거나 편지를 썼다.

이런 어머니를 보고 자란 자식은 어머니의 전철을 알게 모르게 가슴에 담게 된다. 부모의 삶은 자식의 몸에 저절로 새겨진다. 특히 내면적 고통이나 정신적 불행 등은. 박근혜 역시 어머니의 삶이 몸에 새겨졌다. 나이 50을 넘기고도 '지금 보고 싶은 사람'으로 어머니를 꼽았을 정도로.[77]

몸의 심리학에 관한 실증적 연구자인 수지 오바크의 말대로, 우리가 최초로 신체적 감각을 습득하는 공간은 바로 가족이고, 몸은 부모와의 접촉을 통해 올바로 형성되거나 잘못 형성되기도 한다.[78]

아버지의 모습도 그랬지만, 여성으로서 가장 의미 있는 시기에(24세 ~43세) 19년 동안이나 연결돼 온 최태민은 만성신부전증으로 술을 전혀 할 수 없었고, 병증이 심해서 계속 발기부전으로 고생하던 반쪽짜리 남자였다.[79]

박근혜의 음주 기피는 술을 못해서가 아니라, 술을 멀리할 수밖에 없었던 삶의 궤적 탓이었다. 어쨌든 주고받는 술 한 잔을 통해 이뤄지는 소

---

77)   박근혜가 싸이월드 미니홈피 백문백답에서 밝힌 것이다.
78)   수지 오바크 저, 김명남 역, 『몸에 갇힌 사람들』, 창비, 2011.

통이나 스트레스 방출 기회도 박근혜에게는 거의 없었던 셈이다. 40대 초중반부터 박근혜는 국선도와 단전호흡을 시작했다. 이는 외적 불통의 갑갑함을 내적으로 풀어가기 위한 노력의 한 가닥으로 보인다.

대도 중심으로 판단하는 예(禮) 우선의 사고방식은 자신이 설정한 도덕률에의 집착으로도 이어진다. 그 때문에 상대적으로 배신에 대한 공포감이 다른 유형의 사람들에 비하여 훨씬 크고 깊다. 더 날카롭게 다가온다. 배신에 대한 예리한 공포감은 자신감의 결여와 더불어 늘 타인들을 의식하며 긴장 속에 스스로를 가둔다. 가벼운 농담조차 제대로 꺼낼 수 없게 만든다. 의도적으로 준비했을 때가 아니면.

박정희는 아랫사람들을 부를 때 직급이나 이름 대신 '임자'라는 말을 즐겨 썼다. 박정희 관련 비사를 다룬 회고록 성격의 자료에 빠지지 않고 보일 정도로 박정희가 흔히 쓴 말이 바로 이 임자라는 호칭이다. '임자'는 알다시피 아랫사람을 높여 이를 때 쓰는 인칭대명사다. 이처럼, 박정희 대통령은 아랫사람을 포함한 타인들에 대해 마음 문을 꼭꼭 닫아걸고 앞섶부터 여미는 데에 더 많이 길들여진 박근혜의 경우와는 달랐다.

닫힌 마음은 사람들과의 접촉에서도 늘 일정 거리를 유지한다. 개인적으로 아주 특별한 사람을 빼고는 모든 이에게. 박근혜는 정치인 시절에

---

79) 수사 기록을 보면 최태민이 12명의 여인들과 관계한 내용(장소, 횟수, 성교 방식)이 상세하게 나오는데, 1~2명을 제외하고는 거의 대부분 오럴 섹스였다. 지병 탓에 발기부전이 심했던 것으로 보인다. 수사 기록에도 그 이유가 발기부전으로 명기되어 있다. 최태민의 말년에 10여 년간 가까이했던 전기영 목사가 최태민과 박근혜 사이를 '영적인 부부'라고 명명한 것도 이와 무관하지 않다.

최측근 비서진들조차 삼성동 자택 상주를 불허했다. 수행 비서라 하여, 기거를 함께하면서 비서들을 가까이에 두어 온 DJ, YS, JP 등과 크게 대조적이다.

'독종' 박근혜에 대한 평가는 갖가지다. 그것이 올곧음으로 포장되기도 하고, 오기나 독기로 읽히기도 하고(당선 전의 숨겨진 오기가 당선 후 독기로 표출되었다고 하는 게 정확하지만), 이기적인 얼음공주의 내면으로 해설되기도 한다. 어떤 이는 "한국어대사전 '독종'의 낱말풀이에 '박근혜 같은 사람'이라는 설명을 가미하는 것을 추천한다."라고까지 적었다. 그 앞뒤 맥락을 옮겨 오면 이렇다.

(박근혜는) 속은 얼음장이다. 김지하 시인의 평대로, 홀로 가슴 속에 칼을 세우고 살아왔다. 즉, 자기 아버지 닮아서, 천하독종이다. (…) 박근혜는 모든 사람들에게 항상 상냥하다. 그 이유는 근본적으로 이기적인 것이다. 즉, 아무에게도 속을 보이지 않기 위함이다. 외교관이 항상 상냥한 것은 어떤 목적을 달성키 위한 위장이다. 박근혜가 세상 모두에게 상냥한 것도 같은 이유에서다. 나는 그렇게 독한 사람을 생전 본 적이 없다.

박근혜 의원은 몇 시간 차를 타고 이동하는 경우에도 자세를 흐트리는 적이 없다. 실실거리는 잡담은 하지도 않고 받아주지도 않는다. 이는 세상 모든 사람들로부터 간격을 유지하기 위함이다. (…)

박근혜는 독신일 뿐 아니라 하나의 섬이다. 세상 모든 것으로부터 간격을 유지한 채, 속에 홀로 칼을 세우고 사는 독종이다. (…) 한국어대사전에 '독종'의 낱말풀이에 '박근혜 같은 사람'이라는 설명을 가미하는 것을 나는 추천한다. (…) 그렇게, 만인들에게 미소를 던지면서도 그 어느 누구에게도 곁을 안 주고 철저히 외톨이로 칼을 세우고 살아온 결과, 주위에 사람들은 많은데 동시에 주위에 아무도 없는 것이 특색이다.[80]

박근혜의 불통 리더십

이와 같은 박근혜의 거리 두기는 끝내 '불통'으로 이어지는데, 역설적이게도 이 '불통'은 아버지에 대한 이중적인 태도, 즉 외적 존경과 내적 외면에도 그 뿌리를 내리고 있다. 박정희를 지도자로서 내세울 때는 존경의 대상이었지만, 술꾼 아버지 그리고 잦은 여자관계로 어머니 속을 태우는 바람둥이 아버지로서는 외면의 대상이었다. 아버지 박정희는 박근혜에게 이중적 복합적 가치의 표상이었다. 아래의 두 사람 서명에도 그런 성향이 엿보이는 것이, '박' 자에서는 두 사람이 나란히 출발하지만 이름에 들어가서는 서로 다르다. 마지막 글자의 'ㅎ'을 보면 박근혜의 경우는 비스듬하지만 아버지의 그것은 아직도 꼿꼿하다. 손글씨에서 내리긋는 획은 의식적 외면적 심리의 표출인데 반하여, 초성 중성의 경사(비스듬함)는 벗어남, 어긋남을 뜻하는 잠재적 심리의 표출이다.

　박근혜의 심리 기저에서 이 이중적 가치의 충돌은 상당 기간 계속된다. 그리고, 대통령직 취임 이후 충돌피로증이 나타나면서 열린 대피로

---

80) 　　　심상근, 《브레이크뉴스》, "반기문이 새누리당 대선후보가 될 가능성이 높은 이유", 2015년 10월 6일.

박 근 혜   박 정 희

박근혜와 박정희의 서명.

가 바로 불통이다. 대통령에 오른 이상, 앞으로는 아버지에게 매달리거나 시달릴 필요가 전혀 없어졌기 때문이다. 아버지 박정희는 더 이상 박근혜에게 필요한 존재가 아닌 것이 되어 버렸다. 하지만 박근혜가 아버지로부터 꼭 배웠어야 할 게 한 가지 있다. 사람들을 이끄는 방식, 바로 리더십이다.

1920년대부터 학자들의 관심을 끌기 시작한 리더십에는 수십 가지가 있다. 그중 가장 고전적인(?) 것은 막스 베버가 권위의 하나로 주목한 카리스마적 리더십이다. 대중이나 구성원들을 심복시켜 따르게 하는 능력이나 권위를 앞세운 리더십을 이른다. 그리고 한참 뒤인 1978년에 J. M. 번즈의 변혁적 리더십(transformational leadership)이 나오면서 이것이 크게 주목을 받게 된다. 이 리더십은 조직구성원들로 하여금 리더에 대한 신뢰를 갖게 하는 것은 물론, 조직변화의 필요성을 감지하고 새로운 비전 제시를 통하여 그러한 변화를 실제로 이끌어 낼 수 있는 동기부여 능력이 요구되는 리더십, 곧 대상자들을 기본부터 변화시키는 리더십이다. 그래서, 완전히 탈바꿈시킨다는 뜻을 지닌 '변혁적'이란 말이 붙었다.

이 두 리더십의 차이를 단적으로 요약하자면, 카리스마적 리더십은 앞에서 끌고, 변혁적 리더십은 뒤에서 받쳐준다. 카리스마적 리더는 충성심을 선점하려 들지만, 변혁적 리더는 추종자들에게 비전을 제시하여 동기 부여를 중시한다는 큰 차이를 보인다. 변혁적 리더는 추종자들을 변화시켜 목표를 이뤄 내게 한다.

박근혜는 낡은 리더십, 곧 카리스마적 리더의 전형을 보인다. '나 홀로 마이 웨이'를 부르짖는 여왕이다. 군왕적 리더십이라는 말에 어울리게 군소리 말고 무조건 따라오라는 식이다. 한편 아버지 박정희는 구시대 인물이었음에도 그녀보다 크게 앞서갔다.

우리는 박정희 시대 경제발전을 들어 그의 독재를 옹호하지 않듯이, 박정희의 독재 정치를 이유로 그가 적어도 부하들에게는 상당한 리더십을 행사했다는 점까지 부인할 필요는 없을 것이다. 박정희의 부하들은 박정희의 비전 제시를 신뢰하고 그 목표를 향해 뛰었다. 목표가 주어지면 물불 안 가리고 내달았으며, 밤낮없이 뛰었다.

박정희는 수시로 담당 부처의 과장급[81]들을 불러 장시간 실무 협의를 하곤 했다. 심지어 댐 건설 현장의 소장에게 밤중에 직접 전화를 걸기도 했다.[96] 챙기려는 목적도 컸지만, 그런 전화를 받은 현장소장은 두 배로 더 일했다. 대통령의 마지막 말, "임자를 믿네!" 때문이었다.

---

81)　박정희는 일을 추진하는 데에 직급을 가리지 않았다. 혁명 후 비밀리에 추진한 화폐 개혁은 당시 한국은행 과장급이었던 김학렬(나중에 부총리에 이르고, 그를 애칭인 '쯔루(鶴)'로 부를 정도로 아꼈으며, 부총리 시절에도 그의 집이 비가 샐 정도인 걸 보고 200만 원 정도의 봉투를 보냈다)에게 맡겼다. 1986년 TDX 전전자교환기를 세계 10번째로 국내 기술에 의해 개발할 때 으뜸 공신이었고, '한국 정보통신 혁명의 살아있는 전설'로 불리는 오명은 일개 비서관이었다. 방위산업 시동의 실무 주역이자 박정희가 '오 국보(國寶)'라 부를 정도로 신임했던 오원철 경제2수석도 상공부 화학과장, 공업1국장 시절부터 박정희가 주목하고 발탁한 인물이었다.

적어도 박근혜가 박정희로부터 그런 리더십을 절반만이라도 배웠더라면 지금 나는 이런 글을 쓸 필요조차 없을 터이다.

한고조 유방은 학식 면에서 고급 관리가 될 능력이 없었고, 무예 면에서도 작은 성 하나 제힘으로 빼앗을 수 없었다. 그런 그가 막강한 항우를 이길 수 있었던 것은 건달 시절부터 형님 동생으로 지내온 부하들의 충성 덕택이었고, '그가 가는 곳마다 백성들이 물과 음식을 바쳤다'고 기록될 정도의 인애(仁愛) 덕분이었다.

부성 콤플렉스,
신화와 그늘

"아버지요? 저는 아버지에 대해선 그리운 마음으로 머리끝까지 차 있고,
또 어떻게 평점을 내리고 말고 하는 것보다도 아유, 이렇게 억울하게 그 동
안 당하셨는데 이걸 어떻게 벗겨 드려야 되나 그런 생각으로 꽉 차 있기 때
문에 저한테 그런 걸 물으신다는 게….."

—1989년 5월 19일, MBC 〈박경재의 시사 토론〉

심리학자 김태형은 박근혜는 전혀 대통령감이 아니고 자신은 정치를
하고 싶지 않은데도, 보수층에 의해서 정치 상품화되어 등 떠밀려 대통
령이 된 경우라고 날카롭게 분석한 바 있다. 나 역시 이 의견에 상당 부
분 동의한다. 단 한 가지 점만 빼고는.

사실 1997년 제15대 대통령선거에서 이회창 후보 지지를 선언하고 머
리 모양을 육영수 여사 헤어 스타일로 바꾸며 지원 유세에 참가하기 전

까지 자연인 박근혜에게는 강한 '권력 의지'가 보이지 않는다. 정치인이 되기 위한 준비도 특별히 없었다. 정치에 입문하려면 정책 학습과 국가 현안에 대한 이해, 인맥을 쌓고 조직 기반을 다지기 위한 다양한 사람과의 만남 등이 필수일 텐데, 박근혜는 이런 과정이 거의 없었다.

최태민과 함께 근화봉사단 활동을 하면서 다시 부활한 공주로 화려한 한때를 보내긴 하지만 그 주도권은 어디까지나 최태민에게 있었다. 자연인 박근혜는 최태민의 비즈니스에 필요에 따라 활용된 존재였다. 최태민이 노쇠해지고 1990년 육영재단 이사장직마저 박근령에게 넘긴 뒤로는 은둔하면서 칩거 생활을 반복했다. 이 당시 박근혜의 생활에 대해서는 앞에서 살펴본 바 있다. 정치인으로서 성공하기 위한 치열한 관리와 권력 의지보다는 정신적으로 자족하며 살고자 하는 평범한 40대 독신 여성의 면모가 더 두드러졌다.

이런 박근혜를 정치판으로 불러낸 것은 외환위기를 초래하여 재집권 가능성이 희박해진 당시 여당과 보수 세력이었다. 여기에 최태민 사후 한동안 숨을 죽였던 최태민가의 패밀리 비즈니스가 박근혜를 앞세워 다시금 시동을 건 것이다.

김태형의 의견에 대체로 동의하지만 한 가지 점은 그도 간과한 것이 아닌가 생각한다. 그것은 박근혜 자신이 그토록 외치던 아버지의 위상 찾기 욕망이다. 실추된 아버지 명예의 부활, 박근혜 식의 역사 찾기, '박정희 제값 받기'를 반드시 이뤄 내겠다는 집착과 오기는 매우 강렬했다. 이것이 보수층이 내민 손을 박근혜가 선뜻 그러쥐게 된 근본적 원인이다.

박근혜에게 있어서 아버지 박정희의 존재는 절대적이다. 하지만, 그렇다고 해서 박근혜의 마음 심연에 아버지 박정희가 긍정적이고 그리운 존재로만 자리잡고 있는 것이 아님은 앞에서 살펴본 바 있다. 외형적으로는 잘 티가 안 나지만 내면적으로는 부정적인 측면도 적지 않았다. 일찍이 칼 융이 '콤플렉스'라는 말로 요약했듯이 인간의 모든 감정은 이중적, 복합적이다. 콤플렉스는 '감정이 담긴 복합체'를 뜻하는 중립적 용어로서, 어떤 감정에 의해 통합된 심적 내용의 집합일 뿐, 그 자체가 좋고 나쁨을 뜻하는 말은 아니다. 흔히들 콤플렉스를 '열등의식'이라고도 하지만 그것은 콤플렉스가 지닌 두 가지 측면, 곧 긍정적 콤플렉스와 부정적 콤플렉스 중 부정적 콤플렉스만을 지칭하는 것이다.

그런데, 아버지에 대한 긍정과 부정의 이중적 심리를 다 가지고 있는 박근혜는 어째서 그토록 아버지의 위상 찾기, 즉 긍정적 콤플렉스에 매달리는가? 앞서 살펴보았듯이 박정희는 딸 박근혜에게 한 가정의 가장으로서는 부정의 대상이다. 박정희에 의해 인도된 박근혜의 가족사는 비극적이고 참혹했으며 결말도 명예롭지 못했다. 박근혜에게 아버지의 역할과 업적은 비극적 가족사를 상쇄시켜 자존감과 자기 정당성을 확보하기 위한 최소한의 근거이다. 긍정적 콤플렉스를 부각시킴으로써 내면 아주 깊은 곳에 자리잡은—그래서 본인조차 잘 의식하지 못하는—비극적이고 부정적인 콤플렉스를 이겨내려고 하는 것, 이것이 박근혜가 집착하는 박정희 위상 되찾기의 본질이다.

평범한 가정에서 태어났더라면, TV 드라마 시청과 인터넷 쇼핑을 즐기면서 조용히 자족적으로 살아갔으면… 하는 것이 사실상 박근혜의 본심과 소망에 가깝다. 그러나 평범하지 않았던 가족사와 어린 시절의 충격적 체험이 남긴 트라우마는 계속해서 박근혜의 마음을 할퀴고 불안정하게 만들고 자존감을 깎아내린다. 심각한 자아 분열에 빠지지 않으려면

1977년 1월 1일. 신년을 맞이하여 아버지 박정희와 청
와대 정원에서 카메라 앞에 포즈를 취한 박근혜. 그에
게 아버지는 존경의 대상이면서도 복잡한 콤플렉스를
가져다 준 인물이기도 하다.

대체 수단 즉 자신을 지탱해 줄 목표와 존재 이유가 필요하다. 내면의 갈
등에서 나온 이러한 요구를 박근혜는 일기장 여러 곳에서 되풀이해서 썼
듯이 '소명'과 '하늘이 내린 뜻'이라고 이해했다. 박근혜의 이러한 마음
의 행로, 심리 작동 기제를 가장 정확히 간파하고 부추기고 이용한 사람
이 최태민임은 두말할 나위 없다.

박근혜의 부성 콤플렉스는 이처럼 이중적이고 상충되는 면모를 지닌
다. 부성 콤플렉스와 연결되는 박근혜의 언어도 결과적으로는 이중적이
거나 상충적인 모습을 보이지 않을 수 없다.

아버지 박정희와 관련하여 박근혜에게서 읽히는 콤플렉스의 반작용
중 두드러진 것에는 '규범에 대한 엄격한 집착'이 있다. '예'를 따지는 태

음인이기도 한 박근혜는 선천적으로 자기 절제의 성향이 강한 편인데, 아버지의 문란한 여자관계, 술꾼으로서의 모습 등에 대한 거부감이 더해지면서 반사적으로 더 완고하게 규범과 질서에 집착하게 된 것으로 보인다. 박근혜가 초기 저서에서 가치 체계에 관련된 추상명사들을 많이 사용하고 특히 자신만의 도덕률을 가지고 세상인심의 돌변을 질타하는 것들이나 '배신'의 상대어로 '진실'을 강조하는 어법도 이러한 태도의 연장이다.

반면에 '하려는 의지만 있다면 무엇이든 할 수 있다'는 생각 또한 긍정적인 부성 콤플렉스의 하나이다. 물론 여기에서 긍정적이라 함은 박근혜가 그러한 모습을 긍정적으로 받아들이고 답습하려 한다는 것이다. '하면 된다'가 박근혜가 아닌 다른 사람이나 대한민국에 끼친 영향은 대단히 부정적이다. 예컨대 '노오력'이 그러하다. 그런데 이 하면 된다는 의지는 '뛰어난 성과를 내야 한다는 무의식적 강박'을 동반하는 부작용이 있다. 정치인 생활을 하면서 굳어지기 시작한 그러한 의식이 대통령이 된 뒤 더욱 강화되었다. 수석비서관회의나 국무회의에서 모두 발언 형식으로 쏟아내는 숱한 언어들의 나열, 성과에 대한 재촉, 한 수 가르치는 태도는 강박적 심리가 작동한 것이라고 할 수 있다. 긍정적 콤플렉스가 반작용을 거쳐 부정적 결과를 만들어낸 것이다.

올드 보이들이 편한 공주

박근혜의 뿌리 깊은 부성 콤플렉스에서 또 하나 눈여겨볼 측면으로는 남성의 눈으로 자신을 규정하고 남성을 통해 정체성을 부여받으려는 의존적 심리를 들 수 있다.

이는 두 가지 모습으로 표출되는데, 우선 하나는 '올드 보이 의존증'이다. 박근혜 대통령에게 막강한 영향력을 행사해 온 것으로 알려진 원로 자문 그룹 7인회(강창희, 김기춘, 김용갑, 김용환, 안병훈, 최병렬, 현경대) 멤버들은 실제로 나이가 많은 올드 보이들이자 '박정희 키드'들이다. 자신보다 나이 많은 남자들과 일하는 것을 편안하게 여기는 아버지 세대 의존증이라 할 수 있다.[82] 대통령 당선 후 임명한 비서실장들(허태열, 김기춘, 이병기, 이원종)도 하나같이 자신보다 훨씬 연상이었다. 경호실장 역시 연상인 전직 육군 참모총장 박흥열을 발탁한 데에서 이러한 심리의 일관된 흐름이 파악된다. 또 다른 하나는 최태민과 같이 자신의 정체성을 정확히 알아주는 남성과의 협착(狹窄)된 관계망 형성이다. 정치에 입문한 이후로는 정윤회나 문고리 3인방이 그 대상이었다고 할 수 있다.

이러한 것들 모두가 박근혜에게는 안심 서비스 창구이긴 하지만, 동시에 사회적 관계망을 좁히고 의식의 지평을 크게 제약한다는 점에서 부정적 결과를 낳는다. 예를 들면, '수첩 인사'로 불리던 수많은 사람들의 낙마와 재임 중 불명예 중도 탈락은 그 협착된 관계망과 좁혀진 의식에서 비롯된 잘못된 선택의 부작용 사례들 중 일부이다.

박근혜의 언어, 특히 불통 군왕 어법이나 유체이탈 어법에서는 여성적

---

82) 대통령직인수위원회 출범 때 매스컴의 입길에 올랐던 서승환·장순흥·안상훈 위원과 최대석 전 위원 등도 '박정희 키드'였다. 경호실장으로 육군 참모총장 출신의 4성 장군을 임명한 것도 비슷한 맥락이다.

표현 대신에 야전 사령관의 언어에 어울리는 강성 표현과 건조체가 많이 보인다. 그 또한 이러한 부성 콤플렉스의 일환이다. 아버지 또는 올드 보이들에게 인정받고 칭찬받을 만한 화법과 제스처가 몸에 익은 것이다. 이를테면 북한이 핵실험을 하거나 미사일을 발사할 때마다 박 대통령은 '위협, 파국, 붕괴, 응징' 등 극단적 낱말을 '중대, 강력, 절대, 단호' 등과 같은 강성 표현과 세트를 이루어 빈번하게 사용한다. 전임 이명박 대통령보다 훨씬 그 강도가 높다. 이 언어들의 안을 들여다보면, 대부분 시대에 걸맞지 않은 구세대의 사고방식이 습관적으로 생산한 말이다.

이러한 말들의 무의식적 남용과 오발은 과시적, 억압적 권위로만 작용하여, 정작 알맹이 없는 껍데기만 결과로 남긴다. 박근혜 정부에서 '창조 경제, 신창조' 등 '창조' 관련 낱말이 남발되자, 막상 관련 업무를 실질적으로 해내야 할 사람들이 그 말의 내용물조차 제대로 파악하지 못해 우왕좌왕했던 게 한두 번이 아니다. '소비 절벽, 취업 절벽'이나 구조조정을 앞두고 했던 '수술 안 하면 죽음'과 같은 초강성 언어들도 마찬가지다. 그 말에 담으려던 절박함이나 심각성은 사라지고 절망의 과장과 확대를 통하여 겁박의 수위만 최대한 끌어올리고 나서는 이내 기화(氣化)되고 만다.

이러한 통치 스타일은 청와대를 중심으로 공직 사회 아래로 퍼지지 않을 수 없다. 세월호 사건 당시 청와대의 대처 방식은 이를 잘 보여 준다. 2016년 5월에 뒤늦게 공개된 청와대와 해경 상황실의 통화 내용을 보면, 청와대는 사고 현장에 도착한 해경 선박 책임자에게 다른 건 다 제쳐 두고 VIP 보고용으로 선체 사진부터 최우선으로 찍어서 보내라는 지시를 두 번 세 번 내리면서, 인명 구조보다 대통령 보고용 자료 화면을 더 채

근하고 신경 썼다. 한마디로 박 대통령의 권위적 스타일이 빚어낸 중증 지적 장애자들의 모습이었다.

선실에 갇힌 학생들을 끝내 단 한명도 구조하지 못하고 분노의 화살들이 청와대를 향하자 김장수 국가안보실장은 "청와대는 재난 컨트롤 타워가 아니다."라는 답변을 떡하니 내놓았다. 몰린다 싶으면 얼른 그 책임을 다른 데로 떠넘기는 습성 역시 대통령으로부터 공직 사회로 빠르게 번졌다.

지킬 의사도 없었던 공약들

부성 콤플렉스에서 영향을 받은 박근혜 언어의 또 다른 특질은 결벽증과 결합하여 변형된 지나친 자기효능감(自己效能感, self-efficacy)이다. 자기효능감이란 어떠한 문제를 자신의 능력으로 성공적으로 해결할 수 있다는 자기 자신에 대한 신념이나 기대감을 뜻한다. 높은 자기효능감은 과제에 대한 집중과 지속성을 통하여 성취 수준을 높이기도 한다. 그 결과 긍정적인 자아상(self-image)을 형성하는 데 도움이 되는, 긍정적 심리 기제이기도 하다. 그러나 그것이 지나치거나 왜곡되면 긍정적 효과보다는 부정적 효과로 이어질 때가 더 많다.

박근혜는 앞서 살펴본 바대로, 어린 시절 무소불위의 권력자 딸로 지내면서, 통치자적 언어에 장기적이고 지속적으로 노출되었다. 그 결과 저절로 일반인에 비하여 높은 수준의 성취 지향적 심리가 배양된다.

박근혜에게 도드라지는 결벽증은 더더욱 자기효능감을 부추긴다. 박근혜의 결벽증은 증류수 수준이랄 만치 유난하다는 사실은 널리 알려져 있다. 완전벽(불가능한 기준을 정해 두고 이를 추구하는 심적 경향)이 강하고 엄격해서 융통성이 거의 없다. 그로 인해서 자신의 행동에 제한을 받기도 하지만, 가까이 있는 사람들을 자기 요구 방향으로 끌어들이려는 생각도 강해서 대인관계에서 문제를 일으키는 경우가 많다.

박근혜의 이 결벽증은 자기효능감과 결합하면서 더욱 성취 지향 일변도의 언어를 선호하게 만들었다. 실체적인 진실은 그다음이고 언어부터 앞세워 성취를 선점하고 보는 습관도 그래서 생겼다.

대선 후보 시절 박근혜는 참모들이 헌정한 언어들로 꾸민 생화 꽃다발을 대한민국에 선보였다. 그것이 국민에게 돌아갈 가까운 미래의 선물인 것처럼. '국가 책임 보육, 맞춤형 복지, 국민 안심 프로젝트, 상생과 경제민주화, 창조 경제, 근로자의 삶의 질 높이기, 대탕평 인사' 등이 그 꽃다발을 꾸민 근사한 꽃들이었다.

이내 시들기 마련인 생화 꽃다발처럼, 대통령의 말잔치 공약이 그 알몸을 드러내는 데에는 오랜 시간이 걸리지 않았다. 국민은 세월호 사건 앞에서 망연자실했고, 당선에 크게 기여했던 기초 노령연금 공약은 재원 마련이 안 된다며 대상도 줄고 푼돈으로 내려앉았다. 국가 책임 보육은 말만 앞세운 중앙정부가 지방정부로 그 책임을 미루느라 여러 해째 말씨름을 치렀다.

성취는 성공이든 실패든 그 실물이 담보될 때 확인된다. 실패의 경우라도 그 원인 규명과 책임 소재, 사후 대책 등이 갖춰지면 성취 지향의 목적은 일차적으로 달성된다. 실패한 성취도 훌륭한 반면교사니까. 진짜로 문제인 것은 처음부터 실물 담보를 고려하지 않은 무책임한 언어가 무성하게 발화되고, 정작 실패의 책임 앞에서는 꼭 나와야 할 언어가 습관적으로 소멸될 때다.

박근혜의 정치 전반에서 내내 책임질 마무리 언어인 '사과'가 설 자리조차 없는 건, 처음부터 책임이 소거된 언어 정치가 그 출발점이었기 때문이다.

딸에 의해 허물어지는 박정희 신화

박근혜의 과도한 성취 지향적 언어는 초기의 남발 단계를 지나 집권 후반에 들어서는 확실하게 오용의 단계로 접어든다. 그러면서 대통령 자신의 입지도 한 계단 격상시킨다. 군왕의 자리로. 국정 운영을 확실하게 떠맡게 된 뒤로는 '뒷방 시어미' 유형에 어울리게 만기친람형 통치자로 바뀌면서, 자신을 민주공화국이 아닌 군주국의 제왕으로 착각한다.

"잘못 배우면 혼이 비정상 (…) 전체 책을 다 보면 그런 기운이 온다." 라는 말이 정작 심각하게 문제되는 것은 그러한 어법에서 발원하는 태도, 곧 추상적 가치 판정의 독점과 강요가 국정 운영 전반으로 번지는 데에 있다. '잘 배우는 것'의 기준도 자의적이고, '전체 책'의 구체적 범위도 모호하다. 그저 자신의 머릿속에 떠오르는 잣대로만 밑줄을 긋고 자른 뒤에, 역사라는 거대한 개념체에 접근하는 도구로서의 교과서에 대해서까지 자신의 가치 판단을 강요한다.

'어떤 것에 늘 마음이 쏠려 잊지 못하고 매달림'을 뜻하는 집착은 불안장애의 일종인데 박근혜의 경우는 이 집착이 우심한 편이다. '집착'은 일본에서 활동 중인 스리랑카 출신의 유명 스님 알루보물레 스마나사라 (Alubomulle Sumanasara)의 말대로 '내가 만들고 나만 열 수 있는 마음의 감옥'이다.[83]

박근혜에게서 보이는 집착의 뿌리는 불교에서 말하는 애별리고(愛別離苦)와 원증회고(怨憎會苦)에 기인한다. 이는 각각 사랑하는 사람들과 이별하거나 사별하는 것, 그리고 싫어하고 미워하는 사람들을 만나고 함께 사는 데에서 비롯되는 고통과 고뇌를 말한다. 자기중심적인 애증(愛憎)에 대한 집착이 강하면 강할수록 그 고뇌는 더욱 심해진다. 박근혜의 경우는 부모의 죽음으로 인한 이별과 최태민의 강제 격리가 애별리고의 주성분이 되고, 그가 겪은 배반에 대한 분노는 원증회고를 이룬다.

이런 연유로 형성된 박근혜의 집착은 시간대를 수직 이동하며 여러 가지 형태로 나타난다. 태음인 성격과 결합하여 더욱 강인해진 도덕률에의 집착은 '진실한 사람'과 '배신자'의 게임을 넘어, 자신의 도덕적 우월감 과시로 이어진다. 과거의 영광과 관련된 것이라면 사소한 것 하나에까지 집착한다.

박근혜의 집착이 도달하게 될 종착역은 어디일까? 역사는 분노와 집착보다는 관용과 포용에 의해 더 많은 일들이 이루어졌음을 보여 준다. 처칠은 수상에 임명되자, 자신이 해군장관이던 시절에 해군력 강화를 놓고 사사건건 충돌하던 고집불통 장성을 그의 추진력을 높이 사 해군장관으로 발탁한다. 링컨은 대통령에 취임하자 그동안 자신을 무식한 촌놈으

---

83)   알루보물레 스마나사라 저, 안소현 역,『집착에서 벗어나기』, 웅진서가, 2014.

로 비하하며 끈질기게 괴롭히던 정적 스탠턴(E. M. Stanton)을 육군장관에 임명했다. 오로지 그의 전쟁 지휘 능력 하나만 보았다. 그와 같은 통큰 결단에서 넬슨 만델라도 빼놓을 수 없다. 그는 대통령 취임식 연설을 마치자, 자신을 27년간 로빈 섬에 유배시킨 백인 대통령 드 클레르크를 부통령으로 임명한다. 온 세상은 그의 관용과 결단에 놀란다.

이들은 모두 홀로, 개인적 판단에 따라 자신에게 잊지 못할 해코지를 했던 사람들에게까지도 그러한 결정을 내렸다. 개인의 잣대가 도리어 일상적 판단의 수준을 크게 뛰어넘는 멋진 것들이었고, 역사는 그런 결정들을 높이 평가했다.

박근혜 대통령의 주관적 잣대는 어떤 역사적 평가를 받게 될 것인가? 앞서 박근혜가 보수층의 정치 상품화에 동의한 이유는 권력 장악을 통해서, 자신이 그토록 바라 왔던 아버지의 위상 찾기를 이루려는 욕망 때문이라고 한 바 있다. '박정희 제값 받기'를 무슨 일이 있어도 꼭 이뤄 내겠다는 오기와 집착 역시 '세상에 대한 불신감·정서 불안·심한 분노 감정'으로 이어진 원증회고의 부산물이다.

그러나 이런 식으로 박근혜의 집착이 이루어질 수 있을까? 집착은 집착일 뿐이다. 오히려 박근혜는 부친의 공적까지도 다 허물고 국민의 기억 속에서 박정희 신화를 지워 버릴 가능성이 크다. 역사와 나라의 주역인 국민을 무대에서 밀어내고 그 자리에 자신과 아버지 박정희만을 세우려는 가당찮은 집착일 뿐이다.

책 서두에 박근혜의 연설과 대비하여 보았던 "국민 여러분께 드릴 수 있는 것은 피와 노고, 그리고 땀과 눈물뿐입니다."라는 연설의 주인공인 처칠은 다른 총리들과는 달리 밤을 새워서라도 직접 연설문을 썼다. 국민과 한 몸이 되어 국민의 마음을 읽기 위한 정성이었다.

그런 처칠의 언어는 마법처럼 영국인들을 일으켜 세웠다. 제2차 세계 대전 중 4만 3000여 명의 민간인 사상자를 낸 1940~41년의 고통스러운 런던 대공습 기간을 지금도 영국인들은 처칠이 연설에서 표현했던 대로 '가장 좋았던 날(The Finest Hour)'이라고 부른다. 존 F. 케네디 대통령은 이를 두고 "처칠은 언어를 동원해서 영국인들을 전투에 내보냈다."라고 말했다. 처칠의 언어에 대해, 에릭 포퍼는 『맹신자들』에서 그 핵심을 이렇게 꿰뚫었다.

> 런던 시민들이 포탄 공습에 영웅적으로 대처할 수 있었던 것은 처칠이 그들에게 영웅 역을 주었기 때문이다. 그들은 거대한 관객 앞에서 불타는 도시를 조명 삼고 총소리와 포성을 배경음악 삼아 영웅 역을 연기했다.

하지만, 박근혜 대통령의 말은 사람들을 일으켜 세우기는커녕 주저앉힌다. 언어의 안이 이미 비어 있기 때문이다. 진실함이 빠져 있고 그 자리를 질타와 호통이 채우고 있다. 자신만 빼고는 모두 질타의 대상이고 한 수 가르쳐 줘야 할 사람들뿐이기 때문에 국민은 물론 어느 누구든 상대방을 '진실되게' 믿고 '간절한 마음으로' 배역을 맡기는 법이 없다. 결국 이 나라의 현재와 미래라는 무대에 주인공은 박 대통령 하나만 남게 된다.

5장

침거의 언어와
시선공포증

수첩공주의
무대공포증

무대공포증(stage fright)은 사회공포증(대인공포증이라고도 한다)의 대표적 증상 중 하나다. 사회적 상황에서 공포를 느끼는 걸 뭉뚱그려 사회공포증이라고 하는데, 심할 경우 당사자에게 불편과 괴로움을 야기하고, 사회적인 역할이나 직업 등에서도 장애를 유발하는 일종의 '질병'이 된다. 발병 원인에 대해서는 아직까지 정확한 기전이 밝혀져 있지 않으나, 정신의학계에서는 대인공포증 환자의 상당수가 어렸을 때부터 지나치게 행동을 억제하는 소인이 많다고 보고 있으며, 부모의 양육 태도나 방식 등도 관련이 있을 것으로 본다.

오랜 공인 생활을 해 온 점으로 보면 선뜻 납득이 되지 않겠지만, 박근혜에게는 무대공포증이 있는 것으로 관찰된다. 좀 더 정확히 말하자면, 시선공포증에 가깝다. 다른 사람의 시야에 노출되거나 응시당하는 것에 대한 병적인 두려움이다. 이는 태음인의 소심증에 더하여, 평생 공주로 지내오면서 어렸을 때부터 외부의 시선을 의식하고 행동거지에 제약을 받아온 데서 발원하고, 그 뒤로 계속 이어진 칩거 등으로 사람들과 정상적인 소통이 갈수록 어려워진 것이 그 주된 뿌리로 보인다.

박근혜가 TV 토론이나 기자회견, 또는 공식적인 일대일 대화 등과 같은 환경에서 자주 버벅대는[84] 것은 이 무대공포증과 관련이 깊다. 오바마 대통령과 정상회담을 한 뒤 가진 기자회견에서 내보였던 다음과 같은 상황이 대표적인 경우라 할 수 있다.

> "그… 아까 저기… 어, 그… 아휴… 너무 말씀을 오래하셔 갖구. 으흐흐. 질문이 그러니깐… 그, 저… 핵실험을 강행했을 때 어떤 조치가 인제 있을 수 있겠는가 그렇게 질문하신 걸로 기억을 합니다. 이번에 인제 만약에… 이런 결정적인 이런… 그, 그 상황에서, 어… 중국이 어… 북한에 어떤 더욱… 정말 그, 결코 이런 것을 용납할 수 없고… 용납되지 않도록 어떤 강한 조치를 어, 그… 해주기를 기대를 하고 있습니다."[85]
>
> —2014년 4월 25일, 한미 정상회담 기자회견

다자 대 일인의 관계로 무대에 오르거나 조명을 받을 때, 타인의 관심

---

84) '버벅거리다/버벅대다'라는 말은 '행동이나 말 따위를 자연스럽게 하지 못하고 자꾸 틀리거나 머뭇거리다'를 뜻하는 표준어다. 속어나 비하어, 은어가 아닌 정상적인 중립적 표준어다.
85) 이 답변이 방송 당시에는 그대로 모두 나왔는데, 백악관 기록 자료를 다시 보면 없다. 뒤늦게 우리 쪽에서 삭제를 요구한 게 아닌가 싶은 생각도 든다. 유튜브에서는 일부 자료 화면을 찾아볼 수 있다.

이 자신에게 집중될 때, 위의 경우에서처럼 버벅거리는 것은 무대공포증의 가장 흔한 증상이다. 얼굴이 상기되고 가슴이 쿵쾅거리며 청중은 공포의 대상으로 다가온다. 머릿속이 하얘지는 백지화 현상도 생긴다.

이런 상황에서는 발화가 이뤄진다 해도 정상적이지 않다. 더듬거리거나 어법에서 벗어나고 무엇보다 말의 앞뒤가 제대로 연결되지 않는다. 비논리적인 전개에 대하여, 위의 예에서 보듯 '어, 저, 그' 등과 같은 불필요한 간투사(間投詞)를 자꾸 끼워 넣는다.

외교 무대에서 나타나는 잦은 실수

무대공포증이 발현되면, 다른 사람의 말귀를 제대로 알아듣질 못한다. 정상적인 인지 능력에 지장이 생기면서 수용 및 반응 과정이 부적절해지기 때문이다.

2015년 중국 전승절에 박 대통령은 미국의 눈칫밥을 먹으면서도 중국을 방문해 기념행사에 참석했다. 행사장에서 시진핑(習近平) 주석의 부인 펑리위안(彭麗媛)은 사진 촬영을 위해 박 대통령을 특별히 배려하여 우선적으로 시 주석 옆에 서라고 직접 안내한다. 박 대통령은 그 말귀를 알아듣지 못한다. 칭화대에서 중국어로 연설할 정도로 기본적인 중국어를 이해하고도 남고, 펑 여사의 제스처만 봐도 어디로 가야 할지 뻔히 알수 있는 상황이었다.[86] 그날 찍힌 사진에 박 대통령은 당초 중국측이 배려했던 자리가 아닌 엉뚱한 자리에 어색하게 서 있는 모습으로 남았다.

박근혜 대통령은 2014년 1월 다보스 포럼에 참석하여 8분이나 되는 제법 긴 영어 연설을 했다. 이어서 다보스 포럼 클라우스 슈밥 회장과 대화를 하게 되었는데, 슈밥 회장이 질문하자 박 대통령에게서는 엉뚱한 답변이 나갔다. 통일 대박을 운운하는, 미리 준비한 답변만 반복했다. 2013년 9월 러시아 방문 당시 푸틴과의 대화에서도 비슷한 일이 벌어졌다. 시베리아 철도 사업과 관련하여 원론적인 것 말고 좀 더 구체적인 방안이 뭐냐는 푸틴의 질문에, 미리 준비해 온 포괄적 내용만을 거듭해서 앵무새처럼 반복했다.

박 대통령은 모친을 대신해 퍼스트레이디 역할을 하던 시절 리콴유 싱가포르 총리 방한 당시 박정희 대통령 옆에 앉아서 통역을 했다. 프랑스로 가서는 몇 달이긴 하지만 유학 생활을 했을 정도로, 일상적인 영어 활용 능력이 부족한 것은 아니다. 그럼에도, 자신이 주목을 받는 자리에서의 일대일 대화에서는 동문서답이 빈번하게 등장하고, 말귀 자체를 제대로 알아듣지 못하는 경우가 발생한다.

2014년 미국 방문시 오바마 대통령과 회담을 마친 후 가진 기자회견에서 보인 모습은 그 완결판이라 할 수 있다. 당시 ABC 기자가 오바마와 박 대통령에게 각각 다른 질문을 했는데 그 기자가 자신에게 무엇을 물었는지조차 까먹고 있었을 정도로 기자들의 시선 앞에서 이미 당황해 있었다. 당시 화면에 잡힌 박 대통령의 표정은 참으로 가엾을 정도였다.[87] 그때 박 대통령이 허둥거리면서 우리말로 한 답변을 옮긴 것이 바로 앞

---

86)   중국어에서 '저쪽(으로), 저기(로)'를 뜻하는 것은 '那儿[nàr]'인데, 이 말은 초급 중국어를 공부한 사람 정도만 돼도 쉽게 알아듣는다.

의 인용문이다.

이러한 사태가 발생하는 이유를 추측해 보자. 외국어가 충분히 이해되지 않았을 경우를 생각해 볼 수는 있겠으나 이것은 근거가 약하다. 그녀의 바로 옆자리에 통역이 없었던 중국 전승절 행사 때나 다보스 포럼 때는 그럴 수도 있겠다 싶지만, 제대로 통역이 배석한 푸틴과의 정상회담에서도 그랬고, 통역을 통해 이야기했던 오바마 대통령과의 합동 기자회견장에서도 그런 현상은 여전했다. 영어로 말하지 않아도 되는 자리, 영어에 대한 부담과는 전혀 관련이 없는 자리에서조차 그랬다.

그렇다면 답은 하나다. 무대공포증이 작동하는 바람에 한 순간 머리가 어떻게 되었다 할 정도로 얼이 빠져 버린 것이다. 분명 말소리는 들리는데 의미가 명료하게 해석이 안 되거나 논리회로의 작동이 잠깐 정지되는 경우다. 기자회견장에서 벌어진 사태 직전까지만 해도, 즉 무대에 오르기 전까지만 해도, 박 대통령은 기자회견장으로 이어지는 긴 회랑을 오바마와 나란히 걸어오면서 둘이서 통역 없이 담소를 나눴다.

---

87)   이때 오바마 대통령이 거들면서 했던 말이 "Poor President Park doesn't even remember what the other question was."였다. 여기에 쓰인 'poor'의 의미와 전체적인 표현을 두고 미국 측을 맹공하는 이들도 나왔지만, 전체적인 맥락을 보면 '(이런, 내가 너무 오래 떠드는 바람에) 우리 가엾은 박 대통령께서 다른 질문이 뭣이었는지조차 잊으셨군요.' 정도여서 탓할 내용은 아니다.

원고와 수첩이 구세주

무대공포증이 외국어 사용 환경과 무관하다는 것은 국내 현장에서 수시로 발생한 사례들이 입증한다. 이를테면 2012년 12월 제3차 대통령 후보 TV 토론에서, 대책을 묻는 상대 후보의 질문에 '그래서 제가 대통령 할라고 하는 거 아닙니까' 식의 무데뽀[88]조 무논리 답변을 꺼내들었다. 그럴 수밖에 없는 것이, 무대 조명에 노출된 토론회 단상에서 두뇌 속 논리 회로가 엉켜 버렸기 때문이다. 국내 기자들과의 기자회견을 극구 피하려 들고, 어렵게 열린 기자회견에서도 엉뚱한 답변을 하는 것도 이와 관련된다.

무대공포증의 또 다른 부작용으로는 시선 처리 문제가 있다. 위에서 박근혜의 무대공포증이 엄밀하게는 시선공포증에 가깝다고 한 것과 관련된다.

수석비서관들과의 회의나 국무회의 등을 주재할 때 박 대통령의 시선을 유심히 살펴보라. 어떤 특정 사안을 언급할 때도 해당 비서나 장관들에게 직선으로 눈길을 주지 못하고 초점의 방향이 모호하거나 몽롱하다. 극단적으로 비유하자면, 마치 인형들을 앞에 두고 혼자서 말하는 듯하다. 그래야만 시선 부담에서 벗어나 말의 일탈이 덜 벌어지기 때문이다.

여기서 기본적인 의문이 들 수 있다. 그동안 숱한 행사에 참석해 연설

---

88)　'무데뽀'는 일본어 '無鐵砲/無手法'에서 온 말이지만, 어찌된 영문인지 표준국어대사전에서는 외래어로 처리하고 있다. 외래어는 우리말이다. 외래어란 버스, 피아노 따위처럼 '외국에서 들어온 말로 국어처럼 쓰이는 단어'를 뜻한다.

2015년 3월 17일 오후 청와대에서 열린 여야대표 회동에서 새정치민주연합 문재인 대표가 발언하자 박근혜 대통령과 새누리당 김무성 대표가 메모하고 있다. 메모나 원고, 수첩이 없으면 불안해 하고 제대로 대화를 잇지 못하는 것은 대인기피증과 무대공포증 때문이다.

을 하고 수많은 사람들을 앞에 두고 선거 유세까지 한 것은 어떻게 가능했나? 그 답은 간단하다. 상대방 또는 청중과 일대일로 시선을 부딪치지 않는 것이다. 대신 시선이 향한 곳은 연설 원고였다. 연설 원고가 없을 때는 메모지를 들여다봤다. 간혹 고개를 들어 청중을 바라보는 제스처를 취할 때도 시선을 청중의 시선보다 조금 높은 곳에 두어서, 시선이 서로 맞부딪치는 일을 피했다.

　박 대통령이 거의 실수하지 않고 대중 앞에서 제대로 이야기를 펼칠 때는 딱 한 가지, 곧 준비된 연설 원고를 읽을 때다. 시선을 청중이 아닌 원고에 두고 있을 때는 무대공포증에서 벗어난다. 원고가 그녀의 구원자다. 선거 유세 때는 그 역할을 메모지가 해낸다. 메모지로 시선이 가는 사이에 무대공포증은 잦아든다. 거기에 뭐라고 적혀 있든, 내용은 그다지 중요하지 않다. 어차피 유세장에서 마이크에 대고 내지르는 소리에는 어법이 둥지를 틀 공간도 없다. 앞말이 어찌되었건 짧게 짧게 말을 자르고, 뒷말을 치켜 올리며 '~가 아니겠습니까, 여러분?'이라거나 '그렇죠. 여러분?' 따위의 뒤흔들기 어절들만 잊지 않고 목소리를 크게 높여 덧붙이면 된다. 그러면 앞말이 무엇이건 관중들의 함성에 죄다 묻혀 간다.

일반 대중을 상대로 하는 선거 연설에서 박근혜의 무대공포증이 잘 발현되지 않았던 이유는 그 덕분이었다. 박근혜에게 있어서 유세장은 발언 내용이나 수준, 어법을 지식층의 어느 누구에게도 평가당할 염려가 없는 해방구였다. 그런데 대통령 당선 후에는 유세 연설장에 더 이상 나설 필요가 없어졌고 그러다 보니 이제는 박 대통령에게서 국민 눈높이에 맞추려는 기미조차 찾아볼 수 없게 되었다. 도리어 자신의 눈높이를 고집하는 일만 남았다.

박 대통령의 일대일 관계에서의 대면공포증, 대인기피증 문제는 국정에도 상당한 악영향을 끼친다. 박근혜 정부 들어서 담당 장관의 대면 보고,[89] 주요 사안에 대한 중요 인물들과의 독대 협의 등이 거의 절멸했다. 긴밀한 소통과 올바른 현안 대응이 될 리 만무하다. 이는 비서관들도 마찬가지다. 박 대통령이 수석비서관회의를 주재할 때 보면, 모두들 받아

---

89)　　예를 들면 메르스 사건 당시, 확진 환자 발생(5월 20일) 이후 20일 간에 걸쳐 문형표 보건복지부장관은 주무 장관임에도 박 대통령에게 단 한 번도 대면 보고를 한 적이 없다. 문 장관은 그동안 딱 3번 대통령이 주재하는 회의에 참석한 게 전부였다. 국무회의장에서 멀찍이 떨어져서 2번 봤고, 한 번은 '메르스 대응 민관합동 긴급 점검회의'(6월 3일)에서 참석자의 하나일 뿐이었는데 그나마 영상회의였다. 국회에서 문 장관이 직접 증언을 통해 밝힌 내용이다.

적기에 바쁘다. 본래 대통령이 주재하는 수석비서관회의나 국무회의에서 다룰 안건에 대해서는 담당 수석들이 사전에 현안의 중요도와 우선순위를 고려하여 대통령에게 '이러이러한 것들을 회의에서 언급해 주십사' 하면서, 관련 자료나 정보들을 사전에 브리핑한다. 여러 수석들이 각자의 관련 업무를 보고하거나, 정책 수석이 그런 것들을 모아서 비서실장과 함께 회의 안건을 사전 조율한다. 그 과정에서 대통령의 복심도 반영되어 안건과 내용이 조정되거나 첨삭되기도 한다. 대통령은 그 결과를 갖고 회의를 주재한다.

그러므로 수석비서관회의에서는 자신이 제시했거나 관련 수석들과의 협의를 거친 안건들이 나오기 마련이므로 대체로 경청하는 모습을 보이는 게 정상적이다. 하지만, 회의 장면을 보면 모든 수석들이 받아 적기에 바쁘다. 그것은 회의 안건 자체가 담당 수석이나 정책 수석과의 조율을 거쳐 나온 것이 아니라는 이야기도 된다. 대통령이 자신을 보좌하는 수석들과조차도 시선 맞추기를 회피했음이 드러나는 대목이다.

거울과 대화하는 것으로 나오는 동화 속의 마녀. 어쩌면 실제로는 거울을 보며 혼자 질의응답한 것인데, 그것을 동화적으로 구성하다 보니 거울이 답하는 것으로 꾸려졌는지도 모른다. 여하튼, 그 결과는 연전연패로 나온다.

대화의 기본은 상대방과의 주고받기이고, 받는 일을 잘해야 주기도 잘한다. 상대방의 눈길을 피해서야 잘 듣는 일은 애초에 불가능하다. 제대로 잘 듣지 못하는 사람이 제대로 답을 해낼 수는 더더욱 없다.

눈 맞추기가
두려운 대통령

위에서 박근혜에게는 원고나 메모가 구원자라 적었다. 수첩공주라는 별칭도 사실은 이 정황과 관계가 깊다. 시선을 원고에 둘 때는 감쪽같이 무대공포증이 사라지기 때문이다. 이 점과 관련하여, 원고와 박근혜의 언어 발화 관계를 조금만 더 들여다보기로 한다.

박 대통령은 국무회의 등에서 모두발언을 하거나 그 밖의 장소에서 사람들을 상대로 이야기할 때 청중들과 눈길을 일대일로 맞부딪는 일이 없다. 아주 드물다. 프롬프터가 있는 곳에서는 제대로 연설을 하지만, 그게 없는 곳이거나 원고에 시선을 둘 수 없는 상황에서는 기본적인 말실수가 잦고 유난히 버벅거린다. 시선이 사람이 아닌 다른 곳에 가 있어야만 무대공포증에서 벗어날 수 있거나 덜어낼 수 있어서다.

자연히 박 대통령은 돌발 질문도 나올 수 있는 국내 기자회견을 극도로 기피하게 되었다. 취임 첫 해인 2013년에 사전 질문지에 답을 써서 읽는 외신 기자회견은 일곱 차례였는데, 국내 기자회견은 단 한 차례도 없었다.

그래서 뒷말들도 잠재울 겸 해서 취임 316일 만에 첫 내외신 기자회견을 갖는다. 거기서 박 대통령은 계속 고개를 숙인 모습으로 TV에 비친다. 미리 준비한 답변지를 찾아 읽어야 해서다. 질문 순서가 뒤바뀌는 바람에 곤욕을 치르는 장면이 고스란히 방영되었고, 답변지를 읽으면서도 크고 작은 실수들을 했다.

2015년 신년 기자회견은 더했다. 신년 정국 구상을 위해서 칩거한다고 사전에 대국민용 애드벌룬까지 크게 띄운 게 도리어 크게 부끄러운 일이 되고 말았을 정도로, 사전 질문지까지 받아 놓고 있었으면서도 질문에 대한 답에서는 여전히 버벅거렸고, 연설 내용에서는 2014년에 했던 얘기들을 고스란히 되풀이했다.

이 시선공포증은 일종의 가족력이기도 하다. 5.16 쿠데타 주역들을 미심쩍어하는 미국 측의 태도를 바꾸기 위해 박정희 대통령이 내키지 않는 최초의 방미를 했을 때,[90] 케네디 대통령과의 백악관 면담에 시커먼 선글라스를 쓰고 들어가서 구설수에 올랐던 일은 유명한 일화다. 박정희

---

90)　　당시 미국 언론은 박정희 최고회의 의장에 대해 '매의 얼굴을 가진 수수께끼 인물', '냉혹하고 송곳 같은 눈매를 가진 두목'으로 혹평하고 있었고, 미국 정부는 경제 원조 중단으로 겁을 주고 있었다. 당시 버거 대사의 건의로 어렵게 성사된 방미는 공식적으로는 '비공식 방문'이었고(국가원수가 아니므로), 일본을 거쳐 민항기와 군용기를 4회나 바꿔 타는 고생 끝에 11월 11일 출발하여 13일에야 워싱턴에 입성하는 고생길이기도 했다. 회담 시 박정희가 먼저 베트남전을 언급하는 등, 방문 전 준비를 철저히 한 덕에, 백악관을 3차례 방문하여 경제 및 기술 원조를 계속 받을 수 있었다.

가 선글라스를 착용한 것은 케네디와 정면으로 시선을 맞추는 일을 겁내서였다는 게 당시 그를 수행했던 정일권 주미대사가 나중에 밝힌 진실이다. 박정희는 백악관을 세 번 찾았는데, 최종적으로 그곳을 떠나면서야 선글라스를 벗었다.

박근령도 사람들과 대할 때면 선글라스를 쓰고 나타나서 구설에 오르곤 했다. 나중에 밝혀지길 안구돌출증이 심해서라는데, 그 정도의 돌출은 일반인에게도 드물지 않다는 점에서 박근령도 언니와 마찬가지로 일종의 시선공포증이 내재하는 것으로 보인다. 박근령은 약혼 후 세상이 달라진 듯 기분이 좋아지자 "요즘 고민거리는 안경을 벗은 모습이 언론에 자주 노출돼서 앞으로 자주 전철을 타지 못할 수도 있다는 것"[91]이라고 말했다. 여기서도 선글라스 착용은 심리적 요인이 크다는 방증을 찾을 수 있다.

기초를 제대로 익히지 못한 연극배우

무대공포증은 노력하기에 따라 어렵지 않게 극복될 수도 있다. 몇 가지 유효한 방법들이 있고 학원 같은 데에서 체계적으로 훈련을 받으면 두세 달 이내에 거의 치유된다. 그럼에도 박근혜의 경우 이것이 잘 극복되지 않는

---

91)   《동아일보》, "신동욱 '명문대 교수 아니라 죄송, 근령씨 검소한 모습에 반해'", 2008년 10월 13일자.

데에는 또 다른 이유도 있다. 박근혜 어법을 관통하는 이중성 탓이다.

첫째는 타인들의 평가를 지나치게 의식하기 때문이다. 일반인들과는 전혀 급이 다른 신분으로 살아 온 자신의 실제 밑천이 드러날까 봐 불안해하는 심리이다. 공주 호칭에 어울리는 높은 수준의 교양과 품위 있는 말, 알찬 지적 자산을 보여 줘야 한다고 생각할수록 당사자는 더욱 힘들어진다.

두 번째로는 선거 유세용 땜질식 연설 습관이 몸에 밴 탓도 크다. 유세용 연설은 판에 박은 언어를 구사하게 된다. 공통적인 것은 단문형이라는 것과, 논리나 어법 따위는 조금 무시해도 크게 티나지 않는다는 점이다. 중간에 말을 잘라먹어도, 건너뛰어도 별 문제가 되지 않는다. 맞춤법 따위는 애초에 들어설 자리가 없다. 그런 특수 어투에 젖어 지낸 탓도 아주 크다. 유세용 연설은 메모지 한 장에 핵심 단어와 대표 단문 몇 개만 담아 가지고도 얼마든지 해낼 수 있다.

세 번째로는 전화통 수다 버릇과도 연관되어 있다. 상대방이 보이지 않아서, 상대방의 시선과 마주치지 않아도 되는 전화 대화에 주로 익숙한 박근혜로서는 그 반대 상황이 낯설고 엄청 부담스러울 수밖에 없다. 압박감이 자연스러운 발화를 막고, 머뭇거리거나 더듬거리게 만든다.

네 번째 이유로는 박 대통령 스스로 자신을 방어하는 과정에서 나오는 독설적 되받아치기나 극심한 공격적 어투에 대한 자기 암시적 불안감 탓도 있다. 일대일 대화나 토론에서 그런 상황이 돌발할 때 대처 준비가 부족함을 스스로도 잘 알기에 잠재적 불안감은 커져만 간다.

살펴본 것처럼, 박근혜의 무대공포증은 그 증상이 경중의 수준을 넘어섰다. 특히 증상이 심화하는 데 결정적으로 작용한 것이 내부 칩거다.

박근혜의 칩거는 그녀 인생의 동반자 격이다. 부친 피살 이후 신당동, 성북동, 장충동을 거치면서 보낸 시절이나, 육영재단을 그만둔 이후 정치인으로 나서기 전까지의 삼성동 칩거는 타의도 있었지만 보다 크게는 자발적이었다. 박정희 집권 시절 16년 동안 청와대에서 지낼 때도, 학교에서 돌아오면 방안에만 주로 머물렀다. 대통령의 딸이라는 행동 제약 탓도 있었지만, 꼼꼼하고 내성적인 성격이 그리 이끌었다고 할 수 있다.

정치인 시절에도 다른 거물 정치인들과 달리 집에 비서나 보좌관이 상주하는 일이 없었다. 전여옥의 증언에 따르면 최태민의 가족으로 보이는 30대 후반의 두 여인이 가정부처럼 박근혜를 챙겼다. 심지어 대통령이 되어서도 칩거 상태는 이어진다. 본관 출근조차 종종 생략한다. 행사가 없을 때는 주로 본관이 아닌 관저에 혼자 머문다. 대면 보고조차 받지 않는다. 청와대 내부에서조차 불통이라는 말들이 나온 지 이미 오래다.

청와대의 내부 불통에 적지 않게 기여한 것은 '위민관'이라 부르는 비서동의 배치 문제도 있다. '청와대로'라 불리는 도로변에 배치된 비서동에서 안쪽에 자리 잡은 본관까지 500여 미터가 되는데 걸어서 가면 한참 걸린다. 빠른 걸음으로 가면 7분, 중간에 계단과 녹지원 언덕을 오르며 숨도 좀 고르고 하다 보면 10분이 걸린다. 관저는 본관에서도 오른쪽으로 한참 더 가야 한다. 그런 불편함을 덜어 주기 위해 노무현 대통령은 비서동에도 대통령 집무실을 만들었지만, 그 뒤 2대에 걸친 대통령들은 그곳을 이용한 적이 없다.

대면 소통은 언어라는 공기를 함께 나눠 마시는 일이라고도 할 수 있다. 친구나 가족과 함께 있을 때 나누는 대화를 생각해 보자. 그때 언어의 내용과 방식에 전혀 신경이 안 쓰일 정도로 아무 말이나 편하게 할 수 있는 것은 마음이 이미 편해져서다. 상대방도 나와 똑같은 '언어의 공기'를 마시고 있다는 믿음이 암묵적으로 전제되고 있어서다. 상대방도 나와 함께 같은(동질의) 언어 공기를 나눠 마시고 있다는 걸 전제할 때 편하고 부담없는 소통이 이루어진다.

연극 무대에 처음 오르는 신인들에게는, 정도의 차이는 있지만 무대공포증이 있다. 관객들을 두려워한다. 저 관객들 앞에서 내가 실수를 하면 어쩌지? 관객들이 내 연기를 보고 흡족해하지 않으면 어떻게 하지? 관객들과 자신 사이에 불안의 막을 친다. 그 순간, 배우와 관객 사이에는 보이지 않는 소통의 장애물이 생긴다. 그래서 발화가 부담으로 돌아온다. 발음이 명료하지 않거나, 떨리거나, 톤이 낮거나, 버벅대거나, 대사를 까먹는다.

한편 대선배 격인 배우들은 다르다. 그들은 자신이 관객들과 똑같은 언어의 공기를 호흡하고 있음을 전제하고, 믿고, 편안한 마음으로 숨을 들이마신다. 무대에 오르기 전 관객과 함께 호흡할 공기를 마셔 두는 것이다. 그러고 나면 '공연에 더욱 몰두해서 내가 흠뻑 몰입했던 이 작품의 감동을 제대로 관객들과 함께해야 할 텐데….' 하는 심정으로 공연 자체에 집중할 수 있다.

정치인이 된 이후 내내 연극이라도 하듯이 관리하고 절제하며, 꾸며낸 언어로 보여 주고픈 것만 보이려 애썼던 박근혜지만, 정작 배우들에게서 배웠어야 할 기본기는 배우지 못한 것 같다.

청와대와 백악관

청와대와 백악관을 비교하자면, 청와대는 겹겹이 대여섯 가지 속옷을 껴입은 나이든 한복 차림의 여인이라 할 때, 백악관은 날렵한 비키니 차림의 이삼십대 여인이랄 수 있다. 면적과 구조, 활용도는 물론이고, 지도상의 표기 수준, 집무실을 포함한 관저 전체의 정보 공개 정도 등 모든 면에서 그렇다.

규모에서는 청와대가 백악관을 압도

청와대의 전체 면적을 보면 웬만한 대학교 하나를 세워도 된다. 세종로, 삼청동, 궁정동의 3개 동에 걸친 면적이 73필지 76,685평에 이른다. 세종로 1번지, 삼청동 157-94번지 외 9필지, 세종로 1-91번지 외 17필지, 궁정동 1-2번지 외 43필지 등이 그 내역이다. 한편, 백악관은 청와대의 3분의 1도 안 되는 21,780 평이다. 지상 2층, 지하 3층짜리의 건물 하나에 방이 132개 있다. 다만, 지하도를 통해 펜타곤으로 연결된다. 겉으로 드러나는 규모로만 보아서는 백악관은 청와대와 비교도 안 된다.

그처럼 널찍한데도 청와대를 지도에서 찾아보면 전혀 표시가 없다. 위성지도를 봐도 그 주변 모두가 암록색으로 칠해져 있다. 그런데, 그게 우리나라에 서비스되는 지도에서만 그렇고 다른 나라에서 찾아보면 다 나온다. 속 좁은 그 누군가가 눈 가리고 아옹 하는 식으로 우물 안 개구리 짓을 한 결과다. 이런 속 좁은 짓들은 청와대와 백악관의 정보 공개 내용을 비교해 보면 더욱 확연해진다.

백악관의 내부 구조는 이래도 되나 할 정도로 만천하에 공개돼 있다. 층별 배치도, 룸별 용도와 내부 모양 등 궁금할 게 없을 정도로 다 공개되어 있다. 내부를 샅샅이 보여 주다시피 했던 영화들도 한두 편이 아니다. 〈화이트 하우스 다운〉(2013)이나 〈백악관 최후의 날〉(2013) 같은 건 비교적 최근에 개봉된 것들인데, 두 영화 모두 백악관이 공격을 당하는 내용이다 보니 '오벌 룸'으로 불리는 대통령 집무실에서부터 지하 벙커에 이르기까지 백악관 내부 도처를 훑는다. 심지어 오래 전에 개봉된 어떤 영화는 일종의 비밀 탈출구라 할 수 있는 낡은 하수도관 배관부를 따라 이스트 윙 쪽의 지상부로 빠져나가는 코스를 고스란히 담아 보여 준 적도 있다.

세계를 호령하는 23평짜리 방

미국 대통령 집무실의 공식 명칭인 '오벌 오피스(Oval Office)'는 방 안이 계란 모양이어서 그 모양대로 이름을 붙인 것인데 23평 규모다. 그 작은 방에서 세계를 호령한다. 책가방 크다고 공부 잘하는 것 아니듯이. 방 정면에는 유명한 레졸루트 책상이 있다. 빅토리아 여왕이 침몰 선박 '레졸루트'를 찾아준 보답으로 그 선박의 목재를 사용하여 만들어 헤이즈 대통령에게 기증한 것(1880)인데, 버킹엄 궁전에 하나 미 대통령 집무실에 하나, 그렇게 딱 두 개만 있다. 이 책상들의 진품 모습이 영화 〈내셔널 트레져: 비밀의 책〉(2007)에 나온다.

책상 위에는 우리나라 대통령 집무실 책상 한가운데에 떡 하니 놓여 있는 노트북 같은 건 없다. 전화기 한 대뿐이다. 대통령이 퇴임할 때면 후임 대통령에게 남기는 편지를 그 책상 위에 써 두고 방을 나서게 된다. 대통령끼리 이어지는 하나의 멋진 전통인데, 그 편지들은 어느 누구도 볼 수 없고 레졸루트 책상에 보관된다. 오직 대통령에서 대통령으로만 전해진다.

책상 좌우에는 가볍게 들어 옮길 수 있는 의자가 한 개씩 있고, 정면으로는 두 줄의 소파가 있다. 소파 끝 쪽으로도 의자가 하나씩 있다. 그 방에 들어온 이들은 서거나 소파에 앉은 채 편한 자세로 이야기를 나눈다. 그런 배치가 마음속으로는 차렷 자세일지라도 몸은 편하게, 대통령과 격의 없게 해준다. 생각이 유연해진다. 이 가구들의 모양과 배치만 봐도, 대통령이 맘대로 일을 저지르려 나서기라도 할라치면 한가운데에 놓인 소파에 앉아 있던 이들이 들고 일어나 대통령의 행보를 가로막을 수도 있겠다는 생각이 불현듯 든다.

방바닥에는 카펫이 깔려 있는데, 대통령 취향대로 바꾸기도 한다. 현재 오바마는 25퍼센트 재활용 울을 사용한 카펫으로 바꿨는데, 중앙에 미국 국장(國章)이 있고 둘레에는 자신이 직접 고른 유명 인사 다섯 명의 명언들(마틴 루서 킹, 링컨, 두 루스벨트 대통령과 케네디)을 새겨 넣고 생각할 일이 있을 때마다 팔짱을 긴 채 수시로 그것들을 들여다본다.

청와대 집주인은 대통령이 아니다

우리의 대통령 집무실(본관)은 오벌 룸보다도 훨씬 더 크다. 책상에서 문까지 15미터나 된다. 책상 앞쪽으로 왼쪽 벽 앞에 긴 장방형 테이블이 있어서 각료회의를 하고도 남지만 홍보용 사진 촬영에서는 그마저도 촬영 금지다.(웃긴다!) 그 방에 들어서서 앉아 있을 수 있는 사람은 오직 한 사람뿐이고, 나머지는 꼿꼿한 기립 자세다. 그들의 생각이 유연해질 수 없는 까닭이 짐작된다. 장방형 테이블과 그곳에 놓여 있는 의자들은 곡선 처리가 되어 있지 않다. 외형적으로도 긴장하게 만든다. 그리고 무엇보다도 정중앙에 소파가 놓여 있는 오벌 룸과 달리 한쪽으로 치우쳐 있어서, 대통령이 책상에 앉아 있는 모습을 촬영해도 그게 보이지 않는다. 한국 대통령들에게서 보이는 일인 독보(獨步, 전횡)를 막을 수 없음이 그런 내부 배치에서도 엿보인다.

미국 대통령 집무실 관련 자료는 방 배치도에서부터 소소한 내부 기물들까지도 친절하고 상세하게 정보 공개가 되어 있다. 당당하다. 비키니 차림으로 모든 것을 당당하게 보여주는 여인만 같다. 우리 대통령의 집무실 자료는 (관저 정보는 말할 것도 없고) 청와대 사이트를 아무리 샅샅이 훑어도 보이지 않는다. 여전한 권위주의의 잔재에 소인배 의식이 가세하고 있다. 청와대 내부를 구현한 드라마 세트장에 가면, 겨우 그 맛을 조금 볼 수 있을 정도다.

미국이 일반 국민에게 백악관 내부를 돌아볼 수 있도록 '백악관 투어'를 시작한 것은 3대 제퍼슨 대통령 때부터의 일이다. 백악관은 국민의 것이라면서, 주인들의 방문 권리를 제도화했다. 오바마도 백악관 방문객을 위해 쓴 환영사에서 전임 대통령의 그런 가치 있는 정신을 살리겠다는 뜻을 밝히고 있다.

우리의 청와대 투어가 시작된 게 언제더라? 하지만 그것도 반쪽짜리, 아니 4분의 1쪽짜리에 불과하다. 그저 건물 몇 개를 겉에서 구경하고는 잔디밭에서 기념 촬영이나 하는 게 전부다. 게다가 접근 금지 건물, 비공개 건물들이 더 많다. 관저 쪽은 기웃거리는 것조차 허용되지 않는다. 청와대 개방이란 말조차 부끄럽다. 박정희 시대와 달라진 게 있다면 과거에는 그 앞에서 차를 멈추지도 못하고 무조건 지나가야 했던 데 비해 이젠 자유롭게 힐끔거릴 수 있고, 그 앞에서 일인 시위도 가능해졌다는 정도이다.

백악관은 이미 200년을 개방해 오고 있는데, 청와대는 아직도 멀었다. 청와대의 진짜 주인은 국민이고 현재 거기 머무는 이들은 세입자일 뿐이라는 걸, 언제쯤이나 알게 되려나?

6장

정치인의 말을
어떻게 볼 것인가

'박근혜 현상'의 적폐

언어로 현혹하려는 이는 그 자신이 언어에 현혹된 사람, 즉 언어의 효용에 주목한 사람이다. '성공적인' 선동정치가의 대표 격인 히틀러는 『나의 투쟁』(범우사, 2002)에서 이렇게 말한다.

민중의 압도적 다수는 냉정한 숙고보다 도리어 감정적인 느낌으로 행동을 정하는 여성적 소질을 갖고 여성적인 태도를 취한다. 그리고 이 감정은 복잡하지 않고 매우 단순하며 폐쇄적이다.

박근혜의 정치 언어는 히틀러의 사생아라고 할 수 있을 정도로, 이러한 히틀러적 사고방식을 철저히 모방, 추종하고 있다. 그것들이 시대를 건너뛰어 그처럼 창성할 수 있었던 데에는 언어의 주인이 여성이라는 점, 박근혜가 실체는 어떻든 간에 지극히 여성적인 여성으로 보여 왔다는 점도 크게 도움이 되었다.

일례로 '줄푸세'는 2007년 대선 후보 경선 때 박근혜가 내세운 구호
다. 세금은 줄이고 규제는 풀고 법질서는 세운다는 우파적 공약이다. 그
러다가 5년 뒤인 2012년 대선 때는 느닷없이 2004년 새천년민주당의 강
령 1호에 들어 있던 '경제민주화'를 공약의 전면에 대표 선수로 세웠다.
'내 꿈이 이뤄지는 나라'에서 꼭 '경제민주화'를 이뤄낼 것이라면서. 이
것은 좌파 냄새를 풍기면서도 우파의 심정적 거부감을 최대한 줄이려고
애쓴 매우 위험한[92] 대표적 포퓰리즘 공약[93]이었다. 취임 전후의 구호였
던 '국민행복 시대의 선언', '기초노령연금 확대' 등 복지에 대한 강조 역
시 그 계보를 가리자면 좌파적 어젠더다.

이와 같이 우파와 좌파를 넘나드는 오락가락에 대해서(한때는 냉탕과
온탕을 오가던 대북 정책까지도 포괄하여), 우파에서까지도 '원칙 없는 포퓰
리스트'로 규정하는 이들이 적지 않다. 조중동의 어느 것에도 그런 평이

---

92)　　　그 위험성이 미리 예견된 폭탄이 터진 게 선거 직전 '경제민주화'의 알맹이를
두고 벌어진 김종인과 우파 대리인 격인 이한구 간의 격돌이다. 이한구가 자본가들의 요
구대로 알맹이를 빼버리자, 김종인은 출근 거부로 맞서지만 박근혜의 능숙한 임기응변식
'우는 아이 젖 주기 작전'에 무너지고 만다. 선거 승리를 위해 김종인이 꼭 필요했던 박근
혜가 날린 공수표 약속을 김종인은 그때 철석같이 믿었다. '자신의 이름을 걸고 약속한다'
는 말을 말이다.

93)　　　공약과는 전혀 달리, 실제로는 박근혜 정부 들어서, GDP 대비 법인세 비중은
2012년의 3.68% 이후 해마다 3.39%, 3.16%로 점점 내려갔다. 법인세율도 2015년 현재
최고세율이 22%로 경제협력개발기구(OECD) 34개 회원국 가운데 19위로서, OECD 평
균(23.19%)에도 미달한다. 게다가 각종 조세 감면과 비과세 혜택을 제공하고 있어 기업
들이 실제 부담하는 법인세 실질 실효세율은 2008년 18.3%에서 2013년 14.2%로 크게
낮아졌다.

・

국민들을 향해 많은 주문을 쏟아냈던 대통령이 정작 국민이 요구할 때는 입과 귀를 닫는다. 구호만 요란하고 말과 행동이 일치하지 않는 정치는 이제 종식시킬 때가 되었다. 2014년 10월 29일 박 대통령이 국회 본청을 나서면서 진실을 밝힐 것을 요구하는 세월호 유가족의 시위를 모르쇠하고 지나가고 있다.

빠지지 않고 들어가 있을 정도였다. 그들은 좌파적 어젠더까지도 즉흥적으로 차용(借用)해가며 오락가락하는 것을 실체 없는 박근혜 식 우파 정치철학의 특징이라고 꼽는다.

박근혜 정부처럼 수많은 국정 어젠더를 들이붓듯 쉼 없이 쏟아낸 정부도 없다. 국민 행복, 국민 대통합, 비정상의 정상화, 통일 대박, 한반도 신뢰 프로세스, 규제 철폐, 국가 혁신, 경제 혁신, 부패 척결, 창조 경제, 노동 개혁…. 하지만 이 중 어느 것 하나라도 임기 내 제대로 될 걸로 믿는 사람은 없다.

걸핏하면 갖다 붙이는 '창조 경제'에 대해서조차도 누구 하나 그 내용을 시원하게 아는 사람이 없고, 뒷전에서는 담당 공무원들조차도 그게 뭔 소린지 모르겠다는 구시렁거림이 무성하다. 오죽하면 한 시사 프로그램에서는 '세상에서 아무도 모르는 세 가지'라며 박근혜의 창조경제, 안철수의 새정치, 김정은의 생각을 꼽기도 했다.[94] 무성히 쏟아낸 그 많은 말들의 처지가 이와 같이 된 이유는 여러 가지가 있지만, 대통령 박근혜의 어법이 끼친 영향과 무관하지 않다. 평생 언어 성형 정치에 주력해왔을 뿐 진정성 있는 정치 철학과 소통의 리더십이 부재한 탓이다.

정치판에서 판치는 언어 성형 정치를 문제 삼아야 하는 주된 이유는 하나다. 그 직접적인 폐해가 국민에게 돌아가기 때문이다.

실체 없이 구호부터 남발하고 보는 것, 그것은 그 자신이 먼저 언어에 솔깃해하기 때문이다. 언어에 그 자신이 현혹되어, 번드르르 한 말만 앞

---

94)　　　　JTBC의 시사 예능 프로그램 〈썰전〉에서 이철희가 한 말이다(2013. 4. 11.).

세우고 보는 것이다. 이러한 포퓰리스트적 언어 성형 정치가 박근혜식 정치의 근간이다. 이유도 단순하다. 인기몰이용의 그 같은 말들이 유권자들에게 내내 잘 통해 왔기 때문이다. 박근혜가 유권자를 길들였고 유권자들이 박근혜를 그렇게 길들였다. 예를 들어, 의원 시절 박근혜가 가장 일 안 하는 국회의원으로 몇 번이나 뽑혔는지 따위는 국민들이 기억하지 않는 덕도 크다.

역대
대통령의 말

노무현은 성공한 행동파 정치인이지만, 대통령으로서는 실패한 웅변가라는 평이 있다. 그런 그가 남긴 말들에는 독서나 글쓰기 등으로 길러진 깊은 사색의 습관과 사고력이 받침대로 작용한다. 청와대에서 그를 처음 만난 연설 담당 비서관은 되레 그에게 전문 교육을 받아야 했다고 고백했을 정도로(강원국, 『대통령의 글쓰기』, 메디치미디어 2014), 그의 문장 표현력은 객관적으로 우수하다.

경상도 출신의 급한 성격과 투박한 어투를 걸러내지 못해서 튀어나온 구어체 말들이 대통령의 품위를 깎아내린다고 보수 언론들로부터 막말 같음까지 당하기도 했지만, 그가 직접 작성한 방대한 분량의 글을 보면 마치 철학자의 논문을 대하는 듯 논리가 정연하다. 사고 체계가 방대하고, 검토 대상이 포괄적이며, 그 접근이 무척 논리적이다.

우리나라의 대통령 역사 중 가장 화려하게 등장하여 가장 초라하게 퇴장한 대통령은 이승만이다. 그런 그가 대통령으로서 남긴 기행(奇行) 역시 역대 최대라 할 수 있는데, 대부분이 지우고 싶은 것들이지만 기억해 둘 만한 것들도 적지 않다. 그중 하나가 대국민 소통 방식이다.

그는 무슨 일이 있으면 신문에 기고를 했다. 자신의 의견을 그런 식으로 밝혔다. 처음에는 대통령이라는 직함 표기도 빼고 독자 이름 명기하듯이 이승만이라는 이름 석자만 사용해 달라고 신문사에 요청하기도 했다. 미국식 사고방식과 태도였다. 이승만은 미국 체류 시절부터 자신의 의견 주장이나 지명도 전파를 신문 기고에 의존해 왔던, 개인적인 경험이 축적되어 있었다.

한글 맞춤법 규정이 지극히 복잡하니, 풀어쓰기 방식으로 해서라도 한글 표기를 쉽게 하자는 그의 개인적인 생각을 법규에 반영하는 바람에 일대 소동이 일었던 소위 '한글 파동' 때도 그 출발과 마무리는 신문 기고였다. 그 정도로, 이승만은 국민과의 소통에 애를 썼다. 이런 행동은 주장하는 내용의 합당성을 떠나 일단 국민들에게 자신의 생각이 무엇인지를 알리는 데에 큰 효과가 있었고, 역으로 대통령의 생각을 반대하는 이들이 논리적으로 공박하는 데에도 도움이 되었다.

노무현 대통령은 국민들과의 직접 대화를 가장 선호한 사람이다. 그만큼 말에 자신도 있었다. 하지만, 대화의 장에 쳐놓은 언어의 담장을 자주 그리고 지나치게 무시하는 자유인 성향의 발언 탓에, 얻은 것보다 잃은 것이 더 많았다. 그는 그 대가로 처음으로 탄핵 소추에 휘말리는 대통령이 되기도 했다.

설화를 입기는 했지만, 노무현 대통령은 사색과 정치 철학의 깊고 방대함과 진지성에서는 역대 대통령 가운데서 수위급이었다. 노무현은 '생각이 빈곤하면 말도 빈곤하다'면서 다음과 같이 말했다. 지도자에게 요구되는 말과 사상의 지침, 요약판으로 삼아도 좋을 듯하다.

> 말도 잘하고 일도 잘하는 사람이 지도자다. 그런데 말만 잘하고 일은 못하는 사람이 있었는가. 그동안 외교 무대에 나가서 선진국 지도자들을 보니 말을 못하는 지도자가 없었다. (…) 민주주의의 핵심은 설득의 정치다. 그래서 '말'은 민주 정치에서 필수적이다. 김대중 대통령만 보아도 알 수 있다. (…) 말은 한 사람이 지닌 사상의 표현이다. 사상이 빈곤하면 말도 빈곤하다. 결국 말은 지적 능력의 표현이다. (…) 말을 잘하는 것과 말재주는 다르다. 국가 지도자의 말은 말재주 수준이 아니고 사상의 표현이고, 철학의 표현이다. 가치와 전략, 철학이 담긴 말을 쓸 줄 알아야 지도자가 되는 법이다. (…) 불현듯 떠오르는 표현도 끊임없는 사색의 결과다. 철학에서 나온 말이 진정한 내 말이다.
>
> —윤태영, 『대통령의 말하기』(위즈덤하우스, 2016)

노무현 대통령의 재임 기간을 지켜본 이명박은 노무현의 전철을 영리하게 피해 갔다. 말은 물론이고 돈 문제들까지도.[95] 라디오와 인터넷을 통한 국정 연설이라는 방식을 통해서다. 광우병 파동을 통해 분출된 국민들의 분노를 쓰디쓰게 맛본 뒤에 찾은 해법이었다. 그는 국내에 머물 때면 빼놓지 않고 꼬박꼬박 한 달에 한 번은 국민들을 향해 원고를 읽었다. 그런 방송 사실을 알고 있는 이들이나 열심히 듣는 이들은 소수였지만 그래도 쓸모는 있었다. 한 달에 한 번씩 여는 4분의 1쪽짜리 기자회견쯤은 되었기 때문이다. 청와대가 지난달엔 무슨 생각을 했고, 앞으로는 무슨 일을 하려는지 대충 짐작은 되었다. 2008년 10월 13일 첫 번째 연설은 '우리 앞에는 미래와 희망이 있다'였다. 2012년 10월 15일 청와대 상춘재에서 실황 중계된 100회차 특집의 제목은 '희망 국민과의 대화'였다. 그 덕분에 그는 지금의 박 대통령과는 비교할 수 없을 정도로 언론의 매를 살살 맞았다.

차기 대통령이 되고자 하는 사람이라며, 국민과의 소통에서 미국 오바마 대통령의 선례를 잘 파악할 필요가 있다. 오바마 대통령은 초선보다는 재선 시절에, 그리고 재선 시절에서도 임기 초보다 대통령 임기 말로 갈수록 더 인기를 얻고 국민들의 사랑을 받았다. 미국 대통령 역사에서도 보기 드문 성공이다.

그 비결 가운데 으뜸은 뭐니 뭐니해도 소통이다. 오바마 소통의 핵심은 중요 안건마다 자신이 직접 나서서 국민을 상대하는 것이다. 기자회견을 갖든, 방송에 출연하든. 오바마는 의회를 존중하고 자신이 제안한 법안을 보란 듯이 기각시키는 의회와 공화당을 찾아가 대화하기를 주저하지 않았다.

---

95) 　　이명박 대통령의 오명은 대선 전에서부터 퇴임 때까지 내내 따라다녔던 돈 문제가 대표적이다. 대선 전의 도곡동 땅과 BBK 문제에서부터 퇴임 직전 사저 개축에 나랏돈까지 슬쩍 끌어다 쓴 것까지. 그리고 4대강 개발과 자원 개발과 관련하여 벌어진 국가 예산 낭비 역시 돈 문제였고, 4대강 개발 사업과 '동지상고' 팀들의 얽힘 따위 역시 돈 문제였다. 돈 창구 노릇과 관련하여 두 번씩이나 연거푸 실형을 산 이상득은 동생 잘 둔 대가를 몸으로 치렀다. 참고로, 떠들썩했던 BBK 사건의 진상에 대해서는 그 당사자인 김경준이 'BBK 의혹 사건의 진실'이란 부제까지 붙인 『BBK의 배신』(비비케이북스, 2012)를 출간했지만, 그것보다는 도리어 김어준의 『닥치고 정치』(푸른숲, 2011)에 실린 내용을 보는 것이 진실 파악에 훨씬 더 용이하다.

또 하나, 오바마는 격의 없이 대화를 즐겼지만 항상 일정한 말의 품격을 유지했다. 서민 대다수가 쓰는 말투를 정치에 도입했던 우리나라 노무현 대통령은 그 말투로 인해 위기에 몰렸다. 서민들은 친근한 정치인을 좋아하지만, 아직 대통령에게 그런 화법을 기대하지는 않는다고 읽어야 하겠다.

무엇보다 오바마가 국민으로부터 박수를 받으며 백악관을 떠난 비결은 정책의 성공이 아니라 소통의 성공이며, 상식이 통하는 정치를 만드는 데 성공한 것이다. 그리고 그 기초에는 오바마의 말이 놓여 있다.

말은 결국 정치요, 그 사람이다

박근혜 대통령의 취임 후 이뤄진 인사는 중앙일보 이하경 논설주간의 표현대로 대선 때 내건 공약 '100% 대한민국'을 휴지 조각으로 만든 '지독한 동종교배'[96]였다. 국가 의전 서열 10위권 인사 중 2명만 뺀 8명과 감사원장·검찰총장·국세청장·경찰청장·공정거래위원장 등 5대 권력 기관의 장들이 모조리 영남 출신으로 채워졌다.[97] 그러한 동종교배 태도

---

96)   《중앙일보》, "〔이하경 칼럼〕 파자마 입고 긴급 보고받은 MB", 2015년 3월 4일자.

97)   그 주요한 이유는 앞서 자세하게 살펴봤던 배신에 대한 공포 때문이다. 중요 인사라면 최소한 아버지 대에 일을 함께 해봤던 원로그룹 9인회의 거름망을 거치고 나서야 썼다. 이병기 실장의 뒤를 이어 비서실장에 임명된 이른바 '화친의 달인' 이원종도 아버지 대에 청와대의 비서관 생활을 거친 사람이다. 인사가 만사라 할 정도의 인사 문제에서 그러한 성향을 보이는 것은 자기 집 울타리를 높게 좁게 치는 일과 같다. 뜰을 좁혀 이웃들과의 소통의 폭을 계속 좁히는 일이나 매한가지다.

는 집권 기간 내내 유지되고, 그것이 일방통행식 통치의 인적 뼈대를 이루었다.

대통령의 지독한 불통 습관, 불통을 부르는 언어, 대통령 주변의 인의 장막, 겉치레 말과 구호만 앞서고 정책은 뒷전을 맴도는 국정 운영 방식이 모두가 하나의 몸통이었다. 말은 그 사람의 생각, 철학, 가치관을 담고 이것은 정책과 정치 행위로 표출된다. 박근혜의 말은 박근혜의 정치를 이루었다.

소통이 이뤄져야만, 서로 의견을 주고받아야만, 흑이든 백이든 그 내용물을 알 수 있다. 상대방의 입장과 처지가 읽힌다. 그것이 상통(相通)이다. 막힘없는 화통(和通)은 그러한 상통이 화통하게(化通) 이뤄진 연후에 가능하다. 요즘 화두가 되고 있는 협치(協治)는 화통(和通)을 기반으로 할 때 화통(化通)하게 이뤄낼 수 있다. 한마디로 말해서 민주주의는 말로 시작하고 말이 서로 막힘없이 주고받아질 때 번성한다. 우리는 이제부터라도 대통령의 말을 제대로 살펴야 한다. 선거 때마다 급조된 요란한 장밋빛 구호에 현혹될 것이 아니라 후보로 나선 이들의 어록을 뒤지며 정치 행보를 되돌아보고, 후보의 말과 태도, 진정성이 서로 어우러진 것인지 확인해야 한다. 정책은 그 뒤의 문제다.

박근혜라는 인물과 그의 말은 대한민국 역사에 커다란 오점을 남기고 국민의 가슴에 치유되기 어려운 상처를 남겼지만, 인간사 새옹지마요, 위기는 또한 기회이기도 하다.

박근혜가 남긴 상처는 시간이 지나면 아물겠지만, 나는 그 상처의 흔적만큼은 지우지 말자고 제안하고 싶다. 말이 결국 그 사람이요, 정치임을 깨우치는 상흔이다. 박근혜의 상흔을 국민들이 가슴에 깊이 새겨서 앞으로 정치 리더로 나서고자 하는 인물들마다, 먼저 그의 말과 사람됨을 비교해 보고, 그가 말만큼 행동하는지 살펴보고, 그의 말이 깊은 사유와 숱한 고뇌에서 나온 것인지 대조해 보고 그가 말로써 국민들과 소통하는지 살피고 판단하는 계기가 된다면, 우리의 정치 수준은 지금보다 한 단계 높아질 수 있다. 언제나 그랬듯이 우리는 이 상처를 딛고서 또다시 한 걸음 성큼 전진할 수 있을 것이다.

/ 부록 /

'대통령'이라는 말의 뿌리

우리나라의 대통령제 폐해에 대한 이야기는 주로 '무소불위의 제왕적 권한'으로 압축된다. 기본적으로는 헌법에 규정된 대통령의 권한 자체가 너무 크고 강하기 때문이기도 하지만 실은 우리가 당연한 듯 쓰고 있는 '대통령'이라는 단어부터 문제를 안고 있다. 이 말 자체가 제왕적인 의미를 담고 있기 때문이다.

일본인들의 창작품 다이토오료오

'대통령'은 우리말이지만, 그 유래를 살펴보면 '大統領'이라 쓰고 'だいとうりょう(다이토오료오)'로 읽는 일본인들의 창작품이다. 정확하게는 번안 창작 용어다. 하기야, 우리가 현재 사용하고 있는 인문학 용어의 대부분이 일본인들의 번안 창작품이다. 19세기에 네덜란드 상인들을 통해 쏟아지기 시작한 서양 문물 앞에서 그걸 일본화하는 데에 온 힘을 쏟은 이른바 난학파(蘭學派)의 결실이다.

지금 우리가 쓰고 있는 '인문(人文, liberal arts)'이라는 말에서부터 문화(文化), 경제(經濟), 사회(社會), 철학(哲學), 의학(醫學), 과학(科學) 등이 모두 일본에서 새롭게 가공 생산해 낸 용어들이다. 즉, '메이드 인 재팬'이다. 일본에서는 한자로 표기하고 우리는 한글로 표기한다는 차이밖에 없다. 조합(組合, 구미아이), 견습(見習, 미나라이), 엽서(葉書, 하가키), 이서(裏書, 우라가키), 편물(編物, 아미모노), 가출(家出, 이에데), 입구(入口, 이리구치), 부교(浮橋, 우키하시), 할인(割引, 와리비키) 따위와 같은 수많은 말들도 일본에서 한자로 적고 훈독을 하지만, 우리는 음독을 해서 그걸 한글로 표기한다. 거의 무임승차에 가깝다. 그런 사정은 한자어의 원조 수출국인 중국도 마찬가지다. 지금은 '도시경제학'을 '성시경제학(城市经济学)'으로, 구조언어학(構造言語學)'을 '결구어언학(结构语言学)'이라 바꿔 부를 정도로 부분적으로 손질해서 중국화를 꾀하는 중이지만, 큰 틀에서는 일제 용어를 벗어나지 못하고 있다.

한중일의 통령

'대통령'으로 돌아가 보자. 大統領에 들어가 있는 '통령(統領)'은 한중일 삼국에서 공히 쓰이던 말이다. 그런데도 '대통령'이라는 말이 탄생되는 순간, 일제(日製)가 되어 버렸다. 그 전에 한중일 삼국에서 쓰이던 통령이라는 말이 뜻하던 객관적인 위상, 직위, 힘 등에서 크게 달라졌고, 궁극적으로는 거기에 큰 대(大) 자가 덧붙여지는 순간 그 의미가 일국의 어떤 대표자를 뜻하는 것으로 왕창 업그레이드됐기 때문이다.

　우리나라에서 '통령'은 조선 시대에 조운선(漕運船)[98] 10척을 거느리는 벼슬을 뜻했다. 종교계의 직위 명칭으로도 쓰였다. 동학란이 발발하자 동학의 본부인 북접(北接, 동학 조직 가운데 이대 교주 최시형이 이끄는 충청도 지역의 동학도를 이르던 말)에서 조직을 동원하여 전라도에 보낸다. 이

때의 집정관 사령관이 의암 손병희였고 그 직명이 '북접 통령'이었다. 당시 통령은 동학의 최고위직이 아니라, 교주 최시형이 맡고 있던 종령(宗領)의 아래 직책이었다.

중국에서 통령은 소수 민족 군대의 장군에 대한 비공식적인 표현으로 쓰여 오다가, 양나라~당나라 때는 왕궁 수비대인 금위군(禁衛軍)의 수장을 통령이라 칭했다. 이것이 제대로 된 직급 명칭으로 쓰이기 시작한 것은 청나라 후기에서다. 오늘날의 여단장급을 통령이라 했다. 그 위의 통제(統制)는 사단장급이었고, 통대(統帶)는 군단장급이었다. 청일전쟁의 도화선이 되었던 갑신정변 당시 조선에 진주한 청나라 위안스카이(袁世凱)의 상관이었던 우창칭(嗚長慶)의 직위가 바로 이 통령이었으니, 그런 영관급의 위안스카이(袁世凱)가 나중에 중국 대륙을 호령하게 되리라고는 아무도 짐작하지 못했다.

일본에서는 통령이 헤이안(平安) 시대(794~1185년) 이전부터 쓰였다. '사무라이를 통할 관리하는 우두머리'를 뜻하는 보통명사였다. '아무개가 모 씨 집안으로 들어가 통령이 되었다'에서처럼 무인시대에 소규모의 군사적 수장·족장을 지칭하는 말로 매우 흔하게 쓰이던 말이 통령이었다. 나중에 일본인들이 고대 로마의 집정관이나 베네치아 공화국의 원수, 프랑스 제1공화국의 집정관 등과 같은 다른 나라의 직위를 설명할 때 그 번역어로 통령을 애용한 것도 그만큼 그들에게는 일상의 언어생활

---

98)　　　국가에 수납하는 조세미(租稅米, 세곡(稅穀)이라고도 했음)를 지방의 창고에서 경창(京倉)에 운반하는 데 사용하였던 선박.

에 익숙한 말이었기 때문이다.

'통령'은 군사문화가 배태한 말이긴 했지만, 또 그만치 만만한 말이었다. 자신들의 역사에서 무서운 위력을 발휘했던 다이묘[99]나 막부 시대의 쇼군(將軍, 1192~1868년까지 일본을 통치한 막부의 우두머리)과 같은 막강한 직책 명칭에 비해서 통령은 그보다 훨씬 하위의 보통명사였다. 그런 연유로, 다른 나라의 고위직에 대해서조차 그처럼 쉽게, 덜 긴장하면서 작명을 해댄 것으로도 보인다.

일본은 미국의 president를 번역하면서 자신들의 눈과 귀, 그리고 입에 익숙했던 통령이라는 용어에 '큰 대(大)' 자를 붙여서 아주 손쉽게 '대통령'이라는 말을 만들어냈다. 일국의 대표이므로 예우상 간단히 '대' 자 하나만 덧붙였을 뿐인데, 오늘날과 같은 막강한 존재가 되리라고는 아마 그 당시는 전혀 짐작도 하지 못했을 것이다. 일본인들 역시 그 당시에는 그렇게 대충 한자들을 조합해서 '대통령' 표 레고 하나를 뚝딱 조립해 냈다.

『일본국어대사전』에는 막부 시대가 끝나기 16년 전인 1852년에 출간된 『막부 외국관계 문서지일(文書之一)』에 대통령이란 낱말이 처음 나왔다고 기록하고 있다. 미국의 밀러드 필모어 대통령[100] 친서를 번역할 때 처음 사용되었다고 한다. 그만큼 일본인들이 아주 '간단히' 창작한 용어

---

99)　　다이묘(大名). 일본 헤이안 시대 말기에서 중세에 걸쳐 많은 영지를 가졌던 봉건 영주. 무사 계급으로서 그 지방의 행정권, 사법권, 징세권을 가졌으며 군사 사무도 관할하였다.

100)　　미국의 13대 대통령. 재커리 테일러 대통령 밑에서 부통령으로 있던 중 테일러 대통령이 죽자 대통령 자리에 오른 온건한 노예 폐지론자.

인 대통령은, 아직도 쇼군이 버티고 있던 막부 시절에 채택된 말인 데다 어쨌거나 그 뿌리를 군사적 용어에 두고 있어서 권위적이고 권력 지향적 이며 전근대적이다. 비록 그 힘을 그들의 쇼군보다는 한참 낮춰 통령급 으로 한 뒤에 거기에 큰 대 자만 덧붙인 것이긴 했으나, 언어 기원으로도 군사 문화적 용어인 것만은 확실하다.

그 반면, 미국에서 최고위직의 이름으로 채택한 'president'는 본래 'preside(회의/의식을 주재하다/주도하다)'에서 유래된 말로서, '여러 가지 단체나 조직 등에서 회의를 주재하는 사람'을 가리킨다. 그리고 실제로 그 역할을 아주 잘해낸 이가 있었다. 조지 워싱턴이다. 3성 장군의 군인 출신답지 않게 중용과 포용의 화신이 되어, 미국 건국의 2대 주요 회의 인 '대륙회의(1774~1775)'와 '독립회의(1776)' 모두를 성공적으로 주재 (preside)했다.

독립 선언을 하면서 미국이 굳이 이 용어를 새롭게 고안하다시피 하여 선택한 것은 신대륙에 탈권위적이고 비압제적인 실질적 민주주의를 건 설하기 위해서였다. 즉, 민중 위에 군림하는 성격을 지닌 '황제'나 '왕'이 라는 용어를 배격하고 그 대신 수평적 민주성을 구현하기 위해서였다. 그에 비하여 일본인들이 만든 상명하복 식의 '대통령'이란 말은 미국에 서 사용하려던 'president'의 의미를 원래의 목적과는 완전히 상반되게 번역한 용어라 할 수 있다.

대통령이라는 단어의 사용

우리나라의 공식 역사 기록에서 '대통령'이라는 용어는 시찰단으로 일본 에 다녀온 이헌영이 1881년에 펴낸 『일사집략(日槎集略)』이라는 수신사

기록에서 나타난다. 일본 신문이 '미국 대통령'이라는 표현을 사용하고 있다고 적은 부분에서다. 그 뒤 1884년 『승정원일기』에서 고종이 미국의 국가 원수를 '대통령'이라고 호칭했다는 기록도 있다.

President의 음역(音譯) 차음 표기로는 '백리새천덕(伯理璽天德) 〔←bólǐxǐtiāndé〕'이 있는데, 중국에서 수입된 표기다. 1883년 고종의 특사로 파견된 민영익이 당시의 미국 대통령 체스터 아서에게 제정한 신임장에서 president의 표기를 이 '伯理璽天德'으로 했다.

중국에서는 1870년부터 '총통(总统)'이라는 용어가 널리 쓰이게 되면서, 1875년경 잠깐 출현한 대통령이라는 수입어가 완전히 묻히게 되었다. 그 뒤로 중국에서는 대통령이라는 용어를 대표적인 일본식 한자어, 곧 배격해야 할 일본어 투의 하나로 꼽을 정도로 철저하게 외면해 왔다.

모든 사건의 씨앗은 언어에 심어지고 거기서 발아한다. 언어에 담겨 전파되고 커 나가서, 이윽고 무성하게 세상을 뒤덮기도 한다. 온 산을 뒤덮다시피 한 칡넝쿨도 뿌리 하나에서 벋어나간 것이듯이. 사달은 언어가 사단(事端)이 되어 일어날 때가 흔하다.

우리나라에서 이 '대통령'이라는 엄중한 용어를 정식 발의 절차조차도 없이 슬그머니, 마치 정식 통관 절차를 거치지 않은 밀수품처럼 들여 와 유통시키다가 지금처럼 단단한 자리까지 내주게 된 계기는 상해 임시정부 때로 거슬러 올라간다. '대(大)조선공화국'을 선포했던 한성 임시정부 (1919.4.23.)가 상해 임시정부(1919.9.11.)에 합병되면서, 한성 임정의 집정관이던 이승만이 통합 임정의 '대통령'으로 불리게 되면서다. 그 과정에서 일본어 투의 president 번역 용어인 대통령이 슬그머니 자리를 잡았다. 대통령은 임정 요인들이 이승만에게 정식으로 부여한 호칭이 아니라, 호칭 문제로 궁지에 몰린 이승만이 자신에게 붙인 임시변통의 직함이었다.

상해 임정을 승인해달라는 청원서를 각국 공관에 보내면서, 이승만은 미국에서 국제법 분야의 박사 학위를 취득했던 사람답게 아주 자연스럽게 'The President'라는 용어를 사용했고 그 뒤에 한자로 '집정관 총재(執政官 總裁)'라고 부연 표기했다. 그의 나이 서른이 되기 전의 일들이다. 사실 그는 언어의 천재이기도 했다.[101] 그런데, 막상 임정 요인들이 문제를 삼은 것은 'The President'가 아니라 그것을 해설, 부연한 말 중의 하나인 '총재'라는 표기였다.

한성 임정과 노령(露領) 임정을 통합하여 뒤늦게 출발한 상해 임정에서 이승만을 초빙할 때 그는 이미 한성 임정의 '집정관'이었으므로 '집정관'이란 표기는 문제 삼을 수 없었다. 하지만, '총재'는 아니었다. 상해 임정이 그에게 부여한 자리는 '국무총리'였는데, 그 말과 '총재'는 크게 달랐다. 특히, 당시 입법권을 갖고 조각(組閣)을 서두르던 임시의정원(臨時議政院) 측에서 볼 때 국무총리는 부여된 권한 내에서 모든 업무를 '총괄적으로(總) 챙기는(理)' 사람일 뿐이지만, 총재는 글자 그대로 모든 사

---

101)   이승만은 1910년 프린스턴 대학교에서 「미국의 영향을 받은 영세 중립론」으로 박사 학위를 취득한다. 이승만은 박사 학위 과정 입학을 앞두고 하버드와 프린스턴 두 군데에서 영입 제안을 받을 정도였는데, 더 좋은 조건을 제시한 프린스턴대로 갔다. 외국인임에도 석·박사 과정을 3년 만에 마칠 정도로 천재였다. 도미 전에도 서당에서의 한문 공부가 전부였던 그는 배재학당 입학 후 1년 만에 외국인 부인들에게 한국어를 가르칠 정도였고, 2년 재학 후 졸업하면서는 졸업생 대표로 영어 연설(시국 강연 수준)을 했으며, 5년간의 한성감옥 수감 중에는 영한사전을 집필했다.

무를 '관리 감독하며 결재'하는 사람이기 때문에 자칫하면 임시의정원보다 상위일 수도 있었다.

그래서 그 명칭을 문제 삼자 미국의 'president'와 일본의 '大統領'이라는 두 용어 모두에 익숙하고 정통하던 이승만이 '총재'의 대안으로 제시한 것이 '대통령'이었다. 그리고 그걸 양보 삼아 내각책임제를 대통령 중심제로 개헌할 것을 요구했다. 이승만을 필요로 했고, 조각을 빨리 마무리해야 할 임시의정원에서는 그의 요구를 수용할 수밖에 없었다. 상해 임정의 1차 개헌은 이승만의 뜻대로 금방 이뤄졌고, 그렇게 해서 '대통령'이라는 일제 조립품은 우리나라의 최상위 권력층에 손쉽게 안착했다.

더구나 당시 실질적인 투쟁 조직인 군대도 없이 간판뿐이었던 상해 임정은 도처에서 내세운 임시정부들의 구심점에 서야 한다는 내부적 필요도 무척 컸다. 그러기 위해서는 독립을 위한 투쟁 활동을 대내외적으로 부각시키기 위해서라도 군과 정치, 외교를 아우를 힘 있는 통수권을 상징할 명칭이 필요하기도 했다. 그래서 호칭으로 드러나는 지도자의 이미지에 군사적 힘을 더하는 것도 한 가지 방책으로 여겨졌다. 일제 군사용어인 '대통령'에 대해 깊은 생각이 없이, 정치 제도의 기본 줄기가 바뀌는 일이라는 중대성을 고려하지 못한 채 덥석 안아들게 된 데에는 그러한 상황적 요인도 작용했다. '통령'에 간단하게 '대(大)' 자 하나를 얹어서 그러한 통수권자의 이미지를 살리는 일은 어쩌면 효율적인 일일 수도 있다고 임시의정원 측에서는 단순하게 여겼던 것이다.

그것은 정식으로 앞뒤 따지고 재고 할 처지나 여력조차 없던 망명정부의 비애이기도 했다. 당시는 어느 누구도 대통령이라는 말이 훗날 '온 백성을 다스리는 최고 우두머리'라는 뜻으로 변질되리라고는 생각도 못했다. 정식 절차가 생략된 채 비공식으로 수입된 일제 조립품에 불과했던 '大統領'이 대한민국의 안방을 차지하고, 오늘날의 뜻풀이에서 보는 그런 어마어마한 '대통령'으로 군림하게 될 줄은 당시 누구도 상상조차 하지 못했다. 뢰벤슈타인(Karl Löwenstein)이 '왕관 없는 제왕'이라 칭할 정도의 절대 권력 수준으로 부풀어 올라 있는 현재의 우리나라 대통령 자리는 그렇게 시작되었다.

그런 뒤 해방 후 새 나라의 헌법에서 '상해 임시정부의 법통을 이어 받아'에 대통령이라는 말까지 당연히 포함되는 바람에, '대통령'이라는 용어는 지금까지 고스란히 손도 못 댄 채 물려 내려왔다. 이젠 거의 화석화되다시피 했다. 첫 단추가 잘못 끼워진 탓에 '무소불위의 제왕적 통치자'로 변질되어 굳어져 가는 것까지도 그냥 바라보고만 있어야 할 정도가 되었다. 일본인들이 대충 조립해 낸 '대통령' 표 레고 하나. 중국인들이 만지작거리다가 이내 쓰레기통으로 던져 버린 그것을 우리는 덥석 껴안은 채, 아직까지도 애지중지하고 있다.

궁극적인 책임은 우리들에게 있다. 애초부터 군사 문화적이어서 권위적이고 전근대적이었던 이 용어를 그 뿌리를 살펴보는 일이나 중간 점검도 없이 그대로 통과시키고 지금까지 수용해 왔으니까. 우리가 그 책임을 져야 하고, 그 일은 지금도 늦지 않다.

일본인의 정신이 담겨 있는 말

대통령이란 용어에는 또 다른 문제점도 있다. 일본식 군사 문화 용어일 뿐만 아니라, 그 말에는 일본의 정신과 혼까지도 깃들어 있다. 일본 신사의 수호신 이름에도 이 '통령'이 쓰이고 있기 때문이다. 그러한 문제점을 최초로 제기한 글의 일부를 아래에 소개한다.

(전략) 일본에서는 '통령'이라는 용어가 '무문(武門)의 통령', '사무라이 무사단의 통령' 등 사무라이를 통솔하는 우두머리라는 군사적 용어로 사용되었으며, "阿蘇氏 武家의 통령이 되었다"는 등에서 볼 수 있듯이 군사적 수장이나 씨족의 족장을 의미하는 용어로 매우 흔하게 사용되었다. (…) 뿐만 아니라 고이즈미 이래 일본 수상의 참배문제로 한국과 중국의 거센 반발을 불러일으키고 있는 문제의 신사(神社)와도 밀접한 관련을 맺고 있는데, 예를 들어 아스카(飛鳥) 신사를 설명할 때에도 그 신사를 수호하는 신(神)으로서의 '대국주신 통령(大國主神統領)'이라는 말이 출현하고 있다. (…) 일본 신사를 지키는 신을 국가수반의 호칭으로 사용할 수는 없다. 군사 문화와 일본 문화라는 두 가지 요소는 여전히 우리 한국사회가 극복해야 할 중요한 영역이다. 그러한 의미에서 군사적 성격과 봉건적인 일본 문화의 성격을 그대로 담고 있는 '대통령'과 같은 용어의 사용은 최대한 지양되어야 할 터이다. 아무리 양보한다고 해도 '일본 신사를 지키는 신'을 우리나라의 국가수반을 가리키는 호칭으로 사용할 수는 없는 일이다.

—《프레시안》, "[소준섭의 正名論] '대통령'은 일본식 용어"(2009. 8. 5.)

언어학자들 중에는 사람들이 생각을 할 때 모국어에 의존한다고 주장하는 이들도 있다. "우리는 모국어가 지령하는 대로 자연세계를 분단한다."라고 한 워프(B. Lee Whorf)가 대표적이다. 사고의 내용물이 모국어의 뜻풀이에 기속되기 때문에, 사고의 폭과 깊이도 모국어의 그것만큼 된다고 본다. '대통령'이라는 호칭에 관한 한은 그런 주장도 일리가 있어

보인다.

이처럼 현재 우리나라의 '대통령'이란 호칭은 처음부터 일종의 샛길 수입품이다. 그것도 일제다. 상해 임시정부의 이삿짐 통관품에 묻혀 들어온, 비공식 입양아다. 언급한 것처럼 일본 신사의 주신(主神) 명칭으로까지 쓰일 정도로 일본의 정신과 혼까지 담겨 있고, 우리말 조어법상으로도 문제적이다. 국민이 뽑은 국민의 대표를 현재의 사전 뜻풀이대로 '국민을 통치하는 최고의 우두머리'라는 뜻의 대통령으로 부를 이유가 없으니까.

게다가 그 부작용도 심각하다. '대통령의 권한'을 줄인 말일 뿐인 '대권(大權)'이란 말을 매스컴에서 하도 떠들어대는 바람에, 권력에도 대중소(大中小)가 있어서 가장 큰 걸 대권(大權)인 줄로 착각하는 이들도 적지 않다. 소규모 지자체의 그것은 권력이라 부르기엔 낯 뜨거운 소권(小權)이고 국회의원쯤은 돼야 중권(中權)에 드는 것으로 여기는 이들도 현실적으로 적지 않다.

그리고 막상 대통령 자리에 오르면 자신을 가장 큰 권력의 소유자로 여기면서 무소불위의 제왕적 대통령으로 행세하는 이들이 줄을 잇게 된 데에는 부지불식간에 '대권'이란 말에 대통령 자신이 오염된 영향도 크다. 아주 크게 잘못 부풀린 시발점에 이 용어가 뿌린 어두운 그림자의 뿌리가 질기게 뻗어 있다. 말이 씨가 되는 정도가 아니라, 호칭이 사람의 내용물까지 통째로 바꿀 정도가 되었다. 대통령이라는 말을 그냥 껴안고 지내온 국민들의 업보치고는 억울하고 원통해서 분통이 터질 일이다.

해결책은 문제의 근원을 도려내는 일이다. 이제라도 짬을 내어 손을 볼 필요가 있다. 덜 위압적인 의미를 지니면서, 더 수평적이고 더 실무적인 언어 중에서 우리의 언어 감각과 정치 풍토에 알맞은 그런 말을 찾아내어 새로 작명할 필요가 크다. 그리고 우리는 뜻만 합치면 해낼 수 있다. 우리들은 대한민국의 주인인 '대한국민'이니까.

여기서 채용된 '대한국민'이라는 말이 조금은 낯설지도 모르겠다. 짐작하듯, '대한민국의 국민'이란 말인데, '대한국인(大韓國人)'의 현대형으로 내가 변형, 발전시켜보았다. '대한국인'은 안중근 의사의 1910년 작 유묵(遺墨)에 보이는 다섯 손가락 도장 옆에 쓰여 더욱 유명해진 표현이기도 한데, 조선 왕조의 마지막 국호 '대한제국(大韓帝國)'에 쓰인 '대한'과 그 나라의 국민이라는 뜻을 지닌 말이다. 안중근은 일본의 식민지인 조선 사람이 아니라, 여전히 대한제국의 신민(臣民)이라는 뜻으로 그 말을 썼다. 즉 '대(大) 한국인'이 아니라 '대한지국인(大韓之國人)'을 뜻한다.

하지만, '대한국민(大韓國民)'에는 '대(大) 한국민'과 '대한민국 국민'의 두 가지 뜻 모두를 담고 싶다. 우리 국민은, 가진 것이라고는 금수강산과 사람뿐인데도 오늘날 전 세계에서 이처럼 위대한 나라가 된 대한민국을 만들어낸 위대한 국민들이므로. 그런 나라까지 만든 위대한 국민들이 잘못 조립된 '대통령'을 새로 멋지게 만들어내지 못할 턱이 없다.

어려운 일도 아니다. 의식의 날을 지금보다 조금 더 벼르고, 그 틀을 넓혀서 지금보다는 좀 더 많은 이들이 함께하게 하면 된다. 명칭 공모 후 가장 많은 호응을 받은 안을 개헌안에 포함시켜 국민투표에 붙이면 되는 간단한 일이기도 하다. 생각만 바꾸면 우리가 아주 쉽게 해낼 수 있는, 손쉬운 일이다. 대통령이라는 표기를 고치는 일은 대통령 제조기(製造機)인 헌법을 고칠 때, 지금까지 '대통령'이란 말을 무사통과시켜 온 우리의 의식도 조금만 손보면 된다.

수입 용어 '대통령'을 국산품으로 대체하자

'대통령'의 개명 작업에 관해 다음과 같은 것들을 고려 대상으로 제시해 본다. 생각의 문을 열기 위한 방편용으로 열거하기 위한 목적일 뿐인 것들이어서 모두 일장일단이 있다. 이참에 여러분들도 잠시 새 이름 짓기에 함께해 보시는 것은 어떨지.

총통(總統): 'president'의 중국어 번역 용어. 대만에서는 지금까지도 총통을 계속 사용하고 있을 만큼 용어 자체에는 문제가 없다. 우리에게는 박정희 정권 당시 영구 집권의 시도로 총통제가 거론되었던 기억 때문에 이 용어에 대한 이미지가 훼손된 바 있다. 히틀러가 사용하면서 독재자의 이미지로 더럽혀진 '총통(Fuehrer)'도 우회적으로나마 그 훼손에 가세하고 있다. 중국과 대만에서 사용하는 '총통'과 히틀러의 '총통'은 한자 표기로는 같지만, 그 실체적인 개념은 무척 다르다. (히틀러의 '총통'도 일본인들의 번역 용어다.)

히틀러는 1934년 대통령·총리·당수의 전권을 장악하고 나서 이 칭호를 썼다. 히틀러의 '총통(Fuehrer)'[102]은 그래서 1인에게 모든 권한이 집중된 '제왕적 총통'의 개념이다. 즉, 전제적 지위를 뜻하는 문제적 호

---

102) 독일어 'Führer'는 본래 '길잡이, 가이드(안내인)'를 뜻하는 말인데, '운전자, 주장(축구)' 등을 이르기도 한다. 여기에서 그 의미가 확대되어, 앞에서 국가와 국민을 끌고 나가는(운전하는) 지도자, 곧 국가 선도자라는 뜻이 되었다. 총통(總統)이란 표기는 히틀러에게 바쳐진(?) 일제 호칭이다. 참고로, 요즘 독일 신문에서는 히틀러를 표기할 때 흔히 '나치 독재자(Nazi-Diktator)'라는 말을 덧붙인다.

칭이다. 그 반면 대만의 그것은 일반적인 국가 원수를 뜻하는 중립적 표현이다.

주석(主席): 김구 선생이 1932년에 취임했던 '임시정부 주석' 등의 표현이 떠오를 정도로 익숙한 말. 실제로도 '주석'이라는 호칭은 '회의를 주재하는 사람, 그런 자리에 앉는 사람'을 뜻하는 'president'의 의미와 가장 가까운 말이기도 하다. 영어 표기도 주된 자리에 앉은 사람을 뜻하는 premier로 하면 된다. 다만, '김일성 주석' 등의 이미지로 굳어져 있는 약점이 굳센 편이다. 우리는 대통령의 새 이름을 정할 때 통일 후까지도 고려해야 한다.

수장(首長), 국가수반, 대수덕(大修德): 수장은 '위에서 중심이 되어 집단 · 단체를 지배 · 통솔하는 사람'을 뜻하는데, 지나치게 직접적이며 보통명사화 정도가 두껍고 깊다. '수장(首長)'과 비슷한 뜻을 담고 있는 것으로 '수반(首班)'이 있다. 이 말은 행정부의 수장을 뜻하는 '행정수반'이나 내각제의 '내각수반'이라는 말로 익숙한 데다, 동급의 각료들이나 반열(班列, 품계 · 신분 · 등급의 차례)에서 으뜸일 뿐이라는 의미가 담겨 있는 게 약점이다. 보완하는 방법으로는 '국가수반'이 있지만, '국가원수'라는 보통명사와의 충돌 문제가 남는다.

수상의 보완품으로는 '수덕수장(修德首長, 덕을 닦아 으뜸이 된 사람)'을 줄인 '수덕(首德)'에 대(大)를 덧붙인 '대수덕(大修德)'도 있다. 우리의 미래 수장은 자신의 재임 기간에 나라를 뒤흔들어서라도 뭔가 근사한 것을 남겨놓고 가야겠다 싶어서 무리하게 욕심을 내기보다는, 명심수덕(明心

修德, 마음을 밝히고 덕을 닦음)에 앞장서서 국민들을 편안하게 해주는 일을 으뜸 과업으로 삼아야 하지 않을까 해서다. '국민들은 그냥 둬도 알아서 잘해내는 으뜸 국민인데, 정작 문제는 꼴찌 수준의 정치인들'이라는 말에 온 국민들이 동조하는 데에 다 그럴 만한 이유가 있다.

국무령(國務領): 소박한 작명. 국무를 통할하는 사람이므로 '국무령'이라 해보는 건 어떨까. 나랏일을 뜻하는 '국무'라는 말에는 우리도 익숙해 있어서 거부감도 크지 않고, '-령' 또한 마찬가지. 다만, 상해 임정에서 이 말이 쓰이는 동안 그 역할이 크게 부각되지 못했다는 흠은 있다. 그것을 기억하는 이들에게는.

보완 명칭으로는 '원령(元領)'도 고려해 볼 만하다. 〔수장+(국가)원수〕+〔국무령〕의 합집합이다. 또 다른 대안으로는 '총령(總領)'도 있다. 총통이라는 명칭에 담겨진 역사적·국민적 거부 정서를 고려하고, 국정을 총괄하는 원수(≒국가 원수, 한 나라에서 으뜸가는 권력을 지니면서 나라를 다스리는 사람)로서의 위상을 담을 수 있다는 장점도 있지만, 다소 무게감이 떨어지는 느낌이 있다.

대총사(大總使), 한일꾼, 한두루빛(준말은 '한빛') 등도 고려의 차원에서 들춰볼 수 있겠다. 한두루빛에 쓰인 '두루빛'은 총무(總務)를 뜻하는 아름다운 고유어다. '총사(總使)'에 쓰인 '사(使)'는 일을 맡겨 시킨다는 뜻이다. 대사(大使), 도지사(道知事), 관찰사(觀察使) 등에서의 쓰임과 같다.

모든 혁명은 선언문에서 시작되고 완결된다. 의식 혁명은 더욱 그렇다. 표기 하나를 달리하는 것으로도 혁명이 시작된다. 남녀의 성차별과 가부장제의 폐해를 없애기 위해서, '미시즈(Mrs.)'와 '미스(Miss)' 대신 '미즈(Ms.)'를 내세웠던 것처럼.

박근혜 및 주변 인물들의 종합 연보

• 연보의 나이 표기는 모두 만 나이가 아닌 세는나이임.

1951년	**박정희**(35세), 육영수(27세)와 대구에서 결혼	
1952년	**박근혜** 2월 2일 출생	• 대구시 중구 삼덕동 1가 5-1번지
1954년	**박근영** 6월 30일 출생. 박정희 당시 준장이 미국 포병학교 고등군사반 유학 마치고 귀국 후 3일 뒤였음	• 1993년 서영(書永), 2004년 근령(槿令)으로 개명
1956년	**최순실** 출생. 최태민(1912년생)의 5녀	
1958년	**박지만** 12월 15일 출생	• 박정희 전처 김호남(金好南, 1920~1994)은 이혼 후 법명 월상(月像)으로 승려 출가 • 박재옥(박정희와 김호남의 장녀, 1937~) 박정희 전속 부관 출신 한병기 대위와 결혼
1963년	**박근혜**(12세) 청와대 입주. 1979년까지 16년간 거주	• 근령 10세, 지만 6세
1964년	**박근혜**(13세) 장충초 졸업. 서울 성심여중 입학	• 동기생: 정몽준, 김승연
1965년	**최태민**(54세) 1월 천일창고(주) 회장에 취임하지만, 2월 서울지검에서 유가증권 위	

	조 혐의로 입건되어 도피 시작(약 4년간 이어짐)	
1967년	**박근혜**(16세) 서울 성심여고 입학	
1969년	**박근령**(16세) 경기여고 입학 **최태민**(59세) 천주교 중림성당에서 영세 (당시 이름 공해남)	
1971년	**박근혜**(20세) 성심여고 졸업, 서강대 전자 공학과 입학 **박지만**(12세) 청운초 졸업, 청운중 입학 **최태민**(60세) 서울 방화동 호국사에서 '영 혼합일법' 주창. 사이비종교 행각 개시(독 경 및 안찰 기도로 환자 치유)	
1973년	**박근혜**(22세) 서강대 전자공학과 3학년 (학점 올A) **박근령**(20세) 서울대 작곡과 입학 **최태민**(62세) - 5월, 신문광고 후 대전에서 영세계 칙사 를 자칭하며 영혼합일법 설교 - 11월, 서울 서대문구 대현동에서 동일 방법으로 원자경 자칭하며 사이비 행각	• 5월, 사이비 종교 연구가 탁명 환이 신문 광고를 보고 설교장 방문해 직접 면담
1974년	**박근혜**(23세) - 서강대 졸업. 프랑스 그르노블대학 불어 연수 과정 입학 - 8월, 모친 육영수 피격으로 사망해 급거 귀국 - 사실상의 퍼스트레이디 역할 수행하기 시작 **최태민**(63세) - 5월 서울 제기2동에 입주, 동일 방법으 로 칙사 · 태자마마 등 자칭하며 사이비 행각 - 8월 서울 북아현동으로 이전, 동일 방법	• 8월 차지철 경호실장 취임 후 밀착 경호로 바뀜. 당시 근령 (21세) 대학 3학년, 지만(17 세) 중앙고 입학 • 정몽준은 지만의 중앙고 7년 선배

으로 사이비 행각

정윤회(20세) 2월, 서울 보인상고 졸업

1975년	**박근혜**(24세)	
	– 3월, 최태민과 처음으로 만남. 5월, 최태민의 임진강 구국기도회 행사 참석	
	– 연간 6회 이상 최태민의 행사에 참석	
	– 육영수여사추모기념사업회 이사	
	최태민(64세)	
	– 목사 안수. 4월, 대한구국선교단 창단. 5월, 박근혜를 선교단 명예총재로 추대	
	최순실(20세) 단국대학교 입학했다고 알려져 있으나 청강생이라는 보도가 있음.	
1976년	**박근혜**(25세) 연간 7회 이상 최태민과 행사 동행	• 박정희, 구국봉사단 방문
	최태민(65세) 대한구국선교단을 '구국봉사단'으로 개칭하며 종교 냄새를 지움	
	박근령(23세) 서울대 작곡과 졸업	
1977년	**박근혜**(26세) 최태민과 연간 13회 이상 행사 동행	• 중정, 최태민 관련 수사보고서 제출. 박정희 친국 후 박근혜 담당 선우련 비서관에게 특별 지시
	박지만(20세) 중앙고 졸업, 육군사관학교 입학	
	최순실(22세) 박근혜와의 본격적 인연 시작. 새마음 전국대학생연합회 출범, 최순실이 연합회 회장 맡음	
1978년	**박근혜**(27세) 최태민과 연간 23회 이상 행사 동행	• 구국봉사단에서 '새마음봉사단'으로 개칭
1979년	**박근혜**(28세)	• 7월, 카터 미 대통령 방한 시 박근혜를 초청했으나 박정희가 거절. "근혜 없이는 하루도…"
	– 1~9월까지 최태민과 17회 이상 행사 동행	
	– 2월, 최태민의 뒤를 이어 사회복지법인 '경로마을' 이사장 취임(87년 10월까지 재임)	• 사회복지법인 경로마을의 주소지는 구국여성봉사단 주소

	- 10월, 10.26사태. 중앙정보부 부장 김재규가 부친 박정희를 암살. 전두환으로부터 6억 원 수수 - 11월, 신당동 62-43 사저로 이사. 새마을봉사단 해체. 잔여 재산을 사회복지법인 경로마을로 형식상 증여 **최순실**(24세) 한양대에서 열린 제1회 새마음제전에 참석해 개회선언. 당시 새마음봉사단 총재 박근혜와 동석	지와 동일
1980년	**박근혜**(29세) - 한국문화재단 이사장 취임해 2012년까지 32년간 재임. (2012년 대선 후보 경선 참여 직전, 한국문화재단을 해산하고 잔여 자산을 육영재단으로 이관함.) - 4월, 영남대 재단 이사·이사장 취임(~1989.2.) **최태민**(69세) 여성단체 고발로 신군부 수사 후 강원도 인제 21사단 보안부대로 유배(격리) 조처	• 2002년 한나라당 탈당 시 탈당 선언문을 한국문화재단에서 작성 • 한국국민당 창당(구 민주공화당 + 유신정우회 인사 주축), 박근혜 불참 • 6월, 경남기업 신기수 회장 영남학원 이사 취임(~1984.6.)
1981년	**박근혜**(30세) 예장신학대학원 기독교육학과 1학기 수강 **박지만**(24세) 육사 졸업(37기), 포병 소위 임관 **정윤회**(27세) 대한항공 보안 승무원으로 입사	
1982년	**박근혜**(31세) - 육영재단 이사장 취임(~1990) - 신군부가 의뢰해 신기수 회장이 지은 성북동 집으로 이사 **최태민**(71세) 서울로 귀환 **박근령**(29세) 풍산금속 사장 장남 류청과 결혼, 6개월 후 이혼	• 어린이대공원 내 어린이회관에 예배실 '근화교회' 설치

1983년	**박근혜**(32세) 육영재단의 어린이회관 적극 운영 **최태민**(72) 육영재단 고문 취임. 3월, 어린이회관 내 유치원 설립. 여기에 최순실 관여(당시 강남에서 유치원 운영 중이었음. 1987년 7월 준공된 근화원 업무에도 관여)	• 당시 어린이회관 관장 김창완(최태민의 이종사촌) • 육영재단 이사진(예) ① 김정욱: 영남투금 회장. 비리 관련됨. 영남학원 이사. 박근혜 최측근 ← 박근혜, 1989년 2월 영남학원 이사장 퇴임 시에도 김 회장에게 의사 전달하여 대리 처리 ② 장 모(최태민 넷째 사위): 전 새마음병원(최태민 설립) 사무국장
1984년	**박근혜**(33세) 성북동 집 매각, 장충동으로 이사	• 최순실(29세)이 장충동 집에 자주 드나듦(언니, 동생으로 호칭)
1985년	**최순실**(30세) 9월, 신사동 소재 대지 108평 공동 매입(1987년 단독 소유)	
1986년	**박근령**(33세) 미국으로 건너감, 1990년까지 체류 **박지만**(29세) 대위로 의병 제대(교통사고 후유증) **최순실**(31세) 12월, 신사동 대지에 지상 4층 미승빌딩 건립, 뒤에 7층으로 증축	
1987년	**박근혜**(36세) 10월, 사회복지법인 경로마을 이사장 퇴임 **최태민**(76세) 9월, 어린이회관 노조원 및 숭모회원들 농성. 최씨 일가의 전횡과 개입에 대한 배척 시위	• 경로마을은 박근혜 퇴임 후 1988년 학교법인 명지학원(이사장 유상근)이 양수하여 '사회복지법인 명지원'으로 개칭, 현재까지 존속 중 • 김종필을 중심으로 신민주공화당 출범, 박근혜는 불참
1988년	**박근혜**(37세) 박정희 · 육영수 기념사업회 발족	• 이 건물에 (주)얀슨 및 박근혜의 비밀 사조직 '강남팀' 입주

	최순실(33세) 7월, 이복 형부 등 3인 명의로 신사동 소재 대지 약 200평 매입(1996년 7월, 단독 소유로 변경) → 2003년 7월 빌딩 건립 → 2008년 매각	• 조모(최태민의 사위): 영남투금 전무와 영남대 재단이사로 재직 중 아들의 부정 입학 문제로교수와 학생들 반발 시위 촉발 → 이듬해 2월 박근혜 이사장의 퇴진으로 이어짐
1989년	**박근혜**(38세) – 2월, 영남대 재단 이사장 사임 – "내 생애 최고의 해" — 근화봉사단 조직 – 7월 월간《근화보》창간(1990년 9월 15호로 폐간) – 10월, 부친 사망 10주기 행사 개최 **박지만**(32세) 필로폰 투약 혐의로 최초 구속 및 수감	• 근화봉사단 회원 70만 명 육박
1990년	**박근혜**(39세) – 7월, 삼성동으로 이사 – 11월, 육영재단 이사장 사임 – 박정희 찬양용 다큐 영화〈조국의 등불〉제작 **박근령**(37세) – 박지만과 함께 노태우 대통령에게 장문의 편지 보내 최태민 격리 요청 – 12월, 육영재단 이사장 취임	• 박지만 "큰누나와 최 씨와의 관계를 그냥 두는 것은 큰 누나를 욕먹게 하고 부모님께도 누를 끼치게 되는 것." • 박근령 "최태민 목사의 비리, 전횡에 대한 혐의 사실은 모두 사실이며 언니가 최태민의 최면술에 걸려 있다."
1991년	**박근혜**(40세) 은둔과 칩거 생활 시작 **박지만**(34세) 삼양산업 인수, 필로폰 상습 투약 혐의로 2차 구속	• 박근혜는 이때부터 1997년까지 부모 추도식에도 불참한다
1992년	**박근령**(39세) 어린이교통안전협회 총재 피선	
1993년	**박근혜**(42세) 일기 모음집『평범한 가정에 태어났더라면』출간 **박지만**(36세) 12월, 사창가 등에서 필로	•『평범한 가정에 태어났더라면』서문에 익명의 '○○자매'에게 고마움 표시

폰 상습 투약(50여 회) 혐의로 검거됨(3
차)

정윤회(39살) 3월, 경희대 경영대학원 관
광경영학 석사 취득

1994년	**최태민**(83세) 5월 1일 사망

1995년 **박근혜**(44세) 정수장학회 이사장 취임,
2005년까지 10년간 재직

최순실(40세)

- 정윤회(41세)와 결혼(2014년 이혼)
- 5월, 역삼동 소재 대지 100평 매입(남편
 과 공동 명의) → 1996년 4월 4층 다가
 구 주택(19세대) 신축 → 2002년 매각

1996년 **박지만**(39세) 향정신성 의약품관리법 위
반 혐의로 구속됨(4차)

1997년 **박근혜**(46세) 12월, 이회창 지지 선언 및 　• 박근혜는 이때부터 머리 모양
지원 유세 참가 　　　　　　　　　　　　　　을 육영수 스타일로 하기 시작

박근령(44세) 한나라당 입당

박지만(40세) 공개적으로 김대중 지지 선
언

1998년 **박근혜**(47세)

- 2월, MBC TV 토크쇼 〈情〉에 출연. 박정
 희 · 육영수 마케팅 개시
- 3월, 한나라당 입당. 4월, 대구 달성 보
 궐선거 출마해 당선(초선). 이후 19대까
 지 5선 국회의원 지냄

정윤회(44세) 박근혜 보좌 활동 시작(입법
보조원). 문고리 4인방(이재만, 정호성, 안
봉근, 고 이춘상) 천거해 합류

박지만(41세) 2월, 필로폰 투약 혐의로 긴
급 체포 및 구속됨(5차)

2000년 **박근혜**(49세) 16대 국회의원 당선, 한나라
당 부총재 피선

박지만(43세) 삼양산업 상호 변경(EG) 및 코스닥 상장. EG 회장은 이상렬(전 청화대 경호원으로 정윤회와 친분)

2002년	**박근혜**(51세)	• 방북 시 문제점: 북측 인사 접촉 허가만 받은 상태에서 입북 (국가보안법 위반)

2002년 **박근혜**(51세)
- 2월, 이회창 비판하며 한나라당 탈당
- 4월 22일, 한국미래연합 창당
- 11월 19일, 한나라당 복당(복당 후원비 2억 원 수수)
- 5월12~14일, 방북해 김정일 국방위원장 면담

박지만(45세) 7월, 여섯 번째로 검거됨(징역 2년 6월 및 치료감호+추징금 260만 원 구형)

최순실(47세)
- 1월, (주)얀슨 대표이사 취임 (~2005.6.) → 뒤에 정윤회에게 대표이사직 양여
- 3월, 역삼동 소재 4층 다가구 주택(19세대) 매각

• 방북 시 문제점: 북측 인사 접촉 허가만 받은 상태에서 입북 (국가보안법 위반)
• 정윤회(48세)는 미래연합 창당 시 박근혜 비서실장. 방북 시 동행

2003년 **최순실**(48세) 7월, 신사동 대지에 지하 2층 지상 7층 빌딩 건립

2004년 **박근혜**(53세)
- 3월, 한나라당 대표최고위원(~2006년 6월)
- 차떼기 사건 후 천막 당사 선거운동 펼쳐 원내 제2당 확보(17대 총선)
- 17대 국회의원 당선(3선)

박지만(47세) 12월, 변호사 서향희(16세 연하)와 결혼

정윤회(50세)
- 박근혜의 입법보조원(~2006.6.)
- 강원도 평창군 용평면 도사리에 말 목

• 이때 박근혜 대표 비서실장: 진영(2004.4.~2005.1.), 유승민(2005.1.~2005.10.)
• 3월, 한나라당이 노무현 대통령 탄핵소추 발의

	장용 토지 매입(43만 431㎡) 및 운영 (~2012)	
2005년	**박근혜**(54세) - 정수장학회 이사장 퇴임(과거사정리위원회 조사 착수 후). 후임은 박근혜 담당 비서관을 거친 주 리비아 대사 출신 최필립 **박지만**(48세) - 장남 서현 출생 - 영화 〈그때 그 사람들〉 상영금지가처분 소송 제기	• 12월 한나라당, 사립학교법개정안 반대하며 3개월간 장외 투쟁 돌입
2006년	**박근혜**(55세) - 5월, 지방선거 지원 유세 중 지충호에게 얼굴 피습 - 11월, 당 대표 사임(대선 후보 경선 참여)	• 박근혜 피습 후 입원 시 최순실이 전담 간호(유일한 병실 자유 출입객)
2007년	**박근혜**(56세) - 4월, 미국 콘돌리자 라이스 국무장관과 면담 - 17대 대선 후보 경선에서 이명박에게 패배 **박근령**(54세) 2월, 신동욱과 약혼. 11월, 육영재단에서 괴한에게 피습 **정윤회**(53세) 대선용 비선조직 '강남팀' 총괄 운영(이들은 현재 거의 대부분 현직 유지)	• 조순제(최순실의 이복 오빠)가 박정희 사후 비자금(채권)의 최태민 독식 전말 인터뷰 테이프 남김 • 대선 후보 경선 준비 참모진 (공개 조직): 5인 멤버(김무성, 이성헌, 유정복, 유승민, 이병기) + 추가 합류(허태열, 김태원, 최경환, 안병훈, 홍사덕)
2008년	**박근혜**(57세) - 3월, 18대 총선, 공천 파동 - 4월, 친박연대 결성. 박근혜는 한나라당 잔류 **박근령**(55세) - 10월, 신동욱(41세)과 결혼	

– 한나라당 충북 선대위 위원장 선임

최순실(53세) 6월, 경기도 하남시 신장동 2층 건물 약 60평 매입. 2013년까지 영업.

2009년	**박근혜**(58세) 10월, 세종시 행정수도이전 수정안 반대 **박근령**(56세) 10월, 문선명이 주례한 '국제합동 축복결혼식'에 기혼부부로 참례	• 신동욱(42세)은 박근혜 미니 홈피에 비방글(근령의 육영재단 이사장 해임에 박근혜가 배후 조종) 40여 차례 게시 → 박근혜 고소(명예 훼손) → 신동욱(징역 6월, 집행유예 2년) • 4월, 육영재단 이사장에 조수연(전 한국스포츠산업진흥협회 회장) 취임
2011년	**박근혜**(60세) 12월, 디도스 파문으로 홍준표 대표 사퇴 후 한나라당 비상대책위원장 취임(~2012.5.) **신동욱**(44세) 8월, 박지만에 대한 무고죄로 구속됨(1.5년 실형)	
2012년	**박근혜**(61세) – 한국문화재단 이사장 사임 – 4월, 19대 총선 승리 이끔 – 19대 국회의원 당선(11월 사퇴) – 7월, 제18대 대통령 선거 출마 공식 선언. 경선캠프 명칭 '국민행복캠프', 캠프 선대위원장은 김종인 – 8월, 새누리당 대선 후보로 선출	• 2월, 한나라당 당명 변경 → 새누리당
2013년	**박근혜**(62세) 대한민국 18대 대통령 취임 – 4월, 국정원 대선 개입 의혹 검찰 송치 – 7월, 원세훈 전 원장 구속 – 10월, 사이버사령부 대선 개입 의혹 압수 수색 – 정부가 헌재에 통합진보당 해산 청구 **정윤회**(59세) 2월, 최순실의 뒤를 이어 ㈜	• 2013 올해의 사자성어: 도행역시(倒行逆施, 순리를 거슬러 행동한다)

안슨 대표이사로 등재

2014년	**박근혜**(63세) 박근혜 정부 2년차 - 4월 16일, 세월호 참사 발생 - 5월 19일, 해양경찰청 해체 발표 - 5~6월, 총리 후보 안대희, 문창극 사퇴 - 7월, 새누리당 김무성 대표 체제 출범 - 11월, 십상시 등의 국정 개입 의혹 불거짐 **정윤회**(60세) 세월호 사건 후 정윤회 게이트 연루 **박지만**(57세) 1월, 차남 정현 출생 **신동욱**(47세) 공화당 창당	• 정유연(정유라, 최순실과 정윤회 딸)이 아시안게임 마장마술 단체전 금메달 획득 • 2014 올해의 사자성어: 지록위마(指鹿爲馬, 사슴을 가리켜 말이라고 일컫는다) ← 윗사람을 농락해 권세를 부리거나, 진실을 조작해 남을 속인다
2015년	**박근혜**(64세) 박근혜 정부 3년차 - 4월, 경남기업 비리 사건(일명 성완종 리스트) 발생 - 5월, 메르스 사태 발발 - 6월, 국회법 개정안 거부권 행사 - 10월, 역사 교과서 국정화 추진 **박지만**(58세) 4월, 쌍둥이 수현, 지현 출생 **박근령**(62세) 8월, 일본 영상매체 니코니코와 인터뷰 친일 발언 논란	• 2015 올해의 사자성어: 혼용무도(昏庸無道, 나라 상황이 마치 암흑에 뒤덮인 것처럼 온통 어지럽다) ← 어리석고 무능한 군주를 가리키는 혼군(昏君)과 용군(庸君)에서 온 말
2016년	**박근혜**(65세) - 4월, 20대 총선에서 새누리당 대패 → 여소야대 정국 - 10월, 박근혜-최순실 게이트 발발 - 11월, 최순실 구속 수감. 대통령 퇴진을 요구하는 대규모 촛불집회 이어짐. 1~3차에 걸친 대통령담화에도 국민의 원성은 잦아들고 있지 않음	

박근혜의 말

ⓒ 최종희

2016년 12월 16일 초판 1쇄 발행

지은이 최종희
펴낸이 류지호
편집 정희용, 김경림
디자인 여상우(표지), 정연남(본문)
제작 김명환 · **전략기획** 유권준, 김대현, 박종욱, 양민호 · **관리** 윤애경

펴낸 곳 원더박스 03150 서울시 종로구 우정국로 45-13, 3층
대표전화 02) 420-3200 **편집부** 02) 420-3300 · **팩시밀리** 02) 420-3400
출판등록 2012. 6. 27(제300-2012-129호)

ISBN 978-89-98602-36-9 03700